U0511992

BLUE BOOK

智库成果出版与传播平台

互联网与国家治理蓝皮书

BLUE BOOK OF THE INTERNET AND STATE GOVERNANCE

互联网与国家治理发展报告（2022）

ANNUAL REPORT ON THE DEVELOPMENT OF THE INTERNET AND
STATE GOVERNANCE (2022)

主　　编／张志安
执行主编／卢家银

社会科学文献出版社
SOCIAL SCIENCES ACADEMIC PRESS（CHINA）

图书在版编目（CIP）数据

互联网与国家治理发展报告. 2022 / 张志安主编
. --北京：社会科学文献出版社，2022.10
 （互联网与国家治理蓝皮书）
 ISBN 978-7-5228-0747-8

 Ⅰ.①互… Ⅱ.①张… Ⅲ.①电子政务-研究报告-
中国-2022 Ⅳ.①D63-39

 中国版本图书馆 CIP 数据核字（2022）第 171702 号

互联网与国家治理蓝皮书
互联网与国家治理发展报告（2022）

主　　编／张志安
执行主编／卢家银

出 版 人／王利民
组稿编辑／任文武
责任编辑／王玉霞
责任印制／王京美

出　　版／社会科学文献出版社·城市和绿色发展分社（010）59367143
　　　　　地址：北京市北三环中路甲 29 号院华龙大厦　邮编：100029
　　　　　网址：www.ssap.com.cn
发　　行／社会科学文献出版社（010）59367028
印　　装／天津千鹤文化传播有限公司

规　　格／开 本：787mm×1092mm　1/16
　　　　　印 张：22.5　字 数：333 千字
版　　次／2022 年 10 月第 1 版　2022 年 10 月第 1 次印刷
书　　号／ISBN 978-7-5228-0747-8
定　　价／98.00 元

读者服务电话：4008918866

本书系中山大学国家治理研究院—网络空间治理研究中心（广东省社会科学研究基地中山大学互联网与治理研究中心）、中山大学城市治理创新研究基地、"广州大数据与公共传播"人文社会科学重点研究基地成果。

蓝皮书编辑委员会

主编简介

张志安　复旦大学新闻学院传播学博士，入选国家级人才计划（2017年度），现任复旦大学新闻学院教授、博士生导师，复旦大学全球传播全媒体研究院研究员和中山大学城市治理创新研究基地主任，同时兼任中国新闻史学会应用新闻传播学专业委员会会长、舆论学研究委员会副会长、广东省新闻学会副会长等职。主要研究方向为大数据与互联网治理、新闻生产社会学等，主持教育部哲学社会科学重大课题"大数据时代国家意识形态安全风险与防范体系构建研究"等，已出版《深度报道》《重构行动者：中国场域的传播研究》等多部著作，在中英文期刊上发表论文百余篇。曾获中国新闻史学会首届国家学会奖之杰出青年奖、教育部高校优秀成果二等奖、宝钢优秀教师奖、第十一届广东新闻奖"金钟奖"等荣誉。

卢家银　华中科技大学新闻传播学博士，现任中山大学传播与设计学院教授、博士生导师，中山大学互联网与治理研究中心副主任、中山大学城市治理创新研究基地执行主任，兼任中国新闻史学会应用新闻传播学专业委员会学术顾问、媒介法规与伦理研究委员会常务理事，美国伊利诺伊大学（UIUC）和香港城市大学访问学者。主要研究方向为媒介法、网络治理与政治传播，主持国家社科基金项目"大数据时代个人信息安全困境与共律体系构建研究"，已出版《群己权界新论：传播法比较研究》等著作，在中英文期刊上发表学术论文数十篇。曾于2013年入选省级人才计划，2014年获得第二届全国新闻学青年学者优秀学术成果奖。

摘　要

《互联网与国家治理发展报告（2022）》立足网络空间综合治理的时代背景，聚焦互联网平台与内容治理中的突出问题，采用逻辑思辨与实证分析等多种研究方法，重点围绕网络平台治理、智能算法治理、网络生态治理和网络直播管理等数字化治理中的重要议题，对国家治理框架下的网络治理实践、制度建设和理论发展进行了全面回顾，以期探索大数据时代网络治理的时代特征、创新路径和深层逻辑。本书运用大量一手数据和实践案例，基于跨学科视域，尝试全面剖析我国互联网与国家治理现代化的时代进程，为读者提供一幅网络空间治理的理论全息图。本报告既对中国网络平台治理的实践进行年度盘点，又为推动网络综合治理体系的健全与网络强国战略提供理论支撑。

《互联网与国家治理发展报告（2022）》由总报告、分报告、专题报告、案例篇与海外借鉴5个部分20篇文章组成，聚焦网络空间治理的实践探索，对我国互联网治理在算法、平台、舆论和生态层面展开了多维分析。总报告立足我国数字经济持续推进的背景，从用户结构变化、网络使用依赖、智能算法治理和未成年人保护等多个层面，概括了过去一年我国互联网治理的基本特征。分报告则从网络平台治理、算法推荐规制、网络直播管理和数字政府治理等维度对网络空间治理的实践进行了跨学科的理论分析，总体上有助于我国网络强国战略的持续推进。

关键词： 互联网　平台治理　内容治理　网络法治　国家治理

目　录

Ⅰ　总报告

Ⅱ　分报告

Ⅲ　专题报告

Ⅳ　案例篇

V 海外借鉴

皮书数据库阅读**使用指南**

总 报 告

General Report

B.1

2021年中国互联网治理发展研究报告

张志安　李辉*

摘　要： 2021年是"十四五"规划开局之年，我国数字经济发展与数字
社会建设继续深入推进，互联网国家治理体系进一步完善，治理
能力不断提升。首先，本报告从互联网用户结构变化、互联网使
用依赖加深、网络视频行业发展，概括了2021年我国互联网发
展的基本特征。其次，分别从数字政府建设、法律法规完善、互
联网治理执法、未成年人网络保护与算法治理五个方面，阐述了
2021年我国互联网治理取得的重要进展。最后，报告提出未来
我国互联网国家治理的四个重点方向：完善常态化平台监管制
度，落实未成年人尤其是农村青少年网络保护，探索算法治理机
制与路径，推动落实老年人数字权利。

关键词： 互联网治理　平台监管　算法治理　青少年保护　老龄化社会

---

* 张志安，复旦大学新闻学院教授，中山大学互联网与治理研究中心主任；李辉，深圳大学传
播学院助理教授。

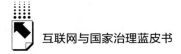

2021 年是"十四五"规划开局之年，我国数字经济继续保持了蓬勃发展态势，数字社会建设深入推进。在数字基础设施建设方面，光纤化改造全面完成，我国网络能力持续提升，已建成全球规模最大的光纤和移动宽带网络，5G 网络加速布局，移动物联网全面发展。大数据、云计算、人工智能等新技术加速应用，远程办公、互联网医疗、在线娱乐和消费等互联网业态进一步发展，线下生活场景在疫情期间全面走向线上，加速了社会数字化转型。在互联网技术飞速发展的同时，互联网的普惠效应持续释放，通过适老化及无障碍改造，相关部门不断为互联网应用弱势群体提供多维度、多途径、多功能的便利化服务，逐步缩小数字鸿沟。

回顾 2021 年，国家对网信领域的管理不断深化，数据安全、内容安全、信息保护、反垄断、惩治网络犯罪、应用技术应用等方面的立法和执法监管不断完善，引导互联网企业逐步走向健康规范的发展轨道。

一 2021 年我国互联网发展的基本特征

（一）互联网使用人群进一步向老龄和低幼人群渗透

中国互联网络信息中心（CNNIC）发布的《第 49 次中国互联网络发展状况统计报告》显示，截至 2021 年 12 月，我国网民规模为 10.32 亿，同比新增 4296 万，互联网普及率达 73.0%，同比提升 2.6 个百分点。非网民规模为 3.82 亿，同比减少 3420 万。[①]

2021 年我国互联网进一步向低龄群体和中高年龄群体两端渗透。2021 年我国农村地区非网民同比减少 7.8%，但占比依然高达 54.9%，高出全国农村人口比例 19.9 个百分点，说明我国非网民群体仍主要集中在农村地区，未来互联网人口的增长空间依然在农村地区。60 岁及以上老年群体互联网

---

① 中国互联网络信息中心：《第 49 次中国互联网络发展状况统计报告》，http：//www.cnnic.cn/hlwfzyj/hlwxzbg/hlwtjbg/202202/P020220407403488048001.pdf。

普及率达 43.2%，其中使用手机上网的比例达 99.5%。60 岁及以上老年群体仍是非网民的主要群体，其规模达 1.19 亿，占非网民总体比例为 39.4%，同比减少 6.6 个百分点，但高出全国 60 岁及以上人口比例 20 个百分点。[①]未来，农村和老年人群依然是我国互联网人口增长的主要潜力，也是我国未来消除"数字鸿沟"的主要困难。

2021 年，国家推出多项数字包容社会建设相关政策，成为推动老年人"触网"的主要动力。2021 年工业和信息化部先后推出《"双千兆"网络协同发展行动计划（2021~2023 年）》、《关于开展信息通信服务感知提升行动的通知》、《关于切实解决老年人运用智能技术困难便利老年人使用智能化产品和服务的通知》、《关于进一步抓好互联网应用适老化及无障碍改造专项行动实施工作的通知》、《互联网网站适老化通用设计规范》、《移动互联网应用（App）适老化通用设计规范》及《互联网应用适老化及无障碍水平评测体系》等具体文件，积极推动适老化服务，让老年人等群体公平地获取互联网相关信息与服务。

第三方机构 QuestMobile 的相关研究显示，"银发人群"是移动互联网下沉发展的重要动力和数字化发展的重要群体。数字化在老年群体生活中全面深入发展，生活、打车、服务咨询、出行导航、线上娱乐、泛资讯行业广泛开发大字版 App，为年长用户提供阅读方便，减少操作障碍，以及对丰富生活服务功能进行升级改造和优化使用体验。在娱乐类应用中，"银发人群"对于短视频平台具有较高的黏性，头部平台应用占据明显优势。[②]

当代未成年人成长于数字环境下，互联网是其成长的天然环境。随着各类新型智能终端的普及，未成年人"触网"低龄化趋势明显。在我国互联网发展向农村、边远地区深度扩展的总体趋势下，城乡未成年人互联网普及率已基本一致，农村未成年网民手机上网比例高达 92.7%，高于城镇 0.7 个

---

① 中国互联网络信息中心：《第 49 次中国互联网络发展状况统计报告》，http：//www.cnnic.cn/hlwfzyj/hlwxzbg/hlwtjbg/202202/P020220407403488048001.pdf。

② 《QuestMobile 银发经济洞察报告》，QuestMobile，https：//www.questmobile.com.cn/research/report-new/183。

百分点。① 同时，虽然城乡未成年人在互联网普及率和移动端上网方面较为接近，但互联网使用上依然存在较大差异。城镇未成年网民互联网使用更多为资讯获取与社交，而农村未成年网民更多用于娱乐消遣，其中短视频、动漫使用比例较高。城乡未成年人网络认知态度及行为存在明显差异，视频类App 最受留守儿童欢迎，未成年人网络充值等网上消费较为普遍，农村未成年人遭遇网络安全问题的比例更高。②

（二）移动化趋势更为明显，接入流量、人均上网时间持续增长

移动化是我国互联网普及和深入应用的重要驱动力之一。截至 2021 年12 月，我国移动电话用户总数达 16.43 亿户，全年净增 4875 万户。网民使用手机上网的比例达 99.7%，其中 5G 移动电话用户达 3.55 亿户，成为驱动流量继续保持增长的重要原因。移动互联网接入流量达 2216 亿 GB，比上年增长 33.9%，较 2017 年增长超 9 倍。网民的人均每周上网时长为 28.5 小时，同比增加 2.3 小时。③ QuestMobile 数据显示，2022 年第一季度，月人均使用时长达 162.3 小时，月人均使用次数达 2637.1 次，分别同比增长12.1%、4.4%。数据增长表明"用户使用深度和生活线上化程度仍在持续提高"④。下沉市场用户对移动互联网使用程度不断加深，App 使用时长及次数均保持两位数增长。2022 年 4 月下沉市场用户月人均使用时长突破 160小时，月人均使用次数 3932 次，分别提升 10.9%和 12.5%。⑤

微信小程序已成为网民生活服务的重要渠道，推动了数字化在社会生活领域的全面渗透，是促进市场流量及使用时长快速增长的重要原因。QuestMobile

---

① 中国互联网络信息中心：《第 49 次中国互联网络发展状况统计报告》，http：//www. cnnic. cn/hlwfzyj/hlwxzbg/hlwtjbg/202202/P020220407403488048001. pdf。
② 季为民等主编《中国未成年人互联网运用报告（2021）》，社会科学文献出版社，2021。
③ 中国互联网络信息中心：《第 49 次中国互联网络发展状况统计报告》，http：//www. cnnic. cn/hlwfzyj/hlwxzbg/hlwtjbg/202202/P020220407403488048001. pdf。
④ 《QuestMobile 2022 中国移动互联网春季大报告》，QuestMobile，https：//www. questmobile. com. cn/research/report-new/233。
⑤ 《QuestMobile 2022 下沉市场洞察报告》，QuestMobile，https：//www. questmobile. com. cn/research/report-new/240。

数据显示，生活服务已经成为 BAT（百度、阿里巴巴和腾讯）企业小程序的核心应用池。生活服务类小程序占据微信小程序、阿里小程序和百度智能小程序行业分类的占比首位。[①] 流量与用户数据的大幅增长，说明我国移动互联网嵌入日常社会生活和工作更为深入。

（三）短视频与直播渗透率进一步提升，驱动互联网使用强劲增长

随着移动互联网更为深入普及与智能化程度提升，短视频的内容形态和社交属性增强，满足了用户多样化的内容和社交需求。2021 年，我国短视频平台的用户规模继续扩大，成为内容消费与线上消费的基础设施之一，也为互联网用户增长与网络依赖加深提供了主要驱动因素。

2021 年，在短视频应用需求持续增强的态势下，网络视频总体用户规模进一步增长。截至 2021 年 12 月，我国短视频用户规模为 9.34 亿，占网民总体的 90.5%，同比增长 7%。[②] 短视频在娱乐内容、购物消费领域对用户的吸引力持续加深，用户数量远超音乐、直播、游戏等其他泛娱乐方式，并向本地生活不断渗透，已经成为人们重要的线上社交和娱乐方式。[③] 短视频使用时长也开始超越即时通讯成为网络使用时间最长的行业。QuestMobile 数据显示，截至 2021 年 12 月，短视频用户黏度超过其他行业，月人均使用时长增长至 53.2 小时，同比增长 4.7%，使用总时长占比达 25.7%。[④] 短视频以持续增长的流量优势以及算法匹配工具，增强了直播带货的品效，已成为直播电商转化路径的重要枢纽。此外，短视频在知识传播、文旅产业深度融合和城市传播等方面也显示出更为广阔的增长空间。

[①] 《QuestMobile 中国移动互联网春季大报告》，QuestMobile，https：//www.questmobile.com.cn/research/report-new/233。

[②] 中国互联网络信息中心：《第 49 次中国互联网络发展状况统计报告》，http：//www.cnnic.cn/hlwfzyj/hlwxzbg/hlwtjbg/202202/P020220407403488048001.pdf。

[③] 《QuestMobile 2022 年中国短视频直播电商发展洞察》，QuestMobile，https：//www.questmobile.com.cn/research/report-new/231。

[④] 《QuestMobile 2021 中国移动互联网年度大报告》，QuestMobile，https：//www.questmobile.com.cn/research/report-new/222。

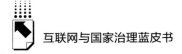
2021年我国网络直播行业继续保持了强劲发展势头。2021年我国网络直播用户规模达7.03亿，同比增长8652万，占网民整体的68.2%。其中，电商直播用户规模为4.64亿，较2020年12月增长7579万。体育直播获得了爆发式发展，用户规模达2.84亿，同比增长9381万。① 网络直播行业的发展得益于主体多元化、商品本土化和运营规范化。随着消费者直播购物习惯的不断深化与产业链的不断完善、直播渠道和参与者更为多元化，电商直播行业获得了爆发式增长。

艾媒咨询认为，政策利好、产业链完善等因素是推动在线直播行业发展的重要原因，行业发展也整体趋向细分化、垂直化。2021年国家陆续出台如《加快培育新型消费者实施方案》《"十四五"电子商务发展规划》等政策鼓励直播电商行业发展，也出台了《关于加强网络直播规范管理工作的指导意见》《网络直播营销管理办法（试行）》等保障行业健康发展的规范文件。5G、VR、AR、MR、元宇宙等新技术也正在赋能直播行业。随着元宇宙概念的兴起和人工智能及5G等技术的应用普及，在线直播的形式和特效愈发丰富，持续创新为在线直播行业提供了充分的发展活力，用户规模保持稳定增长。② 在资本入局、平台迭代、主播能力提升等因素的共同作用下，在线直播行业保持稳定发展，不断破圈层化，扩大覆盖范围。

二 2021年我国互联网治理的重要进展

（一）打造移动政务服务生态，数字政府建设进入快车道

近年来，我国国家治理也在逐步适应社会数字化转型，加快数字政府建

---

① 中国互联网络信息中心：《第49次中国互联网络发展状况统计报告》，http：//www.cnnic. cn/hlwfzyj/hlwxzbg/hlwtjbg/202202/P020220407403488048001.pdf。

② 艾媒咨询：《2021年度中国在线直播行业发展研究报告》，百度网，https：//baijiahao. baidu.com/s？id=1726247736282654267&wfr=spider&for=pc。

设成为推动国家治理体系和治理能力现代化的重大举措。截至 2021 年 12 月，我国互联网政务服务用户达 9.21 亿，占网民整体的 89.2%，较 2020 年 12 月增长 9.2%。①

2021 年是我国数字政府建设取得关键成就、迈向新征程的一年。中央密集出台数字政府建设顶层政策，为数字政府建设指明了方向。2021 年 3 月《政府工作报告》首次纳入"数字政府"，提出加强数字政府建设，建立健全政务数据共享协调机制，推动更多政务服务事项实现"网上办""掌上办""一次办"。2021 年 3 月 12 日，《中华人民共和国国民经济和社会发展第十四个五年规划和 2035 年远景目标纲要》包含"提高数字政府建设水平"专章，提出要"加快建设数字经济、数字社会、数字政府，以数字化转型整体驱动生产方式、生活方式和治理方式变革"。2021 年 9 月，《全国一体化政务服务平台移动端建设指南》提出加强政务服务平台移动端标准化、规范化建设和互联互通，作为公众和企业建设移动政府服务的总枢纽。

依托全国一体化政务服务平台，全国一体化政务数据共享枢纽加速建成，破解各地反映强烈的基层办事大厅数据重复录入、企业和群众办事重复登录等"一网通办"的堵点难点。② 国家政务服务平台"跨省通办"服务专区已接入近 100 个可网上办理的高频"跨省通办"事项和近 200 项可跨省办理的便民服务。③ 随着以国家政务服务平台为总枢纽的全国一体化政务服务平台建成并逐渐发挥作用，我国网上政务服务发展从以信息服务为主的单向服务，开始走向跨区域、跨部门、跨层级一体化综合政务服务阶段。全国数字政府一体化平台通过统一标准规范、统一清单管理、统一身份认证、统一数据共享、统一服务渠道管理，以及一体化应用管理和一体

① 中国互联网络信息中心：《第 49 次中国互联网络发展状况统计报告》，http：//www. cnnic. cn/hlwfzyj/hlwxzbg/hlwtjbg/202202/P020220407403488048001. pdf。

② 中国互联网络信息中心：《第 49 次中国互联网络发展状况统计报告》，http：//www. cnnic. cn/hlwfzyj/hlwxzbg/hlwtjbg/202202/P020220407403488048001. pdf。

③ 中国互联网络信息中心：《第 49 次中国互联网络发展状况统计报告》，http：//www. cnnic. cn/hlwfzyj/hlwxzbg/hlwtjbg/202202/P020220407403488048001. pdf。

化服务，为政务服务的移动化流程再造提供更多支撑。集约化、互通互联的数字政府建设方向，使得原先单一功能的政务服务 App、小程序最终向统一平台汇聚，联合形成一个整体联动、共享的移动政务服务集团军，逐渐走向多终端、全业务的"无缝衔接"的服务，越来越体现出数字政务服务的便捷与精准。

越来越多的地方政府基于各自资源优势与路径选择，打造出了一些数字政府规划项目，全面推进互联网政务建设发展。各地都在"一卡通""一码通""一网通办"等方面提出各自的解决方案，通过政务数据互联互通和业务流程再造，逐渐实现通过统一线上总门户和掌上总入口，建立起跨层级、跨区域的政务服务生态体系。同时，政务服务的"一网通办"也逐渐由"可办、能办"向"好办、易办"完善，围绕用户需求推动更多政务事项向主动服务转变，由"一个事"转向套餐式的"一件事"。

（二）治理政策法规更为完善，行业监管进一步法制化规范化

数字经济的蓬勃发展也给互联网治理带来重大挑战，数字经济特别是平台经济发展迫切需要规范引领。近年来，我国互联网经济的发展方向是严监管、规范化，数据治理和内容治理方面的政策法规不断完善，规范的对象几乎覆盖整个互联网参与者。2021 年以来一系列监管法律政策和治理行为落地，切实保护了用户权益，有效规范了行业生态（见表 1）。

表 1　2021 年以来我国出台的有关互联网治理的法律法规

序号	法律法规名称	发布机构	规范领域	主要内容	发布时间
1	《网络直播营销管理办法(试行)》	国家互联网信息办公室、公安部、商务部、文化和旅游部、国家税务总局、国家市场监督管理总局、国家广播电视总局	规范网络市场秩序,维护人民群众合法权益,促进新业态健康有序发展,营造清朗网络空间	平台建立健全账号注册注销、信息安全、营销行为、未成年人保护、消费者权益保护、个人信息保护、网络和数据安全相关措施	2021 年 4 月 23 日

序号	法律法规名称	发布机构	规范领域	主要内容	发布时间
2	《常见类型移动互联网应用程序必要个人信息范围规定》	国家互联网信息办公室秘书局、工业和信息化部办公厅、公安部办公厅、市场监管总局办公厅	关于"网络运营者收集、使用个人信息,应当遵循合法、正当、必要的原则","网络运营者不得收集与其提供的服务无关的个人信息"	App不得因为用户不同意提供非必要个人信息而拒绝用户使用	2021年5月1日
3	《汽车数据安全管理若干规定(试行)》	国家互联网信息办公室、国家发展和改革委员会、工业和信息化部、公安部、交通运输部	汽车数据处理,汽车数据合理开发利用	明确汽车数据处理者的责任、义务和处理个人数据的一般要求,明确了处理个人信息、敏感个人信息的具体要求,明确了处理重要数据的具体制度	2021年7月5日
4	《网络产品安全漏洞管理规定》	工业和信息化部、国家网信办、公安部	境内网络产品提供者和网络运营者,从事网络安全漏洞发现、收集、发布等活动的组织或者个人	及时报送漏洞信息,及时验证并修补漏洞;不得发布漏洞细节、修补防范措施等8项具体要求	2021年7月12日
5	《关键信息基础设施安全保护条例》	国务院	重要行业和领域,重要网络设施、信息系统等	强化和落实关键信息基础设施运营者主体责任,政府及社会各方共同保护关键信息基础设施安全	2021年9月1日
6	《关于进一步压实网站平台信息内容管理主体责任的意见》	国家网信办	网站平台信息内容管理	发挥平台信息内容管理第一责任人作用,网站平台要把握主体责任、明确工作规范、健全管理制度、完善运行规则	2021年9月15日

序号	法律法规名称	发布机构	规范领域	主要内容	发布时间
7	《关于加强互联网信息服务算法综合治理的指导意见》	国家互联网信息办公室、中央宣传部、教育部、科学技术部、工业和信息化部、公安部、文化和旅游部、国家市场监督管理总局、国家广播电视总局	互联网信息服务算法	坚持正确导向,发挥算法服务正能量传播作用;建立健全多方参与的算法安全治理机制;推进算法分级分类安全管理,实施精准治理;引导算法应用公平公正、透明可释;保护算法知识产权	2021 年 9 月 17 日
8	《关于规范金融业开源技术应用与发展的意见》	中国人民银行办公厅、中央网信办秘书局、工业和信息化部办公厅、中国银保监会办公厅、中国证监会办公厅	金融业各领域	规范开源技术应用,提升应用水平和自主可控能力,促进开源技术可持续发展	2021 年 9 月 18 日
9	《"十四五"电子商务发展规划》	商务部、中央网信办、国家发展改革委	通过互联网等信息网络销售商品或者提供服务的经营活动	加强电子商务监管治理,提升精准查处能力,构建可信交易环境。建立"互联网+信用"的新监管模式,平台建立信用评价机制	2021 年 10 月 9 日
10	《互联网用户账号名称信息管理规定》	国家互联网信息办公室	注册、使用和管理用户账号名称信息	依法依规进行互联网用户账号名称信息注册、使用、管理,平台应当履行管理主体责任,严格落实账号名称信息管理制度	2021 年 10 月 26 日
11	《中华人民共和国个人信息保护法》	全国人大常委会	在中华人民共和国境内处理自然人个人信息的活动	明确个人信息的范围以及个人信息从收集、存储到使用、加工、传输、提供、公开、删除等所有处理过程,明确个人对其信息控制的权利、义务与法律责任	2021 年 11 月 1 日

续表

序号	法律法规名称	发布机构	规范领域	主要内容	发布时间
12	《关于推动平台经济规范健康持续发展的若干意见》	国家发展改革委、市场监管总局、国家网信办、工业和信息化部、人力资源社会保障部、农业农村部、商务部、人民银行、税务总局	以互联网平台为主载体,以数据为关键生产要素,以信息技术为核心驱动力,以网络信息基础设施为重要支撑的平台经济	平台经济规范健康发展要健全完善规则制度,提升监管能力和水平,优化发展环境,增强创新发展能力,赋能经济转型发展,加强统筹协调	2021年12月24日
13	《互联网信息服务算法推荐管理规定》	国家网信办、工业和信息化部、公安部、市场监管总局	互联网信息服务算法推荐管理	明确了算法推荐服务提供者的信息服务规范,算法推荐服务提供者的用户权益保护要求	2021年12月31日
14	《移动互联网应用程序信息服务管理规定(征求意见稿)》	国家互联网信息办公室	通过移动互联网应用程序提供信息服务,从事互联网应用商店等应用程序分发服务	应用程序提供者和应用程序分发平台应当遵守宪法、法律和行政法规,应用程序为用户提供信息发布、即时通讯等服务的,应当对申请注册的用户进行身份信息认证,应在规定时间内向互联网信息办公室备案,应当自觉接受社会监督	2022年1月5日
15	《互联网信息服务深度合成管理规定(征求意见稿)》	国家网信办	应用深度合成技术提供互联网信息服务,以及为深度合成服务提供技术支持的活动	强调不得利用深度合成服务从事法律法规禁止的活动,不得制作、复制、发布、传播含有法律法规禁止内容的信息。明确了深度合成服务提供者主体责任,深度合成信息内容标识管理制度	2022年1月28日

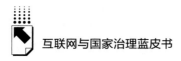
续表

序号	法律法规名称	发布机构	规范领域	主要内容	发布时间
16	《网络安全审查办法》	国家网信办、国家发展改革委、工业和信息化部、公安部、国家安全部、财政部、商务部、中国人民银行、市场监管总局、广电总局、中国证监会、国家保密局、国家密码管理局	网络安全	网络平台国外上市必须进行网络安全审查,对审查工作机制成员、审查重点评估的国家安全风险因素也进行了扩充,建立数据安全审查制度	2022年2月15日
17	《互联网弹窗信息推送服务管理规定(征求意见稿)》	国家网信办	互联网弹窗信息推送服务	互联网弹窗信息推送服务应当遵守法律法规,推送向上向善的优质弹窗信息内容,发展积极健康的网络文化。弹窗信息推送服务提供者落实内容安全管理主体责任,建立相关管理制度	2022年3月2日
18	《未成年人网络保护条例(征求意见稿)》	国家网信办	未成年人网络保护	未成年人网络保护工作应当坚持最有利于未成年人的原则,实行社会共治。禁止利用网络制作、复制、发布、传播含有危害未成年人身心健康内容的信息。网络服务提供者提供服务时要求未成年人或者其监护人提供未成年人真实身份信息,预防和干预未成年人沉迷网络	2022年3月15日

(三)互联网治理继续加大执法力度,治理成效显著

2021年,全国网信系统进一步加大执法力度,依法查处各类违法违规案件,取得显著成效。国家网信办等部门针对互联网平台、网络内容、数据

等领域，开展了一系列专项整治活动，多种手段运用、多种机制并行的互联网治理模式逐渐成熟。

据统计，2021年全国网信系统共依法约谈网站平台5654家，警告4445家，罚款处罚401家，暂停功能或更新3008家，下架移动应用程序1007款，取消网站许可或备案、关闭违法网站17456家。全国各级网络举报部门受理举报1.66亿件。全国主要网站受理举报1.5亿件，同比增长3.6%。在全国主要网站受理的举报中，微博、腾讯、今日头条等主要商业网站受理量占75.6%，达1.1亿件。[①]

为探索互联网长效治理和规范机制，2021年9月发布的《关于加强网络文明建设的意见》中，中共中央办公厅和国务院办公厅提出网络空间文化培育、网络空间道德建设、网络空间行为规范、网络空间生态治理等要求。2021年各级网信部门持续开展系列专项行动，针对网上历史虚无主义、算法乱用、未成年人网络环境、弹窗新闻信息、网站账号运营、网上文娱及热点排行乱象等突出问题，开展了"清朗·商业网站平台和'自媒体'违规采编发布财经类信息专项治理""清朗·'饭圈'乱象整治""清朗·互联网用户账号运营乱象专项整治行动""清朗·打击流量造假、黑公关、网络水军"等"清朗"行动，重点查处一批传播各类违法违规有害信息、存在违法违规行为的平台和账号。2021年多个部门出台了一系列举措，整顿文娱行业的市场秩序，打击"流量至上"、非理性"饭圈"行为、艺人违法失德、网络水军、流量造假等现象。

针对近年来各类传统犯罪加速向互联网蔓延的势头，公安机关已连续第4年在全国部署开展"净网"专项行动。2021年"净网"专项行动主要针对侵犯公民个人信息、黑客攻击破坏、非法制售使用窃听窃照专用器材等人民群众深恶痛绝的网络违法犯罪行为。2021年公安部继续加大了对"网络

---

① 《2021年全国网络执法取得显著成效》，网信中国公众号，https://mp.weixin.qq.com/s?__biz=MzAwMjU0MjIyNw==&mid=2651401044&idx=1&sn=1ec60226aa14bb19ab0e0fe873b698fa&chksm=813554a8b642ddbe811d3b81e698b1ea84d39d6bc7b63f16964be0b7b58e3cdf52bbb37c378f&scene=27。

黑灰产"的打击整治力度，全力压制违法 App 泛滥势头。①

国家网信办还指导各级网信部门综合运用执法约谈、责令整改、处置账号、移动应用程序下架、暂停功能或更新、关闭网站、罚款、处理责任人、通报等多种处置处罚手段，对严重违反有关互联网信息内容和网络安全管理法律法规的网站平台，依法予以严处。② 2021 年国家网信办先后会同有关部门，对"滴滴"等平台启动网络安全审查，约谈 T3 出行、美团出行、曹操出行等 11 家网约车公司，指出部分平台公司存在恶性竞争、开展非法营运等问题。中央宣传部、国家新闻出版署先后约谈腾讯、网易等游戏企业和平台，强调未成年人保护、网络游戏内容审核把关、网络沉迷等问题；国家网信办约谈豆瓣网与新浪微博，对其信息发布问题责令整改并严肃处置相关责任人。网信部门还专门派工作督导组进驻豆瓣网，督促整改网络平台网络安全相关问题。此外，国家网信办还指导各地网信办督促网站平台依法处置违法违规"头部账号"。

（四）完善和修订相关法律制度，积极引导未成年人正确使用网络

我国未成年人"触网"低龄化趋势明显，互联网的不良信息对青少年身心健康、学习状况、个人隐私具有较大风险。2021 年，监管部门、社会及网络平台多方协同发力持续加大整治网络不良信息的力度，合力筑牢未成年人网络保护屏障。立法部门联合相关部门通过立法规范引导互联网企业履行社会责任和义务。

2021 年教育部相继发布《关于加强中小学生手机管理工作的通知》《儿童青少年近视防控光明行动工作方案（2021~2025 年）》，对于中小学生电子产品使用做出了具体规定。2021 年 6 月，新修订的《中华人民共和国未

---

① 张佳琪：《2021 年"网络犯罪"整治：查获违法 App7221 款》，百度网，https：//baijiahao. baidu. com/s？id = 1721937096937768724&wfr = spider&for = pc。

② 《2021 年全国网络执法取得显著成效》，信信中国公众号，https：//mp. weixin. qq. com/s？__biz = MzAwMjU0MjIyNw = = &mid = 2651401044&idx = 1&sn = 1ec60226aa14bb19ab0e0fe873b698fa&chksm = 813554a8b642ddbe811d3b81e698b1ea84d39d6bc7b63f16964be0b7b58e3cdf52bbb37c378f&scene = 27。

成年人保护法》正式实施，为青少年网络保护提供了坚实的法律基础。2022 年 3 月 14 日国家互联网信息办公室关于《未成年人网络保护条例（征求意见稿）》再次公开征求意见，根据《未成年人保护法》《预防未成年人犯罪法》《个人信息保护法》《家庭教育促进法》等相关法律制定修订进展，反复研究完善。

2021 年 6 月中旬由于"饭圈"粉丝群体在网上互撕谩骂、应援打榜、造谣攻击等问题屡见不鲜，破坏清朗网络生态，对未成年人身心健康造成不利影响，国家互联网信息办公室在全国范围内开展了"清朗·'饭圈'乱象整治"行动。

2021 年 7 月，中央网信办启动"清朗·暑期未成年人网络环境整治"专项行动，聚焦解决 7 类网上危害未成年人身心健康的突出问题，具体包括直播、短视频平台涉未成年人问题，未成年人在线教育平台问题，儿童不良动漫动画作品问题，论坛社区、群圈等环节危害未成年人问题，网络"饭圈"乱象问题，不良社交行为和不良文化问题，防沉迷系统和"青少年模式"效能发挥不足问题。

在一系列针对未成年人的网络保护法律与专项治理行动下，青少年网络安全体验与维权意识明显提高。安全事件方面，未成年人表示曾遭遇网络安全事件的比例为 27.2%，较 2019 年下降 6.8 个百分点。不良信息方面，未成年人表示曾在上网过程中遭遇不良信息的比例为 34.5%，较 2019 年下降 11.5 个百分点。维权意识方面，知道可以通过互联网对侵害自身的不法行为进行权益维护或举报的未成年网民达到 74.1%，其中初中及以上学历的未成年网民对于网络权益维护的认知比例均在 85% 左右。[①]

（五）算法治理元年开启，算法综合治理趋实趋严趋细

随着人工智能技术的应用在我国蓬勃发展，不论是"算法治理"还是

[①] 中国互联网络信息中心：《第 49 次中国互联网络发展状况统计报告》，http://www.cnnic.cn/hlwfzyj/hlwxzbg/hlwtjbg/202202/P020220407403488048001.pdf。

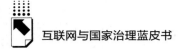

"治理算法"都是紧迫的重大问题。随着平台经济和人工智能产业的发展，算法推荐技术日益普及和深入应用，算法应用中逐渐出现违法和不良信息传播、侵害用户权益、操纵社会舆论等负面乱象。推荐算法涉及网络安全、数据安全以及人工智能安全等多个领域，对算法推荐技术的监管和治理已成为一项迫在眉睫的工作。算法风险作为智能时代一项突出的新型风险，涉及领域广，风险具有广泛性。①

算法逐渐成为经济社会的底层架构，也被日益广泛地应用在新闻推荐、商品推荐、无人驾驶、智慧医疗等商业和各种领域，在不同场景下管理、分类、约束乃至决定整个社会的运行。我国从数据运用、用户标签规范运用探索算法治理，备受关注的"大数据杀熟"成为监管重点关注的问题。同时，算法权力与滥用使得当前主要依赖软法治理的困境逐渐凸显。一般而言，由于原则、指南、建议、行业标准、最佳实践等软法形式比硬法更加灵活、适应性更强，更容易在算法等新技术领域应用，目前"软法治理"已成为常见的算法治理形式。② 在世界范围内，相关行业、组织和协会等均在关于算法新技术伦理、标准层面做出大量工作，提出了各种指南、治理框架、倡议与伦理规范。总体来看，相对硬法而言，软法更为灵活高效，能够被快速采纳修订。③ 但伴随着算法技术的快速发展，算法软法治理的困境逐步凸显，软法缺乏强制约束力，算法透明度、隐私保护、反歧视只能依赖于企业或行业自律。算法技术的广泛应用带来责任划分困境，导致责任难以划清，亟须在法律层面建章立制、加强规范，促进算法相关行业健康有序发展。④

当前，世界数字经济大国都在加速立法推动算法治理落地，规制强度和层级逐步提升，算法治理手段更为丰富，算法监管活动日趋频繁。⑤ 我国也一直在探索建立网络平台算法问责体系机制，信息内容安全成为算法治理的

① 中国信息通信研究院、新华网大数据中心：《算法治理蓝皮书》，2022年1月20日。
② 中国信息通信研究院、新华网大数据中心：《算法治理蓝皮书》，2022年1月20日。
③ 中国信息通信研究院、新华网大数据中心：《算法治理蓝皮书》，2022年1月20日。
④ 中国信息通信研究院、新华网大数据中心：《算法治理蓝皮书》，2022年1月20日。
⑤ 中国信息通信研究院、新华网大数据中心：《算法治理蓝皮书》，2022年1月20日。

重点问题。

2021年9月29日，国家互联网信息办公室、中央宣传部等九部门联合发布了《关于加强互联网信息服务算法综合治理的指导意见》，提出"坚持正确导向、依法治理、风险防控、权益保障、技术创新"五项基本原则，"利用三年左右时间，逐步建立治理机制健全、监管体系完善、算法生态规范的算法安全综合治理格局"的主要目标，强调要"建立健全多方参与的算法安全治理机制"，形成"多元协同、多方参与的治理机制"，"健全算法安全治理机制"，"优化算法治理结构"，"打造形成政府监管、企业履责、行业自律、社会监督的算法安全多元共治局面"。2021年12月31日发布的《互联网信息服务算法推荐管理规定》聚焦算法黑箱、算法歧视、信息茧房、舆论操控、不正当竞争等算法推荐服务乱象问题，制定了包括伦理与法治结合、分类分级管理、社会共建共治共享的算法安全治理体系。该规定也对算法治理体制机制做出了安排，明确了算法治理体制机制，确立了网信部门统筹协调，提出综合运用执法、司法等协同推进算法推荐规范化，有关部门依据各自职责负责的综合治理格局。

此外，2021年11月1日开始实施的《中华人民共和国个人信息保护法》也对自动化决策作出专门规定，主要从赋予用户在部分场景下自由选择退出自动化决策的权利、赋予用户要求解释说明的权利、要求个人信息处理者承担个人信息保护影响评估等义务三个层面提出了明确要求。2021年8月，中央宣传部等五部门联合印发《关于加强新时代文艺评论工作的指导意见》，特别强调了要加强网络算法研究和引导，以及开展网络算法推荐综合治理。

三 未来我国互联网国家治理的重点方向

数字经济发展与数字社会治理是网络强国建设的基础。国家"十四五"规划纲要提出，加快建设数字经济、数字社会、数字政府，以数字化

转型整体驱动生产方式、生活方式和治理方式变革。在国家"十四五"规划纲要的指引下，各地方政府与相关行业发布了一系列数字经济发展和治理的相关具体规划，为行业规范与发展并重指明了方向。未来我国互联网国家治理仍将围绕内容、数据、平台和算法等基本要素展开，构筑国家、市场、行业与社会等参与的多元治理机制，综合运用法治、技术与行政手段，充分释放数字技术与数字经济对于社会创新发展与公平正义追求的赋能作用。

（一）加快完善常态化精准监管机制，促进平台经济健康发展

互联网平台已成为社会运行的新型基础设施，平台经济是数字经济发展的核心引擎。近年来，针对平台经济在数据安全、内容安全、算法安全、垄断发展、侵害用户权益等方面问题，密集出台了一系列的政策法规，平台经济治理体系开始逐渐完善。2022年1月，国家发展改革委等九部门联合印发《关于推动平台经济规范健康持续发展的若干意见》，明确了适应平台经济发展规律、发展和规范并重、建立健全规则制度和优化平台经济发展环境的意见。2022年3月16日，国务院金融稳定发展委员会召开专题会议，提出设置好"红绿灯"，促进平台经济平稳健康发展，提高国际竞争力。2022年4月29日中共中央政治局会议强调，促进平台经济健康发展，完成平台经济专项整改，实施常态化监管，出台支持平台经济规范健康发展的具体措施。从"规范健康持续发展"到"平稳健康发展"再到"健康发展"，已明显传递了促进平台经济发展的积极信号。

尽管对于互联网平台企业发展过程中存在数据、算法、内容安全以及资本无序扩张等问题，国家有关部门近年来进行了多项专项整治行为，但是从国家数字经济竞争优势的高度推动平台经济的健康发展，依然需要逐步建立市场化、法治化、国际化的常态化监管体系，为平台经济发展注入制度效能。互联网平台经济的发展，需要建立起常态化、可持续的监管机制，形成政策的稳定性与可预期性，才能真正促进平台经济健康发展。常态化的监管机制，需要通过完善法律法规，提高监管的权威性、规范性、透明性和精准

性，建立横跨多部门、多层级的监管者的联合执法体系，做到不越位、不缺位，真正使得常态化监管政策落地。

（二）进一步落实未成年人网络保护责任，加强对农村青少年网络使用的引导与管理

未成年人权利的实现与网络的联系日益紧密，借助互联网获取信息不仅是其权利的应有之义，而且生存发展权、受教育权、参与权等都越来越融合网络元素，这就需要网络产品和服务适应未成年人身心健康发展的规律和特点。尽管我国关于未成年人上网保护的法律法规逐渐完善，但是真正实现未成年人上网保护还需要全社会共同努力。未成年人沉迷网络、娱乐过度、被恶意诱导消费、网络色情暴力、针对未成年人的网络黑产等问题，是社会长期关注的重点，相关法律政策面临落地效果的困境。此外，未成年人参与网络社群具有明显的分众化、个性化、多元化，针对青少年网络使用普遍存在娱乐化、圈层化、群体极化、非理性消费等问题，未来互联网国家治理还需要加强全社会协同参与的制度创新。

需要指出的是，鉴于我国城乡未成年人网络认知态度及行为差异明显，农村青少年网络使用遭遇网络安全隐患与过度娱乐化问题更为严重。因此，未来互联网国家治理要尤其关注对广大农村地区未成年人网络使用的治理与引导，这对于进一步缩小乃至消弭城乡发展的"数字鸿沟"至关重要。

（三）积极探索符合中国特点的算法治理机制与路径

算法作为数字社会新型生产力的地位和作用日趋明显，算法对于推动数字经济发展和国家治理能力现代化具有重大意义。但是对于算法的"技术权力"滥用与垄断的问题，互联网国家治理应该积极探索算法应用与潜在风险的关系，进一步探索符合我国特点的算法治理机制与落地路径。算法治理机制与路径涉及基于不同风险类型的算法规制路径，需要构建算法影响评估制度，落实算法设计者与使用者的主体责任，在运用好行业协会自律自治，提高大众个人权益保护及隐私保护意识，完善网络平台算法主体责任，

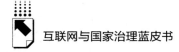

加大监管部门监管力度等方面，围绕"治理主体—治理对象—治理措施"探索算法治理的体系架构。①

（四）面向中度老龄化社会，推动落实老年人数字权利

第七次全国人口普查结果显示，我国 60 岁及以上人口为 26402 万人，占总人口的 18.70%，其中，65 岁及以上人口为 19064 万人，占总人口的 13.50%，预计"十四五"时期我国 65 岁及以上老人将突破 3 亿人。数据表明，人口老龄化程度进一步加深，中国社会将逐步迈入中度老龄化社会。未来互联网国家治理如何开发出健康老龄化的数字技术、产品和服务，以及在适老内容供应、网络治理与权益保护方面建立更为完善的治理体系，不仅关系老年人平等公民权利的享有与实施问题，也关系国家现代化建设和社会文明进步。

---

① 金雪涛：《算法治理：体系建构与措施进路》，《人民论坛·学术前沿》2022 年第 10 期。

分 报 告
Sub-reports

B.2
中国网络平台治理的实践挑战与应对路径

卢家银　王启臻*

摘　要： 伴随着互联网治理的深入推进，我国的互联网综合治理体系虽然已初步建成，但是网络平台发展中仍然存在一系列突出问题：中小微型平台特别是自媒体的无序发展冲击着网络空间秩序，虚假信息与低俗内容的泛滥侵蚀网络内容生态，网络平台的数据存储与跨境流动威胁国家安全。这些问题既是现代传播科技发展对平台运营的直接冲击，也是资本的迅猛扩张和网络传播的过度市场化趋向所导致的后果。为了应对这类实践挑战，未来亟须深度治理中小微网络平台、落实平台主体责任和加强跨境数据监管。

关键词： 平台治理　资本介入　主体责任　网络生态

* 卢家银，中山大学传播与设计学院教授、博士生导师，中山大学城市治理创新研究基地执行主任，复旦大学全球传播全媒体研究院特约研究员；王启臻，中山大学城市治理创新研究基地学生助理。

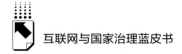

互联网平台通常是指提供各类网络服务的网络运营者，主要包括提供网络新闻信息服务、网络新闻信息转载服务和传播平台服务的各类主体。伴随着网络综合治理体系的建立健全，我国对网络平台发展、内容建设和数据处理等方面进行了全面规范与治理，已经在互联网治理体系和治理能力的现代化上取得了实质性的进展。但是，在现代传播技术、资本扩张和国际竞争等多种因素的冲击下，我国互联网平台表现出自媒体假借官方与主流媒体炮制新闻、虚假与低俗内容泛滥、网络舆论反智与跨境信息流动威胁网络安全等一系列问题。这需要管理部门在完善互联网平台治理体系的过程中，继续深入探索个人权益保护、产业创新发展和国家安全维护之间的利益平衡路径，及时解决目前存在的突出问题。

一　平台治理的实践挑战

伴随着互联网的纵深化发展，除了潜在的平台垄断问题，与网络平台相关的主体、生态与数据等一系列风险也迅速涌现，平台治理面临重大挑战。

（一）中小微型平台的野蛮生长冲击网络空间秩序

近年来，我国对超级网络平台的治理已经取得了显著成效，百度、腾讯和字节跳动等互联网巨头已步入有序发展的轨道。但是，大量分散式中小微型网络平台仍然处于野蛮生长的状态。一方面，一些中小微型网络新媒体平台的命名打擦边球，使用类似于官方账号的"伪官方"名称或类新闻机构的"准媒体"公众号名称，真假难辨，以伪造和假借权威名义炮制信息并吸纳点击率；另一方面，许多中小微型平台尤其是自媒体账号，尽管不具备新闻采访发布与转载资质，但仍利用互联网带来的话语权和影响力，违规采写和转发时政新闻，抢夺主流媒体的话语权。值得注意的是，自媒体的商业营销与推广经常通过夸大和重构某些社会情绪，以"蹭热点"、"抢头条"和"标题党"的形式变相发布大量涉及国计民生的硬新闻与时事评论，制造新闻事件，左右舆论走向，实施敲诈勒索。甚至还有自媒体平台打着爱国主义的旗号，借助热点事件，误导政府与民众，对事件的发展推波助澜。

（二）虚假与低俗信息的交织侵蚀网络内容生态

近年来，海量的网络虚假信息正在给国家利益、社会利益和个人权益构成严重冲击。在广大普通民众没有能力、时间和精力核查事实真相的情况下，虚假信息的大行其道掩盖了事实真相，导致人们社会认知错位、轻信谣言和手足无措，甚至将虚假信息作为认识世界、分析和解决问题的依据，致使主流媒体传播的真实信息遭到质疑和扭曲，反智主义日益盛行。[①] 虚假信息还分化了民众对于事实真相的看法，混淆了是非标准，放大极端声音和助长怀疑主义情绪，在一定程度上刺激了仇官、仇富、仇外和仇视精英等对立情绪上升，甚至导致网络舆论的极化与社会的撕裂，严重影响了社会舆论的正常走向和社会心态。[②]

同时，部分新媒体平台盲目为了追求经济利益，受"流量为王"畸形价值观的影响，运用一味迎合受众的"母爱"算法，根据个体的媒介使用习惯、喜好和普遍存在的猎奇心理等，向网络用户发布大量吸引眼球的低俗信息，主要以恶俗标题、夸大炒作、娱乐搞笑、变相宣扬色情和暴力为代表，涉及文字、图片、视频、动漫和游戏等。不少自媒体平台特别是网络主播，甚至在网络空间中公然"卖惨"、"斗富"与"晒丑"，大量使用恶俗标题和"约×""撕×""装×"等粗鄙语言，甚至出现了以衣服、食品等为名义的"软色情"，严重违背公序良俗，侵害未成年人的身心健康。

（三）网络平台的数据存储与流动影响国家安全

伴随着互联网与大数据技术的快速发展，各类网络新媒体平台特别是网

---

① 张爱军、李圆：《人工智能时代后真相现象的消解、再塑及矫治》，《中国行政管理》2019年第8期。

② 邵萌：《全国政协常委贾庆国：建议立法明令禁止网上散布虚假信息》，百度网，https：//baijiahao.baidu.com/s？id=1726437395189282482&wfr=spider&for=pc。

络超级巨头在快速成长、日益趋于基础设施化的过程中，收集了大量蕴含商业价值的数据。这些数据同时也作为基础性战略信息资源，与国家的安全与利益息息相关。同时，随着互联网平台对国家治理和公共服务的全面介入，大量未经许可不得披露的数据也由平台所掌握，其中不少数据均是来自特定领域的经济建设和社会发展的基础性数据，甚至涉及国家秘密。另外，由于数字经济的全球扩张，数据跨境存储与流动越来越频繁。在此过程中，若简单允许数据不受任何限制地跨境流动，不仅会造成数据资源的流失，而且会侵害数据主权，进而直接威胁国家安全。例如，在美股上市期间，滴滴公司就必须按照《外国公司问责法案》的要求向美国监管部门披露其所有数据；[①] 在我国从事业务的特斯拉公司，也会因其业务被美国要求将大量中国用户数据回传至美国；迫于审查，抖音国际版 Tiktok 也不得不将全球用户数据存储在美国弗吉尼亚。

二　现实问题的深层原因

我国网络平台发展过程中所显现的这一系列问题，不仅与资本的快速扩张和网络传播的过度市场化互为表里，而且与现代传播科技的技术冲击密切相连。

（一）资本的无序扩张

互联网的快速发展本身即得益于大量资本的注入。资本进入互联网市场，不仅促进了媒介融合，改变了信息传播模式，而且带动了互联网相关产业，推动了数字经济的迅猛发展。为了促进新型产业的发展，我国长期以来一直对互联网及相关产业采取鼓励包容的态度，以促进产业创新和市场竞争。我国的互联网产业确实获得了长足的进步并形成了空前繁荣的局面。但

---

① 韩洪灵、陈帅弟、刘杰、陈汉文：《数据伦理、国家安全与海外上市：基于滴滴的案例研究》，《财会月刊》2021 年第 15 期。

是，近年来我国互联网产业领域内已经出现市场环境恶化、企业迅速兼并集中和限制竞争等垄断化发展趋向。

近年来，互联网平台为了留住用户、形成用户黏性，开始通过"烧钱"做大规模、比谁更快，以期赢者通吃。[1] 有研究者指出，"现阶段我国互联网创业公司融资市场上的'烧钱大战'出现的主要原因是部分公司为寻求垄断地位而盲目竞争所致"，资本的这种扩张行为只对获取市场垄断地位有利，但却有损市场竞争和网络空间秩序。[2] 以共享单车行业为例，伴随着进入者的迅速增多，该领域在 2017 年出现了资本扎堆的"烧钱"现象。在摩拜和 ofo 于 2017 年融资数亿美元后，两家公司除了都推出充值返现活动，前者还在上海推出"0 元出行"优惠业务，后者则开展"小黄车免费骑"活动，二者均将活动期间的价格定为零元。在这种恶性竞争中，两家企业后来都黯然退出市场，而资本的"新宠"或融资能力强于二者的其他企业则后来居上，成为市场的稳定占有者。

同时，互联网产业兼具注意力经济和免费经济的双重特征。在这个双边市场之中，随着注意力成为互联网企业的主要盈利来源，平台逐渐被扩张为不同互联网服务的集合平台。当获取注意力被视为提供互联网服务的主要目的之后，互联网企业争先将自己打造成为包罗万象的互联网服务集合平台，并积极向所有能够参与的相关领域进军。[3] 在这种情况下，资本的逐利本质和导致的问题就迅速出现了，新闻被算法分发、餐馆被美团锁定、舆论被机器操控，网络空间秩序面临前所未有的挑战。

（二）传播的市场取向

随着注意力经济的快速发展，一味迎合受众的信息推荐与"投喂"便成为平台运营者所追求的目标。网络空间所特有的虚拟性和隐蔽性，既让人

---

① 李雨蒙：《互联网的野蛮生长与规范治理》，《中国民商》2022 年第 4 期。
② 杜传忠、刘志鹏：《互联网创业公司的用户补贴与烧钱：盲目竞争还是理性选择》，《现代财经》2017 年第 7 期。
③ 侯利阳：《互联网资本无序扩张的反垄断规制》，《人民论坛·学术前沿》2021 年第 20 期。

们的兴趣偏好得以体现，又为人们在现实社会中不愿流露的情感和无法表现的欲望提供了土壤。在现代网络空间，不论是以庸俗的感官刺激为代表的低俗信息，还是以事关大众利益为噱头的网络谣言，均能直击网民情绪与大众喜好，常被丧失社会责任的传播者总结为"流量密码"而备受追捧。因此，网络平台经常运用一味迎合用户的个性化推荐算法，让用户在虚拟空间中被算法及其背后的人性、市场和贪婪强化自身的认知，从而左右用户行为。

在追求流量的目标之下，利益的驱动即成为虚假与低俗信息泛滥的直接动因。许多自媒体账号由于不具备新闻采写资质，常常依靠对素材的拼凑以及制造噱头的"标题党"等操作，以创作"伪新闻"来吸引受众，并以此"涨粉"和实现流量变现。相比之下，传统媒体在媒介融合的过程中也不得不为了稳定和拓展受众而做出妥协，以取悦用户和迎合市场。由此可见，当流量变成衡量内容价值的主要标准之时，"吸睛"式的低俗信息即会大行其道；当流量变成平台追求的目标之日，与真相相悖的虚假信息与谣言就会层出不穷。

另外，对智能算法的不当运用还在一定程度上加剧了传播活动的唯市场化趋向。推荐技术已经成为平台内容生产和分发过程中的核心，这也助长了虚假与低俗信息的产生与传播。传播学者陈昌凤等人指出，算法技术仅由平台掌握，会使得新闻过滤、推荐要素选择等操作"黑箱化"，信息的真实、准确、完整无法得到保证。① 除了简单的"拼接真实"的方式，利用深度伪造技术生产和传播的虚假信息甚至更加难以辨别。

（三）传播技术的冲击

伴随着大数据与人工智能的突飞猛进，新兴媒介越来越依赖数据运行，各类数据在 5G 技术逐步实现的过程中被大量收集、传输和挖掘。以大数据和人工智能为代表的现代传播技术，正在以其特有的方式冲击并重塑信息安

---

① 陈昌凤、翟雨嘉：《信息偏向与纠正：寻求智能化时代的价值理性》，《青年记者》2018 年第 13 期。

全生态。人工智能通过与互联网和新兴基础设施的融合，在高度自动化、深度学习和智能算法等用户中心型技术系统的升级迭代中，不断提升个性化体验和强化场景流动中的数据处理。[①] 在新技术的广泛应用过程中，个人信息面临着木马、病毒和黑客等网络威胁。2019 年初，国内一家安防领域的人工智能企业深网视界被曝发生大规模数据泄露，超过 250 万人的 680 万条相关数据被泄露。[②]

同时，现代技术的发展也导致信息与网络安全更不容易保障。在大数据时代，互联网络空间中的数据不仅在数量上急剧增多，而且在数据的体现形式与种类上也发生了重要变化，"由信息技术革命所造成的信息的自由流动把信息主权摆到了各国政府的面前"[③]，频繁、便捷的数据流动致使政府对信息更加难以管控。特别是在跨境数据流动中，云计算等新技术使得数据的跨区域存储与流动不断提速，加密技术也使得国家主体对于数据的追踪和监管面临困境，这会直接影响所在国的网络安全。另外，人工智能等技术导致网络安全问题更加复杂化，网络数据的机器自动学习、网络舆论的智能干预和网络空间国际话语权的争夺，还会进一步引发深层次的意识形态安全风险。

三　平台风险的化解路径

对于网络平台治理中出现的潜在与显性风险，未来需要立足现行法律框架，针对平台自身特性和发展趋向，全面落实平台的合理注意义务。

（一）深度治理中小微型新媒体平台，营造良好的传播环境

在现行法律法规的基础上，加大对中小微型新媒体账号名称、公号运营

---

① 卢家银：《无奈的选择：数字时代隐私让渡的表现、原因与权衡》，《新闻与写作》2022 年第 1 期。

② 张虹蕾、宗旭：《子公司深网视界涉嫌数据大规模泄露》，《每日经济新闻》2019 年 2 月 18 日。

③ 沈国麟：《大数据时代的数据主权和国家数据战略》，《南京社会科学》2014 年第 6 期。

的管理，特别是新闻采编与转发行为的日常监管与专项治理。其一，适时修订《互联网用户账号名称信息管理规定》，或可考虑出台相关行政规章与实施细则，规范自媒体账号名称。其二，对党政军机关、企事业单位、新闻媒体与普通自媒体运营号进行区别规范。对非公新媒体账号的注册与运营给予指导，对于具有引导和指向性的特殊命名格式或标明地名等的非公号不得注册；对于群众容易轻信的专业、行业或学术类账号，必须经相关主管部门备案与许可，在专业或行业职能部门的监督把关下，方可注册与使用。① 其三，建立新闻信息采编服务资质审查与投诉机制，加强对账号主体网络服务资质的审查、核验与指导。在对新媒体分类评估与管理的基础上，重点治理以时政新闻的名目进行商业营销与误导舆论的行为。

（二）全面落实网络平台的主体责任，优化网络信息生态

在对网络诽谤和虚假信息刑事处罚的框架下，加强对社交文本、图片、视频、直播和游戏等泛内容领域的行政管治，持续优化互联网内容生态。

首先，建立和完善平台主体治理机制。对网络内容的治理需转变为对微信公众号、百家号、头条号、MCN 机构和微博媒体类账号的规制，以及对平台账号背后主体资质及孵化公司的管理。② 加强对新媒体平台主创团队成员资质、注资公司和广告来源等项目的审查，以防止内容生产受到资本恶意操纵，或为了流量和广告营销而无底线地制造低俗内容。

其次，引导和鼓励行业组织与第三方机构建立事实核查机制，推动网络信息核查与认证。在全面借鉴 Storyful 网站③和腾讯较真④等核查平台的基础

---

① 江迪、李瑶：《对新媒体要细化监管》，《人民政协报》2022 年 1 月 24 日。

② 张志安、聂鑫：《互联网平台社会语境下网络内容治理机制研究》，《中国编辑》2022 年第 5 期。

③ Storyful 网站主要核查网民在社交平台上发布的内容，重点对推特、脸书等社交媒体上备受关注的用户生产内容（UGC）进行实时监测。路透社和《纽约时报》等不少媒体均是它的注册用户，Storyful 为此被誉为社交媒体时代的通讯社。

④ 腾讯较真是腾讯公司推出的事实查证平台，通过与专业机构合作、组建专家团和查证团，查证事实真相、标注谣言，并为用户提供资讯提问窗口。

上，建立基于事实核查，连接目击媒体、官方机构、专业媒体与公众的核查与投诉平台，通过对被核查内容的权威认证、对虚假内容及平台的投诉和黑名单标识，推动网络空间的净化。

最后，紧密围绕国计民生，通过"激励"生产和传播的方式，建设优质内容池。在全面治理虚假信息、低俗内容的同时，新媒体平台还需积极承担社会责任，规划和建设优质内容体系，建立"激励"机制，运用人工智能技术和人工团队相结合的方式，将背离主流价值观和违法违规的内容及时剔除，既为广大民众建设经过把关和筛选的高品质信息资讯池，也为未成年人提供高质量的专属内容池，以打破平台单纯以"流量为王"的利益逻辑，引导平台向善发展。为保障未成年人的健康成长，国家网信办已开始指导网站平台建立未成年人专属内容池。①

（三）加强跨境数据的流动治理，确保国家网络安全

依据《国家安全法》和《数据安全法》，推动对平台跨境数据存储与流动的合法规制。一方面，提升本地化存储手段对跨境数据交易与提供的支配权与管制权，以有效防止数据主权受到侵犯。例如，如果掌握大量数据的平台将数据转卖至我国境内的外资公司或平台，则可能在不违反《网络安全法》等相关法律的情况下危及国家安全，对此要在法律实施过程中加以防范并及时修补存在的漏洞。② 另一方面，加强国际交流与合作，积极建立政府部门、安全机构与大型平台之间的数据共享机制。在坚决捍卫国家利益的前提下，既要为我国互联网企业争取更为宽松和有利的数据流动监管环境，也要避免他国的制度还击与过度监管。③

同时，完善数据跨境流动机制，推动我国网络平台的国际化发展。《网络数据安全管理条例（征求意见稿）》第37条规定，关键信息基础设施运

---

① 张志安、聂鑫：《互联网平台社会语境下网络内容治理机制研究》，《中国编辑》2022年第5期。
② 周若涵：《数据安全风险对国家安全的挑战及法律应对》，《上海法学研究》2021年第1期。
③ 周若涵：《数据安全风险对国家安全的挑战及法律应对》，《上海法学研究》2021年第1期。

营者和处理一百万人以上个人信息的数据处理者向境外提供个人信息，应当通过国家网信部门组织的数据出境安全评估。就我国互联网平台的用户规模和网民总体人数来看，该"一百万人"的标准太低，且不涉及核心数据与重要数据，这在企业跨境经营日益频繁的今天，很可能会增加平台的经营成本，降低运营效率，影响我国网络企业的国际化发展。若是标准过低，也会为国家网信部门的数据出境安全评估增加额外负担。此外，鼓励网络自媒体行业加强自律，对网络平台媒体开展普法教育和数据安全培训，提升网络运营者的信息安全意识和责任担当。

四　结语

虽然我国的互联网平台治理已经取得了显著成效，但是仍然存在中小微型网络平台无序发展冲击网络空间秩序、虚假与低俗信息的泛滥侵蚀网络内容生态、网络数据存储与跨境流动威胁国家安全等一系列问题。这些问题的出现，既与资本的迅猛扩张和网络传播的过度市场化趋向有着密切的关联，又与大数据等传播科技的技术冲击息息相关。为了应对平台治理的实践挑战，未来亟须在建立健全网络综合治理体系的基础上，完善平台治理机制，全面推进和深化对中小微型网络平台的治理，规范网络平台的运营。同时，建立平台主体审查制度，落实平台法定义务，以持续优化网络信息内容生态。另外，还需要基于现行法律法规，加强对跨境流动数据的处理与治理，平衡网络治理中的冲突利益，从而确保国家网络与信息安全。

2021年互联网纪录片与舆论建构评析*

熊迅 张吉 权湄荻**

摘 要： 纪录片这一特殊的影像媒介，具有因物理记录介质带来的文献性
和标记性等属性，以及在公众教育、社会动员、国家整合、认同
建构上的诸多功能，从而被称为"国家相册"。本文通过对2021
年度互联网纪录片的整体爬梳，分析来自不同制作主体、具有不
同文本形态以及流动于不同传播网络的纪实影像之内容特征，以
及它们在舆论建构上的基本功能。研究发现，2021年度互联网
纪录片着力强化主流舆论建构功能，强调技术创新和叙事手段的
创新表达。在内容上回应社会变迁和时代变革的正能量叙事，互
动上持续推动受众的情感张力和建构国家认同。

关键词： 纪录片 舆论导向 传播网络 互联网

"一个国家没有纪录片，就像一个家庭没有相册。"① 以纪录片为代表的
纪实性影像，在共时层面洞察和记录个体生存与共同命运，在历时层面又使
人们增进对宏观社会时代和历史变迁的理解。在互联网时代，视觉信息在社
会舆论和议程建构上具有新特点，如诸多学者讨论的现场感、真实感、可体

---

* 本文得到国家广电总局部级社科研究项目"广播电视立法中的涉外问题研究"（编号：
GD2132）的支持。

** 熊迅，中山大学传播与设计学院副教授，研究方向为视觉传播、媒介人类学、纪录片研究；
张吉，中山大学传播与设计学院研究生；权湄荻，中山大学传播与设计学院研究生。

① 何天平、宋航：《作为"国家相册"的话语实践：框架分析视野下抗疫纪实影像对中国国
家形象的建构》，《当代传播》2022年第2期。

验感、互文性、感性化、跨文化传播以及内在的可操控性等。另外，影像传播既带来海量的信息流和生动形象的社会互动，又容易被置入、篡改或虚构，从而造成具有危害性的视觉霸权。①

视觉的舆论建构功能正在被发现，如图像和影像，尤其是纪实影像在跨阶层传播的高效率、视觉信息的开放性和模糊性、在舆情议题上的贴近性和情感控制等。当被认为是"真实记录"或"源于生活"的影像在互联网中出现时，往往成为塑造共同现象的图像基础或视觉证据，并在不同的舆论场中引发相似或不同的议题。伴随网络社会的兴起和繁荣，一些社会事件也正是依赖新闻图片、现场画面、视频段落等视觉文本，在网络中快速传播和发酵，既形成了强烈的舆论冲击波，又最终形成了时代烙印和社会记忆。某种意义上，当代社会中巨大社会舆论兴起的背后几乎都有纪实性影像传播的推动。②

《中国互联网发展报告（2021）》显示，截至2020年底，中国网民规模为9.89亿人，互联网普及率达到70.4%，特别是移动互联网用户总数超过16亿；5G网络用户数超过1.6亿，约占全球5G总用户数的89%。2021年度的纪录片体现出很强的时代感和实效性，主流纪录片围绕建党百年、脱贫攻坚等重大历史时刻和社会经济发展事件进行"国家叙事"，在制播上融合新的媒介技术和传播理念，在语态上具有强烈的新媒体特征，服务于重大主题宣传，强化社会共识，进行宣传教育，其社会功能得到了充分体现。③

有学者把当下中国的舆论场分为多个二元对应的组别，如媒体和口头舆论场、官方和民间媒体场、传统媒体和网络舆论场、主流与地方舆论场、网络与社会舆论场、国内和国际舆论场等。④ 这一方面说明了舆论场中主体分化的客观存在，需要考察不同类别舆论场的机制与特征；另一方面也暗示了

① 周勇、黄雅兰：《从图像到舆论：网络传播中的视觉形象建构与意义生成》，《国际新闻界》2012年第9期。

② 柯泽、李荣、郝丽华：《视觉传播视域中的网络舆论研究——视觉传播与网络舆论关系研究的理论逻辑与现实逻辑》，《湖北社会科学》2018年第9期。

③ 韩飞：《功能驱动与建设性表达：2021年中国纪录片创作发展研究》，《当代电视》2022年第1期。

④ 聂德民：《对网络舆论场及其研究的分析》，《江西社会科学》2013年第2期。

场域中不同力量之间的复杂张力。而在以马克思主义新闻舆论观为主导的谱系下，更需要加强宣传教育和舆论引导，从而为党的各项工作服务，为社会主义事业服务。[①] 本文即从该视角出发，以2021年的纪实影像生产和传播为研究对象，来说明舆论场变迁在纪实影像上的表现。

一　2021年度互联网纪录片的基本构成

基于年度的初步观察发现，纪实影像尤其是纪录片和纪实类视频，同样具有上述舆论场的基本分化和变迁。概括性地描述，可以分为四类。一是传统媒体在互联网舆论场的阵地争夺，在互联网时代的传统媒体基于政治逻辑和商业逻辑，利用传统优势和机构依托，调整组织架构和传播策略，既包含传统媒体的新媒体影像传播实践，也包含主流话语对地方和民间舆论的广泛采借。这些实践促成了近年来最为多样化的纪实影像文本生产和传播方式的变迁。二是自媒体生产者在平台媒体上的海量视频制作和传播，形成了特殊的互联网上的民间舆论场。过往多少被忽略的意见市场和意见群体呈现出较强的互动性和时效性，也具有爆发式的舆论激化能力。因此，引导和控制民间舆论场，也体现在近年来的平台纪录片制作和播控中。三是较为式弱的纪录片院线市场和商业传播，受到舆论控制和疫情影响，在制作和传播上都显示出较为疲敝的状态。四是独立纪录片借助于网络平台的互动传播和影迷群体的人际传播，形成和官方舆论具有一定相似性但又有诸多不同的影像作品，从而构成民间影像舆论的另一种面向，既补充了前面三种舆论的缺失，也带来一定的挑战和冲击。

（一）主流媒体的互联网纪录片制播

作为我国纪录片制作的主力军，央视与各大卫视在2021年继续发力，

---

① 柯泽、李荣、郝丽华：《视觉传播视域中的网络舆论研究——视觉传播与网络舆论关系研究的理论逻辑与现实逻辑》，《湖北社会科学》2018年第9期。

制作了一批品质优良、极具传播力的纪录片。本文选取了国家广播电视总局2021年优秀国产纪录片推荐共四季度181部进行分析。① 此类优秀国产纪录片大多由央视和全国各级电视台，尤其是各卫视频道、各纪录片专业频道、各科学教育类专业频道、各级电视台纪录片栏目出品，也有部分出自媒体和企业。

主题方面，2021年是我国建党百年，是"十四五"开局之年，是全面建成小康之年。因此，立足脱贫攻坚、建党百年、反贪反腐、抗美援朝等献礼题材的纪录片可谓"百花齐放"，从个体故事到群体记忆，此类纪录片全方位造势，打造了浓郁的节日氛围，传递了厚重的历史责任。2021年还是抗击疫情的第二年，与抗疫相关的纪录片也持续问世。作为"时代影像志"，纪录片也记下了2021年的其他大事件，例如《民法典》实施、"天问一号"火星着陆等。同时，美食、建筑、文学、传统文化等人文类纪录片依旧是机构主打的招牌类别。

（二）平台媒体的纪录片生产特征

2021年平台上国产新纪录片占比69%，几大互联网视听平台在纪录片领域深耕发力，美食、旅游、自然类仍是平台上最受欢迎的纪录片题材，《我住在这里的理由》《风味人间》《日食记》等是头部平台上最受欢迎的几部作品。就2021年平台的纪录片策略来看，有以下几个特征。

一是打造IP矩阵，组团制播常态化，细分垂直领域。腾讯视频2021年又打造了"一日之食"IP矩阵，用"早餐""宵夜""海鲜""火锅"等内容从早到晚承包用户一天的美食场景。爱奇艺纪录片设立了人间、热爱、理想三大剧场，以剧场化的精细运营快速聚合垂类用户。优酷则以科幻探险、历史传奇、悬案剧场、美食青春、人生之问、我心归处六大IP矩阵构筑纪录片宇宙。

---

① 《国家广播电视总局办公厅关于推荐2021年优秀国产纪录片的通知》，国家广播电视总局官网，http://www.nrta.gov.cn/art/2022/3/24/art_113_59921.html。

二是主旋律纪录片仍占主导，叙事年轻化倾向明显。主旋律内容在2021年仍然是平台纪录片的主要选题方向，有上新内容的扶贫/脱贫相关纪录片30部，关于抗疫和疫情防控常态化时代的纪录片20部，建党百年等其他主旋律题材的也有30部左右。新一波主旋律纪录片在叙事方式上偏向于用较短的篇幅、精细的表达方式叙述年轻人的故事。如芒果TV的《微光者》，每集不到20分钟的内容，以"青春""快乐"为主题，记录奋斗者们在各自平凡岗位上的动人故事。

三是跨圈层、高质量，网生纪录片高质量化。B站出品的纪录片《小小少年》在2021年第27届上海电视节"白玉兰奖"摘得最佳系列纪录片奖。这是国内网络平台出品的纪录片首次被授予最佳系列纪录片奖。①

（三）院线纪录片的传播弱势和市场低迷

2021年受新冠肺炎疫情影响，我国电影院停摆数月，虽然下半年得到了快速复苏，但还没有回到疫情前的水平。2021年，我国有11部纪录片登陆院线，较上年的15部略有减少，总票房超4000万元，同比减少近45%。

2020年纪录片的选题主要集中在脱贫攻坚和抗美援朝两大主题，2021年延续这一主旋律主题。《1950他们正年轻》收获豆瓣8.9分的高口碑，而《跨过鸭绿江》成为2021年院线纪录片票房冠军。同时，院线纪录片选题也在不断拓宽维度，将镜头转向包括影人、学者、作家、民间匠人、运动员、残疾人等更多职业与群体。在宏大叙事外，个体的微观体验和思考得到重视。年初上映的《武汉日夜》，凭借对疫情时代普通人生活的关切，成为年度院线纪录片票房亚军。

（四）独立纪录片受国际节展关注

作为纪录片传播中的重要一环，国内和国际的纪录片节展或电影节展中的纪录片单元吸引了不少独立创作者持续进行创作。2021年中国独立纪录

---

① 曹珩：《2021年第三季度视频网站纪录片观察》，《时代中国》2021年第10期。

片创作数量有百余部，在国际影展斩获颇丰。朱声仄的短片《河流，奔跑着，倒映着》在柏林电影节论坛单元进行展映。刘毅的《四个旅程》、雷沁圆的《九楼日记》、胡三寿的《地洞》、赵亮的《无去来处》、王申的《石史诗》在阿姆斯特丹亮相；陈俊华的《我跟着你》，徐若涛、王楚禹的《蝼蚁动力学》，洛洛的《洛洛的恐惧》和章梦奇的《自画像：47 公里童话》在山形国际纪录片电影节备受关注，《自画像：47 公里童话》还获得了釜山国际电影节最佳纪录片奖。晋江《半截岭》入围韩国 DMZ 纪录片电影节亚洲竞赛，《一天》获得意大利托伦托电影节最佳短片奖。国内影展中，优质纪录片也相继亮相。《孤注》《"炼"爱》等影片在上影节、北影节、First 青年电影节收获了较高热度与关注。

二 2021年度互联网纪录片的舆论建构

（一）政论片建构时代变迁中的舆论主轴

和普通的新闻视频或机构纪录片不同，政论片通常由权威宣传机构进行选题确定，通过宏大叙事和聚合论证的方式来表现宏大政治题材，强调论述的逻辑性、证据链完整、鲜明的思辨性特点，以强烈的政治色彩和理论建构为主导，强调舆论的控制力度和引领性。互联网语境下的政治传播需要更为灵活有效的宣传策略。[①]

2021 年是中国共产党成立 100 周年，党史题材的政论和历史文献等成为本年度数量最多且议题最集中的纪录片题材。延续电视专题片尤其是献礼片的传统路径，这些影片使用声画配合的方式，用权威的叙事口吻对历史影像和现实画面进行阐释和传播，并围绕建党纪念日的时间节点密集播出，形成强有力的政治传播网络和影像覆盖。[②]

---

① 陈力丹、王敏：《2017 年中国新闻传播学研究的十个新鲜话题》，《当代传播》2018 年第 1 期。
② 韩飞：《纪录片对外讲好中国共产党故事的路径探析》，《对外传播》2022 年第 2 期。

　　这类影像包含党史题材的纪录片，例如《初心李大钊》《诞生地》《百炼成钢：中国共产党的100年》《风云江城——1927中共中央在武汉》《国家记忆——西藏和平解放纪实》《红色苏皖边》《红船领航》《从三河坝到井冈山》等。《百炼成钢：中国共产党的100年》通过把百年建党历程进行分段表述，重述党的历史进程和伟大探索，从而展现中国共产党人的崇高精神。《国家记忆——西藏和平解放纪实》使用了长达170分钟的珍贵历史影像，真实披露了第十八军进驻西藏、解放昌都、十世班禅返藏、中央人民政府与西藏地方政府谈判等重大事件，深度还原西藏和平解放这一波澜壮阔的历史。

　　这类影像也包含歌颂献礼专题片，例如《敢教日月换新天》《山河岁月》《曙光》《理想照耀中国（第二季）》《声歌嘹亮》《闪亮的记忆》等。《敢教日月换新天》围绕中国共产党百年奋斗历程，运用宏大叙事与微观刻画相结合的手法，努力做到"政论情怀、故事表达"。系列电视剧《理想照耀中国（第二季）》也强调故事化的结构，通过不同时代中的多人物和多角度表述，以集锦故事型的方式来呈现伟大民族复兴和实现中国梦的征程中奋斗不息的动人事迹。

　　这类影像还有当代党员致敬先烈的特写，例如《年轻党员云在线》《党旗下的人民海军》等。《年轻党员云在线》用创新的互联网思维，描述了一群年轻党员先锋在新的历史时期，适应不断变化的时代语境和交流方式，在助农扶贫、智慧医疗和云上教育等新的历史赛道上勇于创新的青年故事。

　　除此之外，本年度的纪录片选题也延续了对党风廉政建设和反腐败斗争题材的关注。中央纪委国家监委宣传部、中央广播电视总台联合制作四集电视专题片《正风反腐就在身边》，该专题片由中央纪委国家监委宣传部和中央广播电视总台联合制作，选取16个近年来发生的真实案件，从纪检监察机关的视角，讲述了正风肃纪反腐给人民群众带来获得感、幸福感、安全感的故事。①

---

　　① 郭妙兰：《用生动实践书写人民至上——电视专题片〈正风反腐就在身边〉会场内外反响强烈》，《中国纪检监察》2021年第3期。

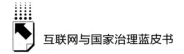

在 2021 年，抗美援朝题材类纪录片延续上一年的创作热潮，继续批量化地进入公众视野。以院线播放为主要媒介的纪录片《1950 他们正年轻》通过对老兵们的采访，来还原 71 年前最真实的热血战场。《热的雪——伟大的抗美援朝》则分主题解读了云山战斗、三所里战斗、长津湖之战、铁原战斗、上甘岭战役和金城战役六场战役，为观众深度解读抗美援朝经典战例。

2021 年也是中老建交 60 周年和中老友好年。广西广播电视台与老挝媒体联合摄制的《志同道合》电视纪录片，聚焦建交之后两国关系和人民往来的高光时刻，同步播出，获得了中老双方的受众喜爱，为宣传中国外交领域重要成果和命运共同体理念进行了有益尝试。

在话语形态上，政论纪录片既维持了高密度信息说服和主导性价值推动的理论宣讲型路径（如党史题材纪录片），也注重在理性叙述中充分调动情感共鸣和价值认同，同时尝试在说理结构之外进行故事化的探索，用具体的人物、事件和故事化手法来吸引受众，从而达到更为有效的舆论引导作用。

（二）时事专题片强化社会发展的时代旋律

中央宣传部指导中央广播电视总台摄制了《摆脱贫困》《告别贫困》等脱贫攻坚系列政论专题片，全景呈现以习近平同志为核心的党中央带领全国各族人民精准扶贫、精准脱贫，全面建成小康社会的恢宏历史进程。[①]

中国农业电影电视中心出品的《脱贫大决战——我们的故事》以典型案例诠释脱贫攻坚精神和中国特色反贫困理论。国家广播电视总局指导拍摄的纪录片《闽宁纪事》通过乡镇发展、乡村振兴过程中的影像记录来反映中国扶贫攻坚的丰硕成果。央视出品的《土地·我们的故事》则以全面小康、"两山"理论、乡村振兴等话题为切入点，以亲历者口述的形式，讲述他们与土地血肉相连的故事。焦波导演的《大歌》以黄岗村为样本，记录

---

① 《梦想照进现实 奋斗书写奇迹——脱贫攻坚大型政论专题片〈摆脱贫困〉即将播出》，央视网，http://m.news.cctv.com/2021/02/17/ARTIpvl8qdk0ybnFGAhGH6HQ210217.shtml。

扶贫攻坚和乡村振兴战略实施以来，中国农村迎来了巨大的发展和变迁。由交通运输部支持和指导拍摄的《寻路·乡村中国》，集中反映了近年来中国"四好农村路"建设主题，涉及 18 个省份 30 多个县域，真实记录一个个有关"四好农村路"建设及其促进农村地区经济社会发展的精彩故事。

各地机构媒体结合地方特色，推出了系列乡村振兴故事。山西卫视的《旱井》主要讲述了王晓华到南梁镇南岭村担任第一书记后，与村民一同对抗干旱，于 2020 年实现了户户通自来水，彻底解决了南岭村世世代代吃水难问题的故事。

山东广播电视台的《蔬菜改变中国》，以蔬菜全球流动的全景视觉呈现为着眼点，描述山东潍坊蔬菜流通网络的跨地域和跨国，描述了山东在乡村振兴和产业助力上的蓬勃发展。

当代陕西杂志社的《瓜熟蒂落》，以脱贫攻坚、乡村振兴为背景，以一群吃苦耐劳追逐梦想的农民为主线，记录鲜活的乡村人物故事，呈现中国农民的现代"创业史"。该片打破了"解说词+画面"的传统模式，采用了电影模式的呈现方式，并采用了多种陕西元素（方言、秦腔、三弦配乐、民谣）等，地方韵味十足。

（三）人文纪录片设置文化表述的基本议程

中国传统文化一直是纪录片关注的重点，回归书籍、不忘传统是此类影片的主题。六集纪录片《书简阅中国》收集了 30 封古人的书信，从中挖掘人物故事和历史细节，窥探个体与时代的沉浮，领悟先贤智慧。《岳麓书院》以时间为脉络，以人物和事件为路径，梳理千年文脉，应照爱国、济民、经世、求是等故事核心。《跟着唐诗去旅行》邀请当代文人重返唐诗发生的地方，看见变换的山川风景。《曹雪芹与红楼梦》通过人物故事呈现了作者和作品之间的命运交织，探讨作家、作品和时代大潮之间的关系。《王阳明》则讲述了与王阳明相关的一段辽阔的史诗。

2021 年是中国考古学诞生 100 周年，在此之际，考古学家时隔 35 年再次发现三星堆宝藏。上海广播电视台融媒体中心推出《三星堆：跨越千年

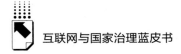

的对视》，深入考古发掘的现场，向国内外专家面对面发问，倾听"新器物的告白"，寻找"中华文明的盛宴"，探索与"世界相遇"。

在紫禁城建城600年之际，北京电视台推出《紫禁城》，"以城看史、以史讲城"，用12个篇章串联起中国近600年跌宕起伏的历史，首次全景呈现了大历史独特视角下的紫禁城。

非遗是纪录片持续关注的领域。《中国微名片·世界遗产（第一季）》精选15处世界遗产，以5分钟的体量带领观众快捷游览遗产地。2021年的纪录片也呈现了年画、空竹、珠宝、山歌等民俗民风，展现出丰富多彩的中华文化。《年画·画年》通过长时间的调研创作，实地走访和视觉叙事，聚焦年画的生产传承，讲述民间优秀传统文化的历史故事和当代境遇。《空竹绝响》讲述了"抖空竹"首批国家级非遗传承人李连元的一生和空竹间的不解之缘。杨潇导演的《欢墟》记录了壮族地区的山歌集会"歌墟"。摄影机沿途抵达了不同的歌者与集会，流转于乡土与城镇，寻找着歌墟散逸的踪迹。

2021年，美食题材纪录片依然成为各大平台的重点布局领域，风格活泼，形式多样，展现了中国的地大物博与中国人的心灵手巧。央视制作的《澳门之味》，全景式记录了澳门回归祖国后，全国及世界各地美食在澳门落地生根、共融再造的故事。SMG纪录片中心"张赟工作室"历时八个月，拍摄制作的七集人文美食纪录片《烟火拾味》，立足上海本土老字号美食，以美食带出人和食物、人和人、人和城市的生动故事，创造了别具一格的海派美食纪录片风格。

各大平台纷纷上线自制美食纪录片，不断细分美食类别，挖掘美食场景。B站有《人生一串（第三季）》《小城夜食记2》《第一餐》《中华制面（第三季）》《我粉你》《来宵夜吧》《新疆滋味》《去你家吃饭好吗》《奇食记》，优酷有《美味路书》《给我一点甜》《江湖搜食记》《江湖菜馆（第二季）》《寻找黔味（第四季）》《大江之味》《寻味海南之甜》，腾讯视频有《风味人间3·大海小鲜》《风味时刻》《在这一刻，吃懂一座城！》《风味菜谱》《上菜吧！风味大厨》《柴米油盐之上》等。

（四）疫情纪录片引导公共事件的共情张力

疫情仍是 2021 年纪录片创作的重要时代背景与聚焦主题，2020 年的武汉记忆成为 2021 年不少纪录片的讲述对象。年初院线上映的纪录片《武汉日夜》聚焦疫情题材，描述非常时期下武汉人民抗疫的感人故事。制作团队在抗疫前线克服了巨大的困难，一直坚持现场记录，来自一线的影像素材感人至深，这部纪录电影也成为 2021 年的院线纪录片票房亚军（2430 万元）。程工和张侨勇联合执导的关于新冠肺炎疫情下的武汉的纪录片《武汉！武汉》聚焦当地一天半的生活，真实呈现了个体在疫情下的状态。

除此之外，地方政府和各类社会组织也发力各类"发布号"，发布时效性更强、更具区域特色的抗疫信息。全国有 10 万余个政务微博也在疫情期间发布各类消息和健康知识。专业机构和组织如国家卫健委发布号"健康中国"也充分利用自身平台发声，回应公众关切。[1]

社会热点事件的另一面也有反思和追问，如蜘蛛猴面包与岳源导演的纪录片《百草园》则关注疫情下行业凋敝的现实，影片记录武汉存在 11 年的独立书店百草园倒计时两周闭店的出清活动。他们在书店最后两周的经营时间里，拍摄记录了长达数十小时的珍贵画面。

（五）人物纪录片聚焦建设性和正能量

纪录片题材不断拓展，从不同职业出发，呈现行业百态。腾讯视频参与出品的《是这样的，法官》是首档基层法院纪录片，4380 小时的纪实拍摄与 2200 余起案卷翻阅，让该纪录片有了翔实的细节作为支撑。纪录片呈现了诸多常见和热门案件中法官的执法判决过程，让观众对法庭有了直观感受，也理解了基层法官判案的思维方式。《119 请回答》聚焦消防员群体，既呈现了消防员救火救灾现场，也呈现了各种惊人的高难度救人技能，如取

---

[1] 吴锋：《特大突发公共卫生事件中媒体应急反应能力表现及评估——以新冠肺炎疫情中的媒体应对为例》，《福建江夏学院学报》2022 年第 1 期。

马蜂窝、精准切割戒指、快速电梯救人等，还呈现了消防员的情感世界。同样讲述消防员的还有《火线救援》，上海广播电视台纪录片中心采用观察型纪录片的制作方式，花费一年多的时间，采取贴身式的跟踪记录，在消防员工作生活的近距离细密记录中，力图把"烈火硬汉"还原为可敬可亲的"平凡英雄"。

《缝隙里的人》聚焦改衣店老板、艺术馆导览员、医院保安等普通人，这些平凡人的故事也精彩纷呈。该片全程采用深度跟拍方式，团队与拍摄对象之间建立起了深度的信任关系，被拍摄者呈现出了生活中最真实的一面。《乐业中国》其中一集，讲述了 60 岁的第一代软件工程师和初创公司"95后"如何沟通相处以及对待职业和前途观点上的碰撞的故事。

另外还有聚焦警察职业的《守护解放西》《巡逻现场实录》《派出所的故事》《大城无小事——城市真英雄 2021》等，以及记录医生职业的《整形医生》《行医者说》《我的白大褂》《共和国医者》，记录各类职场、打工人的《老板不知道的我》等，通过这些作品观众看到了国产纪录片在拍摄手法、叙事角度、题材选择、情怀呈现上的不断突破。

而这其中，在时代背景下积极奋斗的青年人是重要的表现对象。纪录片《我们都是追梦人》选取中国香港十位来自不同行业、不同背景的青年，用真实的镜头、进行时手法记录下他们的热血创业故事，呈现他们为实现个体梦想和自我价值，生动刻画他们为大湾区高质量经济发展奋斗的身影，展现他们积极为大湾区生活赋能添彩的励志精神。

（六）科学纪录片描述绿色发展和城市蓝图

作为呈现真实自然，描绘生物百态的影像载体，自然生态类纪录片以其独特的主旨题材建构和生态美学风格，在传达人与自然和谐共处的价值观，推动社会可持续发展的建设中具有持续性的影响力。2021 年诸多优秀的自然生态类纪录片频频出圈。

《青海·我们的国家公园》聚焦青海这片瑰丽的土地，展现当地的独特生态地貌和生物多样性的魅力。由康成业、张辰亮执导的纪录片《一路象北》关注 2021 年 4 月发生在中国云南省的一群亚洲象从原栖息地西双版纳傣族自治州向北移动的事件，纪录片团队与象群"近距离"接触，观察并还原它们的生活习性，捕捉最可爱、最激烈的瞬间。通过象群之间、人象之间的故事讲述，带领观众走进环境保护、人文关怀等议题。纪录片《松花江》对松花江流域的地理历史、人文水文、生态环境保护等内容进行深入挖掘和记录，呈现出新时代东北人勇于创造、拼搏进取、力争上游的时代风貌。系列纪录片《野性四季：珍稀野生动物在中国》以中国国宝级野生动物为主角，讲述了华夏大地上关于野生动物鲜为人知的中国故事。《雪豹的冰封王国》作为其开篇之作，将镜头聚焦险要的世界屋脊之上，为世人道出了一个关于野生雪豹真实直白却又温情脉脉的故事。跨越大江南北拍摄而成的《自然的力量·大地生灵》，将广袤的中国国土下丰富的生态奇观一一纵览。

这些优秀的作品用纪实的语言真实、全面、立体地展示新时代中国生态文明的建设成就。未来，自然生态题材纪录片也将在传播渠道和形式上依托互联网这一传播阵地，不断尝试更多赛道的模式创新，以更加多元化的视角，展现人与自然平等和谐的价值观念，向世界彰显"携手共建地球生命共同体"的中国信念。

城市文明也是主流文化纪录片板块深耕的重要题材。《天下黄河富宁夏》是由宁夏回族自治区党委宣传部、中央广播电视总台 CGTN 纪录频道联合出品的纪录片，讲述了一条河、一方土、一群人的故事。河北广播电视台也制作出第一部全景式的纪录片《大河之北》，反映河北历史由来、地形地貌、丰饶物产。

就科技题材来说，智造美好生活纪录片《智造美好生活》紧扣时代发展脉搏，以"科技改变生活，智慧创造未来"为主题，讲述科技创新引领推动普通中国人生活幸福、美好升级、命运改变、梦想实现的温暖故事。《造物说：一共分几步》则见微知著，以日常生活中我们熟悉且陌生的消费品为主角，介绍这些物品从设计、制造到最终成型、走向市场的整个过程。

三 2021年度纪录片的传播策略

随着数字化信息技术的发展，舆情图景的表征也趋于多样化，单一的、静态的文本舆论被丰富的、动态的社交影像舆论所置换，具体表现为视觉文本为个人与个人、个人与群体之间的信息表达和情感共振提供了重要的感知中介。① 纪录片是大众传播的媒介，承担着向社会传递信息和知识的功能。移动互联网的不断发展进一步深化了纪录片的这一功能。随着移动互联网发展，平台兴起，越来越多的人会接触纪录片，甚至是主动检索、观看、讨论纪录片。面对分布广泛、成分复杂的大众，传播何种主题、在何种渠道传播、何时传播等问题，成为纪录片传播的重点。院线纪录片以口述类纪录片为主，视觉上不掩饰采访的"后台"，将静态的现场采访与动态的历史资料结合，揭示了武打师、作家、历史人物、泰坦尼克号幸存者等人的亲身经历与体验，用个体讲述追忆历史、展望未来。各大平台自制的纪录片也有所倚重，以年轻用户为主的 B 站，用精美、紧凑的叙事手法，摄制了系列美食纪录片，生动活泼，极具烟火气。以小众文青用户为主的优酷，则侧重于制作文化类纪录片。受众更为广泛的腾讯、爱奇艺，风格更为多样，美食、乐队、技艺、人物、环境等题材均有涉猎。

各大机构媒体的政论片与平台的多元视角交相辉映，既传递了我国社会主义核心价值观与主流思潮，引领思想，凝聚共识，又切实反映人民对美好生活的向往与追求，不放过小众的美与角落的故事。新一波主旋律纪录片在叙事方式上偏向于用较短的篇幅、精细的表达方式叙述年轻人的故事。如芒果 TV 的《微光者》，每集不到 20 分钟的内容，以"青春""快乐"为主题，记录奋斗者们在各自平凡岗位上的动人故事。

技术赋能影像，彰显人文色彩。自然生态类纪录片在视听语言的表达上

---

① 汤天甜、王馨雯：《从情绪扩张到共意自净：社交影像舆情的对冲与博弈》，《声屏世界》2020 年第 8 期。

有着得天独厚的优势。近年来，全新的拍摄技术与数字化后期制作，为自然生态题材纪录片的创作打开了想象的空间，虚实、光影、动静结合的呈现也让观众在纪录片中感受一场场视觉盛宴。真实记录苍鹭生活、生存的《鹭世界》，在制作过程中运用杜比全景声等三维环绕声技术，呈现64个独立扬声器的内容，结合声音对象打造出动态的声音效果，呈现出近似"自然声"的效果，成为中国第一部全景声自然电影。《自然的力量·大地生灵》摄制组深入野生动物生活的腹地，用动力三角翼长距离跟随大雁迁徙，还采用超级微距摄影、超高速摄影、4K红外感应摄影机、水下4K无人机、8K延时摄影等多种科技与摄影手段，长时间地蹲守，最大限度降低对动物的干扰。以技术赋能美学想象，用生态人文主义作为美学追求的自然生态类纪录片，通过充分发挥机器人技术、移动延时摄影、超精细热像仪和超高速技术等优势，挖掘出了自然界内在的精神力量。

国际传播方面，自我叙事一直是我国纪录片"走出去"的基本手法。在影像传播的技术平台、影像语汇、意义建构等多方面参与国际竞争，把影像传播作为在国际舞台上的主要手段，逐步形成符合中国范式的表达方式和话语权。[①] 例如，CGTN制作的六集大型外宣纪录片《活力密码》主动挑起对外传播的任务。该片通过客观平实、实事求是的方式展示中国共产党为实现民族独立、国家富强、人民幸福的不懈奋斗史，将50多个感人的个体故事有机串联成宏伟而生动的百年历史画卷，同时结合老将军、工人、农民、知识分子、年轻党员的采访视频、相关影像资料、实景拍摄，展现百年党史的波澜壮阔。

他者的视角也逐渐成为纪录片对外传播的重要方式。国际文化的碰撞也成为2021年的重点传播议题，中西思想的碰撞带来的文化休克与文化交流，成为纪录片切入当代社会的有趣视角。有聚焦海外华人的《远方未远——一带一路上的华侨华人》，也有外籍主持人讲中国故事的《行进中的中国》

---

① 李增杰：《我国主流媒体"走出去"面临的困境与应对路径——以2019年CGTN新疆反恐系列纪录片对外传播为视角》，《新闻传播》2020年第5期。

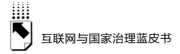

《安娜与中国》《骑行中国》，还有聚焦"动物外交官"的《国家公园：野生动物王国》，以及从他者视角看自我的《外国作家笔下的百年成都》等。中央广播电视总台推出的《留法岁月》，聚焦从 1919 年的春天到 1921 年 1 月漂洋过海到法国的 20 批 1800 多名学生。

国际联合制作、联合播出等方式，也是 2021 年国产电视纪录片向世界展示中国的重要窗口。除了使用自媒体的方式在武汉探访人们的抗疫感受，导演竹内亮在 2021 年重访大凉山，仍然采用体验式的影像制作方法，感受扶贫攻坚工程的重要意义，了解彝族丰富的文化传统，体验山区人们的日常生活等，在行走和体验中有效地呈现了该地区的丰富文化传统和深刻社会变迁。

中日合拍的《世界遗产漫步》，以"沉浸式"纪录片的身份亮相，打通技术难题，解决了 Vlog 的视频形式和 4K 的播出标准融合的难题，选择人文类遗产体验的表述角度，从多个角度展现遗产地的魅力。同时，中日双方纪录片团队的深度融合也使得该片具有更为丰富的观察与体验角度。中法合作的《雪豹的冰封王国》，聚焦山巅之下一处与世隔绝的雪豹种群的栖息地，展现了一只怀孕的雪豹的艰难生存之路。中法合拍的《东方医学》通过生动的故事讲述中医药历史沿革与当代传承，展现出中医药深厚的文化底蕴、科学价值以及强大的生命力和创新活力。中英合拍纪录片《米尔斯探秘生态中国》以中国生态文明建设为切入点，通过主持人米尔斯对不同地区的秘境探寻，从国际视角去探寻生态多样性的中国。

此外，互联网平台上纪录片传播的双向互动性也更为明显。纪录片《小小少年》的摄影师也同其他观众一样在评论区留言，他自述拍摄心路，"我是用命在拍摄，在创作"。《奇食记》导演也在评论区阐述纪录片的构思与创意。导演岳廷 2021 年 9 月 23 日将《红毛皇帝》纪念版上传至自己的 B 站账号，并写道"让'关于网络的'回归网络，的确是它最完美的归宿"。虽然《红毛皇帝》纪念版至今在 B 站上仅收获了 1.4 万播放量、300 条弹幕和 127 条评论，但作为独立纪录片，它仍在互联网平台上找到了一方栖居的土地。

　　2021 年的纪录片传播也呈现出平台和机构联动的趋势，已经形成舆论宣传的跨屏矩阵和网络。① 平台制作纪录片大多走商业路线，更注重影像的吸睛与引流，而机构则侧重于宣传思想、留存社会记忆，受众意识较弱。同时，网络视频中的虚假信息偏向之治理也应成为视频真实性的保障，② 两者联动，有利于取长补短，共同打造健康、良好的纪录片制作与传播生态。与此同时，官方和主流舆论场要能够对民间舆论场所关注的社会热点、民意诉求和表述指向形成有效及时的呼应，避免在舆论建构中的缺场和失语。③

---

①　娄立原：《跨屏传播构建主流舆论矩阵》，《新闻研究导刊》2018 年第 15 期。

②　陈昌凤、陈凯宁：《网络视频中的虚假信息偏向及其治理》，《新闻与写作》2018 年第 12 期。

③　冯宏良：《舆论场变迁中的舆论引导问题探论》，《理论导刊》2014 年第 4 期。

专题报告

Special Reports

B.4
算法治理与平台责任初探[*]

雷丽莉　乔思宇[**]

摘　要： 本文围绕我国和欧盟、美国等关于算法的治理动向，结合《互联网信息服务算法推荐管理规定》及其他与算法相关的立法，分析了平台的算法责任及当前算法治理的特点和存在的问题。本文认为，目前我国的算法治理机制充分考虑到了平台的公共性可能给社会带来的影响和风险，但对平台作为市场主体的身份缺乏应有的观照。对算法以问题为导向的场景化治理只是回应算法发展的权宜之计，无法应对互联网迅速发展带来的新应用、新业态不断出现的态势。未来关于算法的立法应当超越仅基于场景的治理模式，建构以法律关系调整为基础，兼顾安全与发展的规范性、系统化的治理机制。

　＊　本文得到国家社科基金一般项目（项目编号：17BXW090）和高校基本科研业务费（项目编号：DUT21RW107）的资助。
＊＊　雷丽莉，大连理工大学新闻传播系副教授；乔思宇，大连理工大学新闻传播系硕士研究生。

关键词： 算法治理　平台责任　算法透明　算法安全　算法公平

一　算法治理的背景

2022 年 3 月 1 日，由国家网信办、工信部、公安部、市场监管总局四部门联合颁布的《互联网信息服务算法推荐管理规定》正式实施。这是我国第一部对算法进行系统性规定的规章，因此，2022 年也被称为算法元年。2022 年 4 月 8 日，中央网信办发出《关于开展"清朗·2022 年算法综合治理"专项行动的通知》，对平台算法展开专项治理。具体内容包括组织互联网企业进行自查自纠，对互联网企业开展现场检查，督促互联网企业进行算法备案，压实主体责任和限期进行问题整改等。

算法治理起因于数字经济的迅猛发展。互联网产生后，数字经济就已开始萌芽，早期的数字经济主要表现为信息产业的发展。但是，随着互联网进入平台时代，成为生活、生产的基础设施，传统产业因信息技术而与数字经济深度融合，产生了大量的新业态、新行业。数字经济作为以网络平台为组织形式，以数据为核心生产要素，以算法为重要驱动力的经济形态，超越了信息经济的范畴，成为全域经济。平台、数据和算法成为驱动数字经济的三驾马车。不论是消费互联网还是产业互联网，都离不开算法的普遍应用。

尽管 2022 年被称为算法元年，但事实上，我国对于算法的治理从 2017 年就已经开始了。2017 年颁布的《互联网新闻信息服务新技术新应用安全评估管理规定》初步确立了算法评估制度，此后的《微博客信息服务管理规定》《电子商务法》《网络信息内容生态治理规定》《网络音视频信息服务管理规定》《关于加强互联网信息服务算法综合治理的指导意见》《个人信息保护法》等法律法规均涉及对算法的治理。此外，《法治社会建设实施纲要（2020~2025 年）》明确提出要制定完善的算法推荐、深度伪造等新技术应用的规范管理办法。《新一代人工智能治理原则——发展负责任的人工智能》则提出了人工智能治理的框架和行动指南。

二 欧美算法治理概述

鉴于平台作为社会基础设施已介入各行各业的经营运转中，涉及社会生活的方方面面，欧美国家大多都将算法作为监管对象纳入治理范畴。

（一）美国

2021 年 4 月 19 日，美国联邦贸易委员会（FTC）发布题为《以公司真实、公平、公正地使用 AI 为目标》的文章，宣布 FTC 将根据《联邦贸易委员会法》、《公平信用报告法》和《平等信贷机会法》，对带有偏见或歧视的算法进行治理。文章指出，希望企业通过加强数据管理引导算法向善，采用透明度框架和独立标准，警惕歧视性结果，不要向消费者夸大或歪曲算法性能。FTC 可就算法偏见或歧视行为问责。

2021 年 6 月 10 日，美国众议院议员提出《过滤气泡透明度法案》（Filter Bubble Transparency Act），旨在对大型网络平台的算法推荐进行规制。该法案要求大型网络平台向用户提供关闭个性化算法推荐的选项，增加算法排序的透明度，只有在获取用户明确同意时才能对网络平台的信息进行筛选或排名。该法案还要求平台对搜索结果进行"年龄过滤"，即当判定用户为未成年人时，过滤不宜显示的内容。

2021 年 10 月 15 日，根据 Facebook 举报人豪根在听证会上提出的建议，美国众议院提出《对抗恶意算法的正义法案》（Justice Against Malicious Algorithms Act）。该法案指出，网络平台为获取利润，利用算法工具操纵个性化推荐，传播虚假信息和有害内容，导致个人身心受到损害。有鉴于此，应修改美国《通信规范法》第 230 条对平台责任的豁免规则。

2022 年 2 月 3 日，美国众议院提出《2022 年算法责任法案》（Algorithmic Accountability Act of 2022）[①]，要求企业评估其使用和销售的自动化系统的影

———————————

[①] 该法案是《2019 年算法问责法案》的更新版本。

响，在何时以及如何使用自动化系统方面，增加创造新使用时间和使用方式的透明度，并应准许消费者就关键决策的自动化做出知情选择。该法案还授权FTC创建这些系统的公开存储库，并建议FTC增加50~75名工作人员进行执法。

（二）欧盟

2021年4月21日，欧盟委员会提出《人工智能法》（Artificial Intelligence Act）草案。该草案旨在为可信赖的人工智能提出法律框架，并最终鼓励人工智能向善发展。该草案设置了以风险为导向的法律监管框架，并将在具有针对算法偏见的场景中对人类意识和行为进行操纵，在具有算法偏见的场景中伤害儿童、残疾人等弱势群体等情形定义为"不可接受"的人工智能风险。

2022年1月20日，欧盟议会表决通过《数字服务法》（Digital Services Act），该法案强化了对大型互联网平台的监管，规定了平台要对其算法负责。该法案针对虚假信息传播、广告投放等问题，要求平台提高算法的透明度，禁止通过"算法黑箱"影响用户自由便捷的选择。

（三）英国

2021年11月29日，英国内阁办公厅中央数字和数据办公室发布《算法透明度标准》（Algorithmic Transparency Standard），这是世界上首次在国家层面出台的算法透明度标准。该标准兑现了英国曾在国家数据战略和国家人工智能战略中做出的承诺，旨在通过运用符合透明度标准的算法工具帮助英国政府和公共部门做出更加公平合理的决策，以此提高公共服务效率，管控算法风险。

三 算法治理与平台责任

算法治理是互联网治理中的一个重要环节，也是我国在总体国家安全观

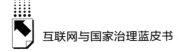

的视角下实现网络安全的重要举措。尽管平台、数据和算法是驱动数字经济的三驾马车，但是，这三驾马车都处于平台企业的掌控下。从治理的角度看，也只有平台能够成为责任主体。因此，无论是顶层的《网络安全法》《数据安全法》《个人信息保护法》，还是作为下位法的《关键信息基础设施安全保护条例》《互联网信息服务算法推荐管理规定》《网络数据安全管理条例（征求意见稿）》《平台落实主体责任指南（征求意见稿）》，其关于数据、算法的责任，都以平台为最主要的责任主体。

（一）平台的算法责任概述

如果说信息时代的底层基础是互联网，那么人工智能时代的底层基础就是数据和算法。数据被称为数字石油，但石油原油并不能直接为人类所用、产生价值，而算法则是能使原油产生价值的技术手段和措施。

算法是技术概念，是处理数据的方法，具体表现为解决问题的步骤和计算机指令。但算法与传统技术的不同在于，它并非机械地执行人的指令，而是会在不断地数据投喂、数据处理中进化，是能够通过机器学习自我进化的技术。算法是支撑平台企业的底层逻辑。任何从事平台服务的网络商都离不开对算法技术的运用。正因为如此，随着成为基础生活设施的平台被广泛应用，围绕算法的伦理和法律问题的讨论，产生了算法治理这一命题。尽管算法能够在数据的投喂下通过机器学习自我进化，但其底层设计仍然是人的指令。否则，关于算法带来的风险和责任就无法归于开发者、应用者或者所有者。

算法最初的开发利用是基于商业逻辑开始的。这与平台的私营企业属性不无关系。而商业逻辑的首要考量因素是效率，即如何充分高效地利用数据创造价值。事实上，算法在为平台企业创造商业价值的同时，也在创造社会价值。如果算法无法创造社会价值，平台也就无法实现其商业价值。这与工业时代并无二致。算法推荐、算法自动化决策都降低了人类的信息筛选成本，从而能够为大脑减负。利用算法对数据进行处理，合理分配劳动力和资源，进行生产、服务的管理，也能够提升社会管理效率，降低管理成本，提升个人、企业、政府的决策效率和效能。

现在，人们已经习惯了平台提供的数字化生活方式，而这种生活方式正是建立在算法对大量数据进行处理的基础上。算法在无形中影响着人们日常生活的大小决策。很多头部的平台通过算法机制，不仅占领了市场，也占领了用户的时间。与此同时，也引发了算法在"算计用户"的质疑和担忧，即算法形成的信息过滤泡在对我们的生活进行隐秘地操纵，如算法应用带来的信息茧房、诱导沉迷等。此外，由于平台已成为社会生活基础设施，算法应用在提供社会价值的同时，其所带来的算法歧视以及"骑手被困在算法里"等负面效应也引起了广泛的关注。这些负面效应所指向的是消费者、劳动者以及未成年人、老年人等各个社会群体的利益。因此，技术中立的逻辑也不再被认可，更不能成为平台免责的理由。算法不能仅追求效率，还要保障社会公平逐渐成为社会共识。由此，平台的算法责任成了平台责任的重要内容。

由国家互联网信息办公室、工业和信息化部、公安部、国家市场监督管理总局联合颁布的《互联网信息服务算法推荐管理规定》已于2022年3月1日正式实施。在此之前，国务院反垄断委员会就颁布了《关于平台经济领域的反垄断指南》（2021年2月7日生效），对经营者通过数据、算法、平台规则等新型手段达成垄断协议、拒绝交易、限定交易或者大数据杀熟等行为进行了规范。此外，国家网信办制定的《互联网信息服务深度合成管理规定（征求意见稿）》也对算法进行了规定。其第2条明确了深度合成技术就是利用以深度学习、虚拟现实为代表的生成合成类算法制作文本、图像、音频、视频、虚拟场景等信息的技术。其第7条规定，深度合成服务提供者应当落实信息安全主体责任，建立健全算法机制机理审核、用户注册、信息内容管理、数据安全和个人信息保护、未成年人保护、从业人员教育培训等管理制度。其第11条规定，深度合成服务提供者应当加强深度合成技术管理，定期审核、评估、验证算法机制机理。其第19条规定，深度合成服务提供者应当按照《互联网信息服务算法推荐管理规定》的有关规定，在提供服务之日起10个工作日内履行备案手续。

国家市场监督管理总局、国家网信办、国家发展改革委员会、公安部、人力资源社会保障部、商务部、中华全国总工会联合发布的《关于落实网络餐饮平台责任切实维护外卖送餐员权益的指导意见》于 2021 年 7 月 16 日生效。其中规定，网络餐饮平台及第三方合作单位要合理设定对外卖送餐员的绩效考核制度。在制定调整考核、奖惩等涉及外卖送餐员切身利益的制度或重大事项时，应提前公示，充分听取外卖送餐员、工会等方面的意见。要优化算法规则，不得将"最严算法"作为考核要求，要通过"算法取中"等方式，合理确定订单数量、在线率等考核要素，适当放宽配送时限。

此外，国家新一代人工智能治理专业委员会制定的《新一代人工智能伦理规范》已于 2021 年 9 月 25 日生效。其中，第 12 条要求增强安全透明，第 13 条要求避免偏见歧视。

（二）《互联网信息服务算法推荐管理规定》中的平台算法责任

《互联网信息服务算法推荐管理规定》（以下简称《规定》）是我国第一部专门针对算法的部门规章。《规定》旨在规范运用算法推荐技术提供互联网信息服务的行为，并对基于算法的信息服务行为确立了分级分类管理的机制。具体包含利用生成合成类、个性化推送类、排序精选类、检索过滤类、调度决策类算法技术向用户提供信息的行为。[①]

在互联网平台化的背景下，几乎所有的信息服务业务都不可避免地会使用算法推荐技术。因此，该规定所规范的算法推荐技术的类型基本涵盖了几乎所有使用算法的互联网信息服务的业务类型。例如，字节跳动等新闻资讯平台、小红书等"资讯+社交"平台会用到个性化推送类算法技术，百度等搜索引擎会用到检索过滤类算法技术，京东、淘宝等电子商务平台会用到排序精选类算法技术，高德、滴滴等交通服务平台，美团、饿了么等包含外卖的网购平台会用到调度决策类算法技术。随着平台业务类型的拓展，同一个平台往往会用到多种算法技术。例如，微博等社交平台除了会使用个性化推

---

① 《互联网信息服务算法推荐管理规定》第 2 条。

送类算法技术外，还会使用排序精选类算法技术生成热搜榜，美团、饿了么等平台既要用调度决策类算法技术，也要用排序精选类算法技术。

《规定》明确了算法推荐服务要遵循公正公平、公开透明、科学合理和诚实信用的原则。该规定的主体内容包含四个部分，信息服务规范、用户权益保护、监督管理和法律责任。《规定》的主要内容是明确算法推荐服务者作为安全主体的责任和义务。如算法推荐服务提供者不得利用算法推荐服务从事危害国家安全、社会公共利益和他人合法权益的活动，不得利用算法推荐服务传播非法信息，还要采取积极措施防范和抵制不良信息的传播。同时，为落实主体责任，算法推荐服务提供者还要建立相应的管理制度和技术措施，配备专业人员和技术支撑。① 此外，算法推荐服务提供者不得利用算法操纵用户账号、干预平台的信息呈现、影响网络舆论。②

值得注意的是，从《规定》制定的宗旨看，《规定》在阐明其立法目的时，除了一般性地宣示"维护国家安全和社会公共利益，保护公民、法人和其他组织的合法权益，促进互联网信息服务健康有序发展"的立法目的之外，还增加了"弘扬社会主义核心价值观"的内容。③ 这一目的在具体规定算法推荐服务者义务的条款中表现为增加了其积极义务。比如，算法推荐服务提供者应当坚持主流价值导向，优化算法推荐服务机制，积极传播正能量，促进算法应用向上向善，采取措施防范和抵制传播不良信息。④

此外，《规定》还要求算法推荐服务提供者定期对其算法机制及应用结果进行审核评估，不得利用算法诱导用户沉迷、过度消费；⑤ 建立违法和不良信息识别机制，有效对违法和不良信息的传播进行审核；⑥ 不得将违法和不良信息关键词记入用户兴趣点或者作为用户标签并据此推送信息；⑦ 要通

---

① 《互联网信息服务算法推荐管理规定》第 7 条。
② 《互联网信息服务算法推荐管理规定》第 14 条。
③ 《互联网信息服务算法推荐管理规定》第 1 条。
④ 《互联网信息服务算法推荐管理规定》第 6 条。
⑤ 《互联网信息服务算法推荐管理规定》第 8 条。
⑥ 《互联网信息服务算法推荐管理规定》第 9 条。
⑦ 《互联网信息服务算法推荐管理规定》第 10 条。

过人工干预和用户自主选择机制，在平台的首页首屏和精选、榜单等重点环节呈现符合主流价值观的信息。① 这些条款中，有的内容虽然是禁止性规定，但由于算法推荐服务提供者实际上并不直接生成内容，内容基本来自平台用户，针对内容的禁止性规定，实际上是为提供算法服务的平台设置了积极审查的义务和责任。

此外，《规定》还对如何处理与其他信息服务者的关系进行了规定，即算法推荐服务提供者不得利用算法对其他互联网信息服务提供者进行不合理的限制，或者妨碍、破坏其合法提供的互联网信息服务正常运行，实施垄断和不正当竞争行为。

在保障用户权益方面，《规定》明确了算法推荐服务提供者的告知义务②、为用户提供关闭算法的选择的义务等③（见表1）。

表1　算法推荐服务提供者保护用户权益的义务

算法推荐服务提供者的义务	用户权益
以显著方式告知用户其提供算法推荐服务的情况	知情权
以适当方式公示算法推荐服务的基本原理、目的意图和主要运行机制	知情权
向用户提供不针对其个人特征的选项，或者向用户提供便捷的关闭算法推荐服务的选项	选择权
用户选择关闭算法推荐服务的，算法推荐服务提供者应当立即停止提供相关服务	反向选择权、拒绝算法推荐权
向用户提供选择或者删除用于算法推荐的针对其个人特征的用户标签的功能	选择权
应用算法对用户权益造成重大影响的，应当依法予以说明并承担相应责任	知情权
算法推荐服务提供者应当设置便捷有效的用户申诉和公众投诉、举报入口，明确处理流程和反馈时限，即时受理、处理并反馈处理结果	救济权

此外，为保护未成年人、老年人、劳动者、消费者等特定群体的利益，《规定》有针对性地规定了算法推荐服务提供者的具体义务（见表2）。

---

① 《互联网信息服务算法推荐管理规定》第11条。
② 《互联网信息服务算法推荐管理规定》第16条。
③ 《互联网信息服务算法推荐管理规定》第17条。

表 2　算法推荐服务提供者保护特定用户权益的义务

特定主体	具体义务
未成年人	积极义务:依法履行未成年人网络保护义务,并通过开发适合未成年人适用的模式、提供适合未成年人特点的服务等方式,便利未成年人获取有益于身心健康的信息
	消极义务:不得向未成年人推送可能引发未成年人模仿不安全行为和违反社会公德行为、诱导未成年人不良嗜好等可能影响未成年人身心健康的信息,不得利用算法推荐服务诱导未成年人沉迷网络
老年人	保障老年人依法享有的权益,充分考虑老年人出行、就医、消费、办事等需求,按照国家有关规定提供智能化适老服务,依法开展涉电信网络诈骗信息的监测、识别和处置,便利老年人安全适用算法推荐服务
劳动者	保护劳动者取得劳动报酬、休息休假等合法权益,建立完善平台订单分配、报酬构成及支付、工作时间、奖惩等相关算法
消费者	保护消费者公平交易的权利,不得根据消费者的偏好、交易习惯等特征,利用算法在交易价格等交易条件上实施不合理的差别待遇等违法行为

在监督管理方面,《规定》在要求网信、电信、公安、市场监管等部门根据算法推荐服务的舆论属性或者社会动员能力、内容类别、用户规模、算法推荐技术处理的数据重要程度、对用户行为的干预程度等对算法推荐服务提供者实施分级分类管理[1],还规定了具有舆论属性或者社会动员能力的算法推荐服务提供者的算法备案制度[2],以及算法推荐服务提供者配合网信、电信、公安、市场监管等部门安全评估和监督检查工作与提供技术、数据协助的义务[3]和接受社会监督的义务[4]。

四　我国算法治理路径的特点分析

《规定》明确了算法推荐服务提供者的主体责任,对用户权利的保障义

---

① 《互联网信息服务算法推荐管理规定》第 23 条。
② 《互联网信息服务算法推荐管理规定》第 24 条。
③ 《互联网信息服务算法推荐管理规定》第 28 条。
④ 《互联网信息服务算法推荐管理规定》第 30 条。

务，违反上述义务的责任后果，以及对算法推荐服务提供者的监督管理机制。从《规定》的内容看，我国目前对算法的治理呈现出以下特点，值得关注和思考。

第一，《规定》兼具公法和私法属性，呈现出公私法融合的特征。即既规定了平台作为算法推荐服务提供者的行政法上的义务，又规定了平台对于其用户应履行的义务，并规定了违反上述义务的责任。公私法属性融合是我国目前在互联网领域立法的普遍特征。如我国个人信息保护立法也呈现出公私混合的特征。此外，《规定》确立了基于算法应用场景而非法律关系的治理路径，即根据不同场景类型对算法采取不同的规制方式。①

第二，《规定》赋予平台较多的积极义务，这与避风港原则存在一定的紧张关系。《规定》中赋予了平台基于算法服务较多的积极注意义务。尽管这些义务属于平台的行政法义务，但是，违反行政法上的义务，对民事案件中认定平台的过错具有直接的影响。因此，赋予平台积极监管义务，与侵权责任法中的避风港原则形成了事实上的冲突。平台要在民事诉讼中援引避风港原则进行抗辩，可能会由于与《规定》赋予的行政法上的积极义务相冲突，避风港原则在事实上归于无效。② 此外，《规定》中的很多积极义务实际上是对平台的服务质量提出的要求。对法律而言，对服务质量应该只规定底线，将本应由行业自律调整和由市场机制发挥作用的范畴纳入立法的规定，本文认为值得商榷。

第三，《规定》对平台义务的设定存在内在的紧张关系。例如，《规定》第6条规定算法推荐服务提供者应当坚持主流价值导向，优化算法推荐服务机制，积极传播正能量，促进算法应用向上向善。第11条规定算法推荐服务提供者应当加强算法推荐服务版面页面生态管理，建立完善人工干预和用户自主选择机制，在首页首屏、热搜、精选、榜单类、弹窗等重点环节积极呈现符合主流价值导向的信息。这对平台而言是积极义务。但与此同时，

---

① 丁晓东：《论算法的法律规制》，《中国社会科学》2020年第12期。
② 对于避风港原则，近年来被认为过度保护了网络服务提供者。但这是另外一个问题，本文不做讨论。

《规定》第 14 条又规定，算法推荐服务提供者不得利用算法虚假注册账号、非法交易账号、操纵用户账号或者虚假点赞、评论、转发，不得利用算法屏蔽信息、过度推荐、操纵榜单或者检索结果排序、控制热搜以及精选等干预信息呈现，实施影响网络舆论或者规避监督管理行为。一方面要求平台呈现符合主流价值导向的信息，另一方面又不能操控舆论。平台的积极义务和消极义务之间实际上是存在紧张关系的。如果平台不利用算法对信息进行干预，那么，平台就无法决定平台上呈现的信息是正面的还是负面的。如果平台不操纵舆论，就不能保证传播正能量。《规定》实际上并不是真正要求平台不干预舆论，而是要求平台只能做正向的干预。此外，让平台承担类似传统媒体的舆论引导作用是否合理，是否有法律上的依据，其与平台作为经营者的自主经营权是否冲突，都值得考量和商榷。

第四，《规定》对算法的治理呈现出以安全为导向、兼顾权利的特点。《规定》对平台的义务设定主要出发点是风险防控。《规定》第 6 条要求算法推荐服务提供者要采取措施防范和抵制传播不良信息。第 9 条要求算法推荐服务提供者发现违法信息要立即停止传输，采取消除等处置措施，防止信息扩散，保存有关记录，并向网信部门和有关部门报告。发现不良信息要按照网络信息内容生态治理有关规定予以处置。算法推荐服务提供者并非执法者，其是否具有认定信息合法与否的能力与权力？其停止传输的行为在法律上如何界定？如果平台停止传输的信息不属于违法信息，平台是否要对用户承担违约或侵权责任？不良信息不等于违法信息，平台限制或禁止非违法信息的传播，是否侵害用户权利？如果用户的信息因平台停止传输而不能传播，用户应该如何寻求救济？从理论上讲，风险防控最终都是为了个人能够更好地享受权利，但是，《规定》对用户权益保护的规定很含糊，也没有提到对用户表达权的保护。如果不能有效证明相关信息确实存在安全风险，以侵害用户权益为名追究平台违规的责任，就有可能背离保障公民权利的根本目的，且无益于立法目的的实现。

第五，《规定》将平台对未成年人的保护义务拓展至一般主体，与商业活动的基本逻辑存在冲突。《规定》第 8 条要求算法推荐服务提供者不得设置诱导用户沉迷、过度消费等违反法律法规或者违背伦理道德的算法模型。平台企业作为商事主体，吸引尽可能多的用户，增加用户黏性，是其正当追求，限制平台吸引用户对平台的使用和基于平台的消费，与其作为商业主体的根本使命和基本的商业逻辑相悖。如果要求平台通过算法主动将用户推开，不符合基本的商业逻辑，也不利于商业的繁荣和服务社会功能的实现。而且，在平台已经成为社会生活基础设施的背景下，限制人们对作为工作、学习的必要设施的使用，对其以"沉迷"之名做负面评价，也与社会生活的现实需求不符。如果是针对未成年人的特定网络应用，如果确实对未成年人的身心健康有害，可以给平台设定一定的注意义务，但仍需要明确，监护人才是对未成年人负责的第一责任人。过于加重平台的责任，形成"平台家长制"，无异于把用户当作需要被监护的未成年人。

第六，《规定》对个别重要概念缺乏明确界定，对平台行为缺乏有效指引，会给执法带来困难，也给执法任意性，乃至执法权寻租留下空间。《规定》第 24 条规定，具有舆论属性或者社会动员能力的算法推荐服务提供者应当在提供服务之日起十个工作日内通过互联网信息服务算法备案系统填报服务提供者的名称、服务形式、应用领域、算法类型、算法自评估报告、拟公示内容等信息，履行备案手续。《规定》第 27 条规定，具有舆论属性或者社会动员能力的算法推荐服务提供者应当按照国家有关规定开展安全评估。传播本身就具有舆论属性和社会动员功能，而任何平台都离不开信息传播，这不是由算法的类型级别决定的，而且，平台的业态也是处于不断地调整变化中，电商平台也可能由于用户的信息活动而具有舆论属性和社会动员功能。因此，平台的舆论属性和社会动员能力只有大小之别，而非有无之说，而且处于不断地变动中。将其作为法律概念写入立法，势必给执法带来困难，而标准的不明确无疑会给执法的任意性甚至权力寻租留下空间。《规定》第 17 条要求算法推荐服务提供者应当向用户提供便捷的关闭算法推荐服务的选项。如果用户选择不用算法，海量的信息如何在有限的屏幕上呈现？按什么顺序呈现？即使是完全随机，也是需要算法来实现的。对于这些问题，都缺乏明确的规定对平台进行有效地指引。

第七，《规定》对算法的治理呈现出强监管、弱治理的特征。虽然《规定》鼓励相关行业组织加强行业自律，建立健全行业标准、行业准则和自律管理制度，督促指导算法推荐服务提供者制定完善服务规范、依法提供服务并接受社会监督，[①] 显示出多元共治的算法治理思路。但是，《规定》总体呈现出以行政监管为主导的强监管、弱治理的态势。如第23条规定了由网信部门会同电信、公安、市场监管等有关部门建立算法分级分类安全管理制度。分级分类安全管理制度和备案、评估、审查制度共同形成了对平台强有力的行政监管。

与此同时，《规定》又在事实上限制了市场机制治理功能的发挥。《规定》第15条规定算法推荐服务提供者不得利用算法对其他互联网信息服务提供者进行不合理限制，或者妨碍、破坏其合法提供的互联网信息服务正常运行，实施垄断和不正当竞争行为。平台的资源也不是无限的，平台作为企业，其不可能与其他拥有不同资源和条件的服务商以同等条件合作。通过算法筛选过滤，选择对双方更有利的合作方，使有限的平台资源得到更有效的利用，符合商业逻辑和市场规律。《规定》对于"不合理限制"缺乏明确的法律标准，而且以强制性要求替代了市场机制，不利于平台有效地配置资源，进行商业合作，也不利于数字经济的发展。因此，在平台与其他平台方合作领域，在不违反垄断法或反不正当竞争法相关规定的前提下，应当遵循约定优先的原则，使平台能在市场机制的调节下，自由选择优势合作者，对于数字经济的发展更为有利。

五　结论与启示

数字经济时代，对数据的掌握意味着巨大权力，而算法和算力对于数据权力的实现必不可少。平台的权力是基于技术的权力，来源于通过算法对数字经济各生产要素的配置和整合的能力。随着互联网的平台化、基础设施

---

① 《互联网信息服务算法推荐管理规定》第5条。

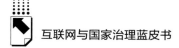
化，社会生活各个方面都被平台整合，对算法的治理也涉及对劳动关系、消费关系等诸多社会关系的法律调整。目前社会普遍关注的算法歧视、信息茧房等只是算法风险浮出水面的冰山一角。

随着网络成为基础生活设施，网络安全成为总体国家安全的重要内容，我国形成了以网信、公安、国安为核心的网络社会治理体系。随着网络治理从碎片化逐渐走向系统化，国家网信办的权力也从对网络内容的监管扩展到网络社会的治理。但是，值得注意的是，信息技术带来的风险，有很大一部分并不是真实发生的，而只是具有产生风险的可能性，某些因果关系也尚未被有效证明。例如，网络沉迷或过度消费在多大程度上由算法引发，抑或是有其深层次的社会或心理因素。在没有证据证明此因果关系的情况下，平台通常需要对其没危害承担举证责任。基于算法备案等制度的事前和事中的柔性监管，对于算法治理有其积极的作用，但是也会带来一些负面的效应。治理算法作为对不确定风险的预防措施，使得传统的事后监管转向事前和事中，挑战着现代传播法的基本原则。此外，对于不确定风险的预防式监管，也给平台与监管部门留下议价空间，同时也对算法更好地服务数字经济的发展形成一定的限制。

算法治理涉及多元主体，治理资源也是多元的。行业自治、市场机制、用户监督，都可以成为算法治理的资源。目前的算法治理，尽管在立法上鼓励行业治理，也规定了平台要接受社会监督，呈现出多元治理的结构，但在实际上主要依赖行政监管，政府效能强大，社会自治能力薄弱，没有形成有效的分工。本应是作为技术治理、社会自治失灵时最后手段的行政监管成为最主要的治理手段。这不仅会提高行政执法成本，也不利于发挥其他治理机制的优势以及算法本身的发展。

算法安全对于数字经济的有序发展十分重要，但是，安全不是算法治理唯一的价值诉求，有效地激励算法发展也是算法治理的重要目标。算法发展能够服务于公民权利、公共利益和国家利益。对社会总体的利益而言，算法发展与算法安全同样重要。算法滥用的确会对传播秩序、市场秩序、社会秩序带来负面的影响，算法治理也的确有其现实的必要性。但是，对于未来可能性尚不明确的新事物，立法应当尽可能地谨慎，应当先尽可能地充分利用已有法律资源，通过司法解释将其纳入现有规范进行调整。必要的新法也应仅做底线限制。此外，值得注意的是，算法对于个性化服务的探索，即针对不同个体或群体提供不同的服务，这种基于个体特质而提供特殊化的信息服务，都可能被认为是具有歧视性的。只要是个性化，必然会产生歧视性。因此，算法公平问题需要放在具体的法律关系中，对算法对法律关系中相关主体权利的实际影响进行考察。

目前我国的算法治理机制充分考虑到了平台的公共性可能给社会带来的影响和风险，但对平台作为市场主体的身份缺乏应有的观照。传统的对企业的"不作恶"的要求转变为要积极保护的要求。赋予平台过多的积极义务，打破商业的基本逻辑，使得算法治理机制难以在逻辑上自洽。究其原因，是目前的立法没有从法理层面厘清平台的法律属性和地位。平台的确具有一定的公共属性，但其同时也具有企业属性、市场属性。单方面强调其作为公共承运人的属性，就会产生在治理上强化行政监管，限制市场机制的结果。只有深入剖析平台算法服务所涉及的法律关系，在此之上明确平台在各相关法律关系中的地位和责任，才能使算法治理在法理层面逻辑自洽。

算法治理在本质上是对信息服务的治理。算法技术只有被用于提供信息服务才会成为规制的对象。在实践中，法律的要求也需要转化为技术标准才能被平台操作、执行。因此，设置技术标准底线，尊重企业经营自主权，把该由市场调节的交给市场，同时提高对透明度的要求，减少算法黑箱，才能对算法进行有效治理。此外，对算法以问题为导向的场景化治理只是回应算法应用发展的权宜之计，无法应对互联网迅速发展带来的新应用、新业态不断出现的态势。因此，有学者已开始尝试进行理论上的建构，提出根据算法的工具性、自主性以及风险高低的不同，以不同的治理模式应对不同的风险的模块化的治理路径。这是区别于目前基于场景的描述性的治理路径，对算法问题进行规范性的、系统化治理的有益探索。[①]

---

① 　许可：《驯服算法：算法治理的历史展开与当代体系》，《华东政法大学学报》2022 年第 1 期；许可：《算法规制体系的中国建构与理论反思》，《法律科学》2022 年第 1 期。

B.5
协同治理路径下的算法决策规制[*]

曾俊森 谢 琳[**]

摘 要: 我国当前关于算法治理的相关规定体现了协同治理的理念。算法决策协同治理有助于兼顾多元主体的利益,解决算法决策治理中人的主体性和算法功能性两大问题。在协同治理框架下,我国《个人信息保护法》中关于自动化决策的个人权利旨在为个人提供参与算法决策治理的途径,构建算法决策的正当程序,解决人的主体性问题。但是,个体赋权无法有效解决算法的功能性问题,个体权利的内容建构不宜过宽。解决算法功能性问题需要倚重于体现了协同治理和义务规则的个人信息保护影响评估制度。个人信息保护影响评估制度需要着重整合多元主体的资源与能力,形成覆盖算法运作全周期的动态评估制度。

关键词: 算法决策 协同治理 个体赋权 个人信息保护影响评估

算法决策,又称自动化决策,是指"通过计算机程序自动分析、评估个人的行为习惯、兴趣爱好或者经济、健康、信用状况等,并进行决策的活动"[①]。作为一种技术,算法决策在提高社会效率上具有重大意义。但是,算法决策不是单纯的技术概念。算法决策的广泛应用以及存在的风险使其成

---

* 本文系国家社科基金青年项目"大数据时代个人信息保护的'场景风险监管'模式研究"(项目编号:17CFX069)的阶段性成果。
** 曾俊森,中山大学法学院硕士研究生;谢琳,法学博士,中山大学法学院副教授。
① 《中华人民共和国个人信息保护法》第73条。

为治理对象。我国《个人信息保护法》（以下简称《个保法》）规定了与自动化决策有关的个人权利以及个人信息保护影响评估制度。随着算法决策治理的深入发展，协同治理路径经常为相关研究所倡导。但是，目前研究对协同治理路径的分析不够深入，也没有从协同治理的角度理解《个保法》的相关规定。本文通过分析协同治理理论与相关制度，为我国未来建构算法决策的协同治理路径提供建议。

一　算法决策协同治理的立法现状与理论基础

（一）立法现状

2019 年 9 月 17 日，国家互联网信息办公室、中央宣传部等九个部门联合发布了《关于加强互联网信息服务算法综合治理的指导意见》（以下简称《指导意见》）。2022 年 3 月 1 日，《互联网信息服务算法推荐管理规定》（以下简称《管理规定》）正式施行。《指导意见》提到了"多元共治""协同治理""多元协同"等理念，并提出"利用三年左右时间，逐步建立治理机制健全、监管体系完善、算法生态规范的算法安全综合治理格局"[①]。《管理规定》则从内容规定上体现出"协同治理"的观念，如建立算法分级分类安全管理制度、多部门联合监管、鼓励行业自律发展等规定。[②] 我国2021 年 11 月实施的《个保法》虽然没有直接提到协同治理算法决策的概念，但是第 55 条规定的个人信息保护影响评估制度同样体现了协同治理的理念。[③]

---

① 《关于加强互联网信息服务算法综合治理的指导意见》，国家互联网信息办公室、中央宣传部、教育部、科学技术部、工业和信息化部、公安部、文化和旅游部、国家市场监督管理总局、国家广播电视总局等九部门制定，国信办发文〔2021〕7 号。

② 《互联网信息服务算法推荐管理规定》，2021 年 11 月 16 日经国家互联网信息办公室 2021 年第 20 次室务会议审议通过，并经工业和信息化部、公安部、国家市场监督管理总局同意，于 2021 年 12 月 31 日公布，自 2022 年 3 月 1 日起施行。

③ 谢琳、曾俊森：《个体赋权在算法决策治理中的定位》，《法治社会》2022 年第 1 期。

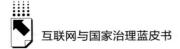

从当前的立法现状来看，协同治理算法决策的观念贯穿相关的规定当中，协同治理被置于算法决策治理的核心位置。但是，我国相关立法呈现出低位阶、制度不全面、调整范围不全面的特点。明确提到"协同治理"观念只有《指导意见》这一部门规章，《管理规定》与《个保法》背后的协同治理理念都需要通过分析具体的制度推导得出。"协同治理"的理念与机制并没有通过较高位阶的法律明确下来。《个保法》虽然规定了与自动化决策相关的个人权利和个人信息保护影响评估制度，但是相关规定并没有明确规定协同治理机制，需要通过法律解释进一步解读。此外，虽然《管理规定》更为详细地规定了治理手段，但是其所调整的范围仅限于算法推荐，调整范围窄于算法决策。因此，有必要分析协同治理的理论基础，理顺协同治理路径与算法决策治理调整的法律关系，深入理解《个保法》的相关规定。

（二）协同治理的理论基础

在我国，协同治理的理念根植于习近平总书记提出的"共建共治共享""社会治理共同体"等原创性理论思想。① 在"十三五"规划，党的十九大报告，党的十九届四中、五中全会中，习近平总书记都提到了"共建共治共享""社会治理共同体"的精神与理念，"共建共治共享""社会治理共同体"被作为新时代社会治理的指导思想。② 算法决策治理作为社会治理的一部分，同样需要遵循"共建共治共享""社会治理共同体"的理念。

协同治理（Collabrative Governance）的概念肇始于公共管理领域，随后协同治理被运用到其他领域。③ 学界对其定义尚未达成一致。本文采用全球治理委员会对"协同治理"的定义："协同治理是个人、各种公共或私人机

① 张吉豫：《构建多元共治的算法治理体系》，《法律科学》（西北政法大学学报）2022 年第 1 期。
② 习近平：《在党的十八届六中全会第二次全体会议上的讲话（节选）》，《前进》2017 年第 1 期；习近平：《决胜全面建成小康社会 夺取新时代中国特色社会主义伟大胜利——在中国共产党第十九次全国代表大会上的报告》，《党建》2017 年第 11 期。
③ 李婷婷：《协作治理：国内研究和域外进展综论》，《社会主义研究》2018 年第 3 期。

构管理其共同事务的诸多方式的总和,它是使相互冲突的不同利益主体得以调和并且采取联合行动的持续的过程,其中既包括具有法律约束力的正式制度和规则,也包括各种促成协商与和解的非正式的制度安排。"① 协同治理理论是一门新兴的交叉学科,由自然科学中的协同学与社会科学中的治理理论耦合而成。② 随着社会事务的复杂化,传统治理理论中的"政府—命令"式的线性管理手段逐渐显得捉襟见肘,为了解决复杂的社会事务,协同治理理论应运而生。

协同治理的内涵体现为几个特征。第一,治理主体的多元化。这是协同治理的核心特征,治理的主体不仅有政府组织,还有民间组织、企业、个人等。这些主体之间对于治理对象有着不同的目标与利益需求,各自有着不同的资源与竞争能力。协同治理有助于整合不同的利益需求,形成内在的共同追求,并借助不同主体的资源与能力,提高综合治理能力。第二,系统的协同性。不同的主体之间具有不同的利益诉求,甚至可能存在竞争。治理过程中往往存在着资源交换与协商,如何确保资源交换与协商能够顺利进行,是协同治理有效性的重要前提。影响系统协同性的因素包括有序的参与、共同的动机以及协同行动的能力。③ 第三,共同规则的遵守。多元的治理主体与系统协同性之间存在一定的紧张关系。系统协同性需要主体之间具有共识并形成共同的行动能力,但是主体多元性的利益导向又会使得主体之间难以产生共识。因此,整合是协同治理实现的重要因素,包括利益整合、协作机制整合以及功能整合。④ 实现整合需要遵守共同的规则,包括正式规则与非正式规则。一方面,规则可以指明协同治理的方向与目标;另一方面,共同规则的制定是各主体之间利益博弈与协作互动的产物,有助于各主体防范化解冲突,形成共识。一套有效的共同规则有利于稳定协同治理的整体结构,明

---

① 徐嫣、宋世明:《协同治理理论在中国的具体适用研究》,《天津社会科学》2016 年第 2 期。

② 李汉卿:《协同治理理论探析》,《理论月刊》2014 年第 1 期。

③ Emerson K. , Nabatchi T. , Balogh S. , "An Integrative Framework for Collaborative Governance," *Journal of Public Administration Research and Theory*, 2012, 22 (1): 1–29.

④ 吴春梅、庄永琪:《协同治理:关键变量、影响因素及实现途径》,《理论探索》2013 年第 3 期。

确各主体的定位与责任，最终使得协同治理的过程具有合法性。莱斯格教授在《代码 2.0》中提到法律、市场、社群规范以及架构对规制事物的共同作用，这四种规制手段既是相互区别的，又是相互依赖的。① 在协同治理中，法律会影响其他的治理手段，良好的法律规则有助于提高协同治理的效率与治理效果。每一个规制手段都有一定的成本，规制者可以通过法律进行直接规制，也可以通过设立或者修改法律规定影响其他具有更低成本的规制手段，形成兼顾合法性和效率的规制。因此，有必要结合法律的相关规定，讨论分析算法决策协同治理。

综上，算法决策的协同治理理念已在现有立法中有所体现。协同治理理论根植于"共建共治共享""社会治理共同体"的社会治理指导思想。在处理复杂的社会事务上，协同治理理论具有重要价值。在协同治理理论中，法律制度对于协同治理的实现效果有重要作用。因此，有必要结合算法决策的具体情况，从法律制度的角度思考与分析协同治理路径下的算法决策规制。

二 为什么算法决策需要协同治理

在思考为何算法决策需要协同治理前，需要先分析为何算法决策需要治理。作为一种技术概念，"技术中立"原则似乎为算法决策提供了正当性基础。然而，算法决策并非完全中立客观，"算法模型只是镶嵌在数学中的观点"②。数据的收集、输入、算法的考量因素与比重实际上都是由人来操控与决定的，人的主观价值也会渗透到算法当中。算法决策如人的决策一般，同样存在歧视、错误、操纵等功能性问题。由于算法决策的复杂性与不透明性的特点，"算法黑箱"导致这些功能性问题无法被感知与发现，可能会进

---

① 〔美〕劳伦斯·莱斯格：《代码 2.0》，李旭、沈伟伟译，清华大学出版社，2018，第 137～145 页。

② Cathy O'Neil, *Weapons of Math Destruction: How Big Data Increases Inequality and Threatens Democracy*, New York, Crown Publishing Group, 2016, p. 21.

一步加剧相关问题。① 如果放任算法决策的使用，算法决策可能会对相关主体产生不良影响，带来较高的负外部性成本。因此，有必要对算法进行治理。在治理过程中，由于涉及多元利益以及线性算法治理手段的不足，实现有效的算法决策治理需要借助协同治理理论。

（一）算法决策治理的多元利益

算法决策治理涉及多元利益。总的来说，算法决策治理既要考虑算法决策的技术发展利益，又要降低算法决策所带来的风险，为算法决策提供正当性基础。

首先，算法决策治理体现了受算法决策影响主体的利益。如前文所述，算法决策可能会存在歧视、错误、操纵等问题。当算法决策对个人具有约束力，并影响他们的权利时，法律必须提供足够的保障以保护个人权益。例如，通过算法决策决定客户是否能够获得贷款、投保人是否能够获得保险金赔偿、纳税人是否需要纳税以及求职者是否能够被招聘。在 2018 年，亚马逊就曾被曝光其在线招聘算法系统存在性别歧视。② 因此，我国《个保法》第 24 条与欧盟《通用数据保护条例》（General Data Protection Regulation，以下简称"GDPR"）第22 条都规定了对个人权益产生重大影响的自动化决策需要受到规制。而随着大数据技术的深入发展，用户画像被勾勒得更加清晰，个人的脆弱性也变得更加明显。通过算法决策分析个人的缺陷与弱点并形成对个人具有重大影响的决定，就可能会出现利用算法决策操纵个人的风险。③ 例如，通过自动化决策推送信息改变个人的政治立场、消费态度和价值观。2021 年 10 月，脸书（Facebook）的内部员工揭露了脸书通过推送煽动仇恨和暴力的言论获取收益。④ 此外，由

---

① Pasquale F., *The Black Box Society: The Secret Algorithm That Control Money and Information*, Massachusetts, Harvard University Press, pp. 10-11 (2015).

② Vincent J., "Amazon Reportedly Scraps Internal AI Recruiting Tool That Was Biased Against Women," https://www.theverge.com/2018/10/10/17958784/ai-recruiting-tool-bias-amazon-report.

③ Balkin J., *The Three Laws of Robotics in the Age of Big Data*, Yale University, 2017.

④ Pelley S., "Whistleblower: Facebook is Misleading the Public on Progress Against Hate Speech, Violence, Misinformation," https://www.cbsnews.com/news/facebook-whistleblower-frances-haugen-misinformation-public-60-minutes-2021-10-03/.

于算法黑箱导致个体难以感知和发现相关问题，信息不对称会催生个体对算法决策的信任危机。2021 年 9 月我国首次出现关于算法规则网络服务纠纷的相关案件。① 综上，算法决策的功能性问题与算法黑箱问题都指向对人的主体性威胁，法律需要对此作出回应。

然而，算法决策治理不仅涉及受保护主体的利益，也会影响算法决策的发展利益。为了应对算法黑箱问题，早期的研究试图通过建立算法透明权利治理算法决策，如算法解释权，甚至要求相关主体披露源代码。② 但是，透明权利实际上也会影响设计与使用算法决策者的相关利益，如商业秘密、知识产权、隐私等。在 2017 年的"美国大数据审判第一案"——卢米斯上诉美国威斯康星州案和纽约大学法学院布伦南司法中心与纽约州警察部门案中，算法决策系统开发商都以涉及商业秘密作为抗辩理由。③ 此外，过于严格的规制也有可能会影响算法决策技术的发展。在 GDPR 与我国《个保法》当中，个人信息保护与个人信息的合理流通被确定为立法目的。在《管理规定》与《指导意见》当中，促进算法良性有序、安全可信、高质量、创新性发展同样被置于算法治理的核心地位。

综上，算法决策治理具有双重目标，即解决算法功能性问题与尊重人的主体性。④ 在算法决策治理过程中，既要保护受算法决策影响的主体的利益，也要兼顾算法决策发展的相关利益。

（二）治理手段与治理目标的适配性

实现算法决策治理的目标需要适配的治理手段，治理手段的选择需要综

---

① 余建华：《杭互法院宣判一起涉平台算法规则网络服务纠纷案》，《人民法院报》2021 年 9 月 23 日。

② Citron D. K., Pasquale F., "The Score Society: Due Process for Automated Predictions," *Washington Law Review*, 2014, 89 (1): 1-33.

③ Loomis V. Wisconsin, 881 N. W. 2d 749 (Wis. 2016), cert. denied, 137 S. Ct. 2290 (2017); Brennan Ctr. for Justice at N. Y. Univ. v. N. Y. C. Police Dep´t, 2017 N. Y. Misc. LEXIS 5138, at ∗ 5 (N. Y. Sup. Ct. Dec. 22, 2017).

④ 谢琳、曾俊森：《个体赋权在算法决策治理中的定位》，《法治社会》2022 年第 1 期。

合考量其效能和成本。

在尊重人的主体性上，采取个体赋权的方式有助于提高个人对算法决策治理的参与度，从而增强个体对算法决策的信任。我国《个保法》为个人规定了自动化决策拒绝权、知情权、要求个人信息处理者解释说明权等权利。相关研究更是基于 GDPR 第 13~15 条的透明权利建构起算法解释权的路径。① 赋予个体相关的权利有助于个体在充分了解算法决策的基础上，对算法决策提出质疑，个体的主体性得到了尊重。然而，在解决算法功能性问题上，个体权利的效能相当有限。个体的能力有限，在信息与知识上处于弱势地位。在机器学习的场景下，甚至专业人员也难以解释算法的运作过程。对于解决算法功能性问题来说，着眼于算法决策的某一阶段不能实现有效的治理。系统功能问题需要对算法决策系统进行全过程监管，个体赋权无法涵盖算法的全过程，治理效能有限。

此外，单纯的政府规制与自我监管也无法解决算法决策功能问题。首先，公共机构面对快速发展的算法技术缺乏相关的经验与知识，无法直接对算法决策作出规制。公共机构需要整合社会的其他资源进行监管。其次，由于技术的复杂性和技术的动态性发展，立法者与决策者没有办法在事前提供清晰明确的法律规范。即使公共机构作出规定，这种自上而下的监管也难以追上技术的变化。支持自我监管的学者认为，即使没有监管效率的问题，自我监管也更为灵活和高效，因为自我监管是市场驱动的最佳选择。② 私营部门参与其自身的监管，随着时间的推移，其可能会更自愿地接受和遵守规则。③ 然而，自我监管意味着受规制者自行决定监管的内容和执行，往往没有公共利益的限制或缺乏私营部门间的竞争。④ 自我监管即使具有公共性导

① Brye G., Seth F., "European Union Regulations on Algorithmic Decision Making and a 'Right to Explanation'," *Ai Magazine*, 2017, 38 (3): 50-57.

② Dennis H. D., "The Law and Policy of Online Privacy: Regulation, Self-Regulation, or Co-Regulation?" *Seattle University Law Review*, 2010, 34.

③ Bremer E. S., "Private Complements to Public Governance," *Missouri Law Review*, 2017, 81 (4).

④ Dennis H. D., "The Law and Policy of Online Privacy: Regulation, Self-Regulation, or Co-Regulation?" *Seattle University Law Review*, 2010, 34.

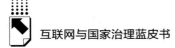

向，也可能因为缺少强制力而存在规避的风险。在多元利益复杂交错或者利益高度冲突的情形下，自我监管难以促使各方利益达成实质性的共识，其所带来的灵活性与效率难以实现。因此，"线性"的规制手段无法实现有效的算法决策治理。

协同治理路径有助于实现算法决策治理的双重目标。首先，协同治理的主体包括了所有的利益相关者。让个体参与治理，有助于解决尊重人的主体性问题。其次，对于解决算法功能性问题而言，协同治理结合了自我监管与政府规制的优点并克服相应的不足。公共机构作为公共利益代表对私营部门的合规进行引导和问责，私营部门提供专业支持以提高治理的灵活性和效率。一次性的事前规则转变为持续的、动态的监管，有助于适应技术复杂性和动态性发展。

三 算法决策协同治理中的个体赋权

我国《个保法》与欧盟 GDPR 针对算法决策治理规定了相关的个体权利。相关研究基于个体权利建构起算法决策治理路径，甚至将个体权利作为治理的核心手段。① 然而，个体权利在算法决策治理上具有较大的局限性，无法解决算法功能性问题。与算法决策有关的个体权利需要从协同治理的角度进行理解。

（一）算法决策正当程序与个体赋权

在协同治理的框架中，个体赋权体现为个人作为治理主体参与算法决策治理。个人是治理目标的利益相关者，算法决策治理的其中一个目标是尊重人的主体性。个体参与算法决策治理有助于提升其对算法决策的信任，增强算法决策的合法性，对于算法技术发展具有推动作用。《个保法》与 GDPR

① Citron D. K. , Pasquale F. , "The Score Society: Due Process for Automated Predictions," *Washington Law Review*, 2014, 89（1）: 1–33.

均规定了与自动化决策相关的权利。《个保法》第 24 条为个人规定了自动化决策拒绝权，GDPR 第 13~15 条与《个保法》第 44 条、第 48 条均为个人规定了知情权、要求个人信息处理者解释说明权等透明权利。早期的相关研究也从个体权利的角度讨论算法治理问题，相关的个人权利被称为算法的"正当程序"（Due Process）。[1] 然而，部分研究高估了个体赋权对于算法决策治理的作用。诚然，赋予个体知晓并质疑算法决策的权利，其尊重了个人的主体性，有助于防止人被物化。然而，算法决策治理目标不只有尊重人的主体性，还有解决算法功能性问题。协同治理需要兼顾不同子系统之间的协同性并整合不同主体的资源。正如前文所言，个体赋权在算法决策治理中存在较大的局限性，存在个体能力不足、治理时机不恰当、与其他主体产生利益冲突等问题。单纯的个体赋权无法兼顾算法治理的双重目标，与其他主体的利益存在冲突。相关权利的构建应当以解决人的主体性问题为核心，不宜将个体权利作为解决算法功能性问题的主要手段。

以"算法解释权"为例，相关的研究基于 GDPR 第 13~15 条的"为数据主体提供涉及自动化决策逻辑的有意义的信息"以及绪言第 71 条"为数据主体提供在相关评估后获得对该决定的解释并质疑该决定的权利"构建算法解释权的治理路径，要求算法决策实现高度透明。诚然，提高算法决策的透明度有助于实现算法问责。但是个体往往缺少相关的知识与能力，即使公开了算法的源代码，其对于个体而言也不具有任何意义。此外，公开算法源代码还可能会侵害其他治理主体的商业秘密与知识产权。为了保证各治理主体的协同性，透明权利的构建必须结合个体的能力、个体赋权的成本、个体权利对于算法决策治理的有效性进行具体分析。根据欧盟《自动化个人决策与识别指南》的规定，所谓有意义的信息指的是有助于个体对算法决策提出质疑的信息。[2] 赋予个体算法解释权并不是为了完全公开算法，而是

---

[1] Citron D. K., Pasquale F., "The Score Society: Due Process for Automated Predictions," *Washington Law Review*, 2014, 89 (1): 1-33.

[2] Article 29 Data Protection Working Party, Guidelines on Automated individual decision-making and Profiling for the purposes of Regulation 2016/679, WP251. rev. 01, pp. 19-23.

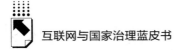
使个体能够在充分理解算法决策的基础上提出质疑，甚至拒绝使用仅通过自动化方式作出的决策。在协同治理的框架下，算法决策相关的个体权利是个体参与算法治理的重要途径。其目的在于建构算法决策的正当程序，尊重人的主体性。对算法决策相关权利的理解不能过于宽泛，需要平衡赋予个体权利的成本与实现算法决策有效治理的效果。

（二）以义务为核心的算法决策治理

解决算法的功能性问题需要更多地倚重于法律为相关主体设定义务。不同于个体赋权，以义务为核心的算法决策治理明确落实相关主体的义务，即使个人不行使权利，相关主体也需要履行一定的保障义务。以 GDPR 第 22 条为例，GDPR 在一般情形下禁止数据控制者仅通过自动化决策对数据主体作出具有重大影响的决策，除非使用自动化决策符合例外情形，数据控制者能够提供相应的保障措施。反观《个保法》第 24 条的自动化决策拒绝权，相应的规定采取的是积极赋权模式，个体有权拒绝仅通过自动化决策作出具有重大影响的决策。然而《个保法》并没有规定相关的义务主体是否需要明确为个人提供拒绝的机制，以及个人没有行使相关的权利后，相关主体是否仍需要提供相应的保障措施。GDPR 采取的模式更有利于保护个体利益。在提高算法决策透明度方面，美国采取不同于个体赋权的路径。美国《公平信用报告法》①与美国《算法正义和在线平台透明度法案》②为算法决策使用者设定了一系列的义务，如"不利行动通知"（Adverse action notice）、为消费者提供更改和质疑的机制等。相较于单纯的个体赋权，以义务为核心的算法决策治理更有助于落实相关主体的责任。避免相关主体借助个体未行使或没有能力行使权利逃避责任。因此，对于我国而言，自动化决策拒绝权以及相关的透明权利应当结合相应主体的义务理解。信息处理者应当为个体行使权利提供相应机制，而不是在个人积极行使权利时相关主体才需要履行

---

① Federal Trade Commission. *Fair Credit Reporting Act*（FCRA），https：//www.ecfr.gov/current/ title-16/chapter-I/subchapter-F.

② Representative Doris O. Matsui，Algorithmic Justice and Online Platform Transparency Act.

相应的义务。

综上所述，在协同治理框架下，个体赋权主要是为了构建算法决策的正当程序，解决算法决策治理中人的主体性问题。个体参与算法决策治理有助于提高算法决策的合法性以及公众对算法的信任。个体赋权的构建与理解不应过于宽泛，需要结合个体能力、制度成本与治理效能以及其他主体的利益综合衡量。在解决算法功能性问题上，以义务为核心的算法决策治理更具有效果。因此，在理解相关的个体权利时，需要结合相应主体的义务进行理解，避免相关主体借助个体的弱势地位逃避责任。协同治理中其他主体的治理能力发挥需要法律为相关主体确定更为明确的义务。

四　算法协同治理下的影响评估制度

为了解决算法功能性问题，算法决策治理需要形成以义务为核心的路径。我国《个保法》中的"个人信息保护影响评估制度"与 GDPR 中的"数据影响评估制度（DPIA）"为信息处理者使用自动化决策规定了相应的义务。影响评估制度实际上体现了协同治理的运作机制。影响评估制度以控制算法风险作为共同的目标，整合了公共机构、自动化决策的设计者与使用者、第三方机构等主体的资源与能力。通过分析影响评估制度，有助于深入了解协同治理在算法治理中的运用，而协同治理理念也有助于推动影响评估制度的发展与完善。

（一）算法影响评估制度的运行逻辑

风险评估制度是一种预防机制，以风险为自动化决策的运行阈值。只有自动化决策满足低风险的要求，相关主体才能使用算法决策系统。在个人信息保护领域"风险预防规则"逐渐占据重要地位。[①] 由于算法技术发展愈发复杂与迅速，公共机构对算法决策进行直接监督与事后问责愈发困难。因此，算法治

---

① 丁晓东：《个人信息保护：原理与实践》，法律出版社，2021，第21页。

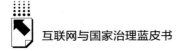

理既需要引入风险预防规则形成算法决策的全过程治理,又需要整合多方主体的力量控制算法决策系统在低风险下运行。算法影响评估机制应运而生。

首先,推动算法影响评估的重要力量是公共机构。在协同治理理论中,领导力(Leadership)在促进协同行动能力上起到了重要作用。[①] 作为政策制定者,公共机构需要为算法影响评估制度制定具体的指引,如我国工信部制定的《个人信息安全影响评估指南》(以下简称"我国《评估指南》")[②] 和欧盟《数据影响评估指南》(以下简称"欧盟《评估指南》")[③]。为了使得算法决策治理不偏离目标,公共机构还需要承担起监管者的角色。问责制是实现算法决策协同治理的重要手段。法律对各治理主体规定权利义务,划定相应的责任,有助于推动各个治理主体朝着一致的目标进行治理。GDPR 与我国《个保法》都要求相关责任主体对影响评估进行记录与留档。对于具有高风险的算法决策,影响评估过程相当于一种软性的准入规则,要求一家公司与政府进行对话,并在向公众发布自动决策之前调整其风险管理流程。即使是非高风险的算法决策,政府仍然在确保问责制方面发挥作用。因为影响评估要求对相关记录进行存档并实时更新,甚至需要公共机构披露。

其次,影响评估制度整合了其他治理主体的资源与能力。协同治理的重要特征是多元的治理主体。在算法决策的协同治理中,协同治理需要各主体之间形成共识,并形成共同的行动能力。一方面,法律通过规定影响评估制度划定了各主体的责任与义务;另一方面,影响评估制度有助于激励其他治理主体参与算法决策的协同治理。由于算法的复杂性与多变性,且公共机构缺乏相应的能力,其无法在事前为相关主体提供明确细致的指引。公共机构只能划定使用算法决策的底线,即算法决策必须在低风险下运行,并推荐相

---

① Emerson K., Nabatchi T., Balogh S., "An Integrative Framework for Collaborative Governance," *Journal of Public Administration Research and Theory*, 2012, 22 (1): 1-29.

② 国家市场监督管理总局、国家标准化管理委员会:《信息安全技术、个人信息安全影响评估指南》(GB/T 39335-2020),2020 年 11 月 19 日发布,2021 年 6 月 1 日起实施。

③ Article 29 Data Protection Working Party, Guidelines on Data Protection Impact Assessment (DPIA) and determining whether processing is "likely to result in a high risk" for the purposes of Regulation 2016/679, WP 248.

关主体采取降低风险的保障措施。在这种情况下，法律制度就会激励所有的使用自动化决策的主体进行影响评估。无论是否具有高风险，为了确保算法决策系统的合规性，相关主体都会进行算法影响评估。影响评估提供了自动化决策系统中检测和消除算法歧视的跟踪记录，为事后的追责提供了相对可靠的依据。[1] 这为公共机构事后问责提供了相关记录，而算法决策使用者能够以实施了影响评估并履行了合规义务作为侵权责任的减免事由。此外，在进行评估时，算法决策的使用者与设计者会尝试通过各种保障措施来符合影响评估的要求，如定期的算法审计、为个人提供质疑的渠道、提供人工复核渠道、引入第三方监督等。这实际上相当于让其他主体通过算法影响评估制度参与算法治理的规则制定。由于目前尚未形成统一且明确的行业标准，算法决策治理需要在实践中形成有效的治理经验。通过公共机构与私营部门在影响评估中的互动，有助于公共机构在反复的评估中逐渐形成统一的规则，也有助于私营部门探索出有效的保障措施。

最后，算法影响评估制度有助于激励私营机构完善其组织结构。在我国《评估指南》与欧盟《评估指南》中，组织内部的人员也需要参与影响评估，如欧盟规定的数据保护官（DPO），我国规定的技术部门、相关业务部门以及法律部门的代表构成的团队。在欧盟，如果某个公司内部雇有数据保护官，在进行数据影响评估时，组织必须寻求数据保护官的建议，相关的建议以及最终作出的决策都需要记录留档。此外，数据保护官还需要监控影响评估的性能，承担相应的责任。虽然政府并没有参与直接的规制，但是数据保护官有助于形成内部监督与内部合规相结合的自我规制。数据保护官耦合了政府监管与企业内部管理，有助于实现政府与企业的协同治理。同样，影响评估中数据保护官的全程监控也可以运用到算法决策的其他过程，如算法设计、算法决策运行过程等。[2] 随着时间的推移，组织内部关于算法决策治

---

① Wick M. R., Thompson W. B., "Reconstructive Expert System Explanation," *Artificial Intelligence*, 1992, 54 (1-2): 33-70.

② 林洹民：《自动决策算法的法律规制：以数据活动顾问为核心的二元监管路径》，《法律科学》（西北政法大学学报）2019 年第 3 期。

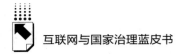

理的建构会不断完善，增强自我监管的能力。最终，影响评估制度会激励企业发挥其资源优势，展开内部自我监管，与政府监管实现协同治理。①

（二）全周期动态的算法影响评估制度

有学者将域外算法影响评估制度区分为两种类型：以美国为代表的封闭合规型与以欧盟为代表的开放反思型。② 区分两种类型的标准之一是算法影响评估制度的实施时机。美国联邦《算法问责法案》规定算法影响评估必须在算法系统投入使用前进行，属于一种事前静态的算法影响评估。以欧盟为代表的算法影响评估属于全周期动态的算法影响评估。欧盟《评估指南》将算法影响评估设想为一个迭代的、持续的过程，而不是一次性的过程。其要求至少在风险发生变化时，要定期审查数据影响评估。我国《个保法》第55条只规定了需要进行个人信息保护影响评估的条件，没有明确相应的程序。我国《评估指南》在个人信息保护影响评估的概述中，将其描述为一种持续监管个人信息处理过程风险的机制。但是我国《评估指南》附录A第7条只规定了个人信息保护影响评估需要在自动化决策规划设计阶段或者首次使用前进行，属于一种事前静态的评估。在协同治理的框架下，建立全周期动态的算法影响评估制度更为合理。

如前文所述，在谈到为何算法决策需要协同治理时，其中的一个原因是算法决策的复杂性需要全周期动态的治理手段。算法决策具有多变性与复杂性，在机器学习的场景下，算法会不断更新迭代，甚至连专业人员也无法解释其运作过程。算法决策治理需要进行全过程的动态监管。由于全过程的动态监管需要更为灵活的政策与强大的专业知识，政府需要整合不同主体的资源与能力实现协同治理。如果只在算法设计阶段或者首次使用阶段进行算法影响评估，后续算法多变性导致的风险就无法获得持续监测。这种事前静态的算法影响评估无法与算法决策的治理目标相适配。另外，协同治理也不是

---

① 程莹：《元规制模式下的数据保护与算法规制——以欧盟〈通用数据保护条例〉为研究样本》，《法律科学》2019年第4期。

② 张恩典：《算法影响评估制度的反思与建构》，《电子政务》2021年第11期。

一次性的静态治理，能够适配于算法决策的全周期动态治理需要。协同治理之所以被提倡，是因为其具有改善复杂、不确定、不断变化的情况的潜力。[①] 这就要求协同治理必须具有一定的灵活性，适应不同的复杂环境。在协同治理过程中，可能会出现不同的挑战或机会。举例说明，基于协同治理的影响，问题可能会得到解决（或没有解决），或者新的研究发现采取其他治理手段更有效果，又或者协同治理过程中出现了新的利益相关者。[②] 在这些情况下，协同治理的内容都需要进行适当调整。算法技术更新迭代的速度较快，往往具有复杂性与不确定性。作为算法协同治理重要体现的算法影响评估制度，不应当限定于一次性的事前静态评估。综上，在协同治理框架下，算法影响评估制度应当是覆盖算法运作全周期的、具有灵活性的动态评估制度。

五 结语

协同治理是算法决策治理的有效手段。公共机构负责提供指引，通过法律明确相应的机制与相关主体的义务，有助于整合企业、个人、其他社会组织的资源与能力，实现算法决策治理的目标。对于我国而言，《个保法》规定的自动化决策相关的个人权利应当置于协同治理框架中进行理解。个体作为协同治理中的主体，个体赋权是为了建构算法决策的正当程序，解决个体主体性问题。对于解决算法功能性问题来说，以义务为核心的治理路径可能更具有效果。个体权利的理解不宜过于宽泛，需要结合相关主体的义务进行理解。《个保法》规定的个人信息保护影响评估制度体现了协同治理的理念，我国需要建立起全周期动态的算法影响评估制度。协同治理理论在算法决策治理中的应用仍有待进一步探索与建构。未来，我国算法治理需要重点思考算法决策协同治理路径的构建。

---

① Innes J. E. , Booher D. E. , "Consensus Building and Complex Adaptive Systems: A Framework for Evaluating Collaborative Planning," *Journal of the American Planning Association*, 1999, 65 (4): 412.

② Emerson K. , Nabatchi T. , Balogh S. , "An Integrative Framework for Collaborative Governance," *Journal of Public Administration Research and Theory*, 2012, 22 (1): 1-29.

B.6
网络直播、短视频平台未成年人
法律侵权问题研究[*]

李 兵 姜程科**

摘 要： 在网络直播和短视频领域，作为"互联网原住民"的未成年人
人数不断攀升，已成为内容的重要发布者、提供者和使用者。未
成年人的心智行为有着特殊的发展过程，且存在诸多潜在特性，
其各项权益极易受到网络内容的侵害。本研究从未成年人作为传
播主体的角度出发，探讨网络直播、短视频平台未成年人法律侵
权问题，包括未成年人出镜直播、借"网红儿童"牟利和侵犯
未成年人隐私和个人信息三大问题，并从法律法规、司法实践、
检察监督与行政履职、行业自律与平台自治四个方面来分析我国
未成年人网络保护的现状，探讨现行法律实施过程中面临的困
境，并借鉴他国法律法规中可行的内容，为我国相关法律的完善
提出切实可行的建设性意见。

关键词： 未成年人保护 法律侵权 出镜直播 网红儿童 个人信息

  2022 年 2 月 25 日，中国互联网络信息中心发布《第 49 次中国互联
网络发展状况统计报告》（以下简称《报告》）。《报告》数据显示，截至
2021 年 12 月，我国网民总人数为 10.32 亿，短视频用户数量达 9.34 亿，网

 * 本文为浙江工业大学2021年度人文社科基金重点项目"人工智能时代隐私问题研究"阶段性
成果。
 ** 李兵，博士，浙江工业大学人文学院副教授；姜程科，浙江工业大学人文学院硕士研究生。

络直播用户规模达 7.03 亿，分别占网民整体的 90.5% 和 68.2%。① 《报告》称，当前我国未成年人互联网使用呈现出明显的"触网"低龄化趋势。数据显示，我国未成年网民已达 1.83 亿，互联网普及率为 94.9%，远高于成年群体互联网普及率。② 网络直播、短视频用户规模的不断扩大，加之未成年人互联网的高普及率，考虑到未成年人用户基数，其所表明的基本趋势是作为"互联网原住民"的未成年人群体在网络直播、短视频平台的使用人数正不断增加，未成年人已成为网络直播、短视频平台使用的重要群体之一。

由于未成年人心智尚不成熟，其独立思考、信息甄别和自我管理等能力不足，网络安全意识也有待加强，网络直播、短视频平台中涉及未成年人保护的内容更加需要特别关注和全面研究。网络直播、短视频领域涉及未成年人保护存在诸多问题，包括未成年人直播打赏行为、不良信息妨害低龄儿童身心发展、未成年人网络成瘾等，上述情况都是未成年人作为网络信息接收者所面临的问题。

除了是网络信息接收者之外，未成年人还是网络信息的发布者和提供者，其中涉及的法律问题主要是未成年人出镜直播、借"网红儿童"牟利以及侵犯未成年人隐私和个人信息。针对上述情况，在立法和行政主管部门的主导下，我国在法律法规、司法实践、检察监督及行政管理等方面为未成年人提供了综合的网络保护，以维护未成年人的合法权益。除此之外，网络直播、短视频行业和相关平台也配合国家相关政策，开展自查、自纠、自治。但是，相关法律的实施仍存在一定的实践困境。因此，如何进一步提出切实有效的法律完善路径，促进网络直播、短视频平台的健康发展以及未成年人网络权益的保护，是当前亟待解决的问题。

---

① 中国互联网络信息中心：《第 49 次中国互联网络发展状况统计报告》，http：//www. cnnic. net. cn/hlwfzyj/hlwxzbg/hlwtjbg/202202/P020220407403488048001. pdf。
② 中国互联网络信息中心：《第 49 次中国互联网络发展状况统计报告》，http：//www. cnnic. net. cn/hlwfzyj/hlwxzbg/hlwtjbg/202202/P020220407403488048001. pdf。

一 网络直播、短视频平台未成年人法律侵权三大问题

（一）未成年人出镜直播

根据中国互联网络信息中心 2021 年 7 月 20 日发布的《2020 年全国未成年人互联网使用情况研究报告》，在发布日期过去的半年中，看直播在未成年网民上网经常从事的各类活动中占比达 18.2%。[①] 此外，新浪微博数据中心发布的《2016 年直播行业洞察报告》数据显示，11~16 岁的主播占全部人数的 12%。[②] 未成年人在网络世界中不只是观看者，同时还可能是主播。需要明确的是，上述提及的主体不包括 11 岁以下的未成年人，并且仅仅只是 2016 年的早年数据。而近年来随着直播行业的飞速发展，作为网络主播的未成年人队伍也在不断发展壮大，未成年人主播数量显著提高。

2021 年 6 月 1 日之前，新修订的《未成年人保护法》还未施行，不满 16 周岁的未成年人进行网络直播尚未被明令禁止。在网络直播中，由于心智尚不成熟，为迎合个别粉丝低俗猎奇的需求，未成年人在直播过程中会做出一些违背伦理道德或不符合公序良俗和公众价值期待的行为。例如，在"美拍"等直播平台，很多小学生脱衣直播，甚至裸露自己身体的敏感部位，这类直播涉及未成年人色情内容，明显已经触及《未成年人保护法》第 52 条的规定，即"禁止制作、复制、发布、传播或者持有有关未成年人的淫秽色情物品和网络信息"[③]。

除此之外，还有很多未成年人虽未直接违反法律法规但却违背道德

[①] 中国互联网络信息中心：《2020 年全国未成年人互联网使用情况研究报告》，http：//www. cn nic. net. cn/hlwfzyj/hlwxzbg/qsnbg/202107/P020210720571098696248. pdf。

[②] 新浪微博数据中心：《2016 年直播行业洞察报告》，https：//data. weibo. com/report/reportDetail？ id＝328。

[③] 《中华人民共和国未成年人保护法》，中国人大网，http：//www. npc. gov. cn/npc/c30834/202010/82a8f1b84350432cac03b1e382ee1744. shtml。

伦理的直播内容，很多未成年人会刻意打造一种怪异、非健康的成年人设，比如通过抽烟、喝酒、恋爱、炫富等行为模仿成年人来吸引流量。"快手""火山小视频"等短视频平台中，怀孕的未成年人争做网络主播，通过晒孕照、验孕棒、医院产检书等来博取眼球。[①] 随着通过错误言行不断获得利益回报，未成年人便寻找"歪理"来论证其合理性。[②]《未成年人保护法》第 16 条要求未成年人的父母或监护人需要"关注未成年人的生理、心理状况和情感需求"，第 71 条中还指出，要"加强对未成年人使用网络行为的引导和监督"，而上述所提及的未成年人以怀孕为噱头来吸引流量，一方面是家庭性教育的缺失和对孩子的心理、生理等方面的关切不足，另一方面是监护人没有对未成年人不良的网络行为作出良好的引导。未成年人在从事此类直播活动的过程中，其健康的心理结构遭到了破坏，丧失了认知和判断事物正确价值的能力，不利于形成健全的三观。

同时，还有部分未成年人在家长逼迫、引导又或是在金钱利益的驱使下，出镜进行网络直播带货，直接请求观看者购买商品或进行打赏。之前，2018 年出生的小网红"丸子妹"网络直播带货，很多平台都能看到账号名"SASA 的丸子妹"发布的以儿童丸丸为主角的直播节目；12 岁的奥华在快手上每天晚上直播唱歌，当网络主播赚钱养家。[③] 在经济利益的驱使下，奥华每天从晚上 7 点直播到 10 点，一天只睡 5 个小时。《未成年人保护法》第 17 条规定，未成年人的父母需"保障未成年人休息、娱乐和体育锻炼的时间，引导未成年人进行有益身心健康的活动"，而上述个案中未成年人的父母一味地引导或放任孩子进行直播，奥华甚至牺牲其睡眠时间，在身体超负荷的状态下仍坚持直播，作为监护人的父母并没有保障孩子的休息时间，未

① 《未成年人做主播，应有明确年龄限制》，新京报网，https：//www. bjnews. com. cn/detail/156674690214421. html。
② 《严禁未成年人出镜直播是实打实的呵护》，法人网，http：//www. farennews. com/magazine/content/2021-07/26/content_ 8562743. html。
③ 《直播间里的 12 岁少年》，新京报网，https：//www. bjnews. com. cn/detail/160018204515811. html。

成年人的身体健康受到严重损害。

部分未成年人还因直播辍学、失学，例如"小马云"范小勤因长相走红，后被机构以帮扶为名签约服务直播带货，① 过早地沦为商业"工具人"。合约期间范小勤的生活、教育等各方面均由经纪人照料，而媒体披露他近一年没有上学。② 根据《未成年人保护法》第16条和第17条的规定，未成年人的监护人要"尊重未成年人受教育的权利，保障适龄未成年人依法接受并完成义务教育"，不得"放任或者迫使应当接受义务教育的未成年人失学、辍学"，③ 而经纪人在约定期间作为范小勤的监护人未履行好其监护职责，本应接受义务教育的范小勤因监护人的失职而失学，其受教育权无法得到全面保障。

（二）借"网红儿童"牟利

在当下"流量为王"的时代洪流中，越来越多的专业机构或个体用户将网红的打造对象由原本的成人转移到儿童身上，炒作"网红儿童"逐渐成为多方获取经济效益的重要手段。在不影响未成年人的正常生活以及不损害其身心健康的前提下，家长将孩子的日常生活视频内容发布在各大平台，受到网友点赞、评论、转发，这本无可厚非。但是，随着越来越多畸形的"晒娃"方式出现在网络平台上，未成年儿童变成了家长和机构牟利的工具，便成为另一个需要管制的法律问题。

这些借炒作"网红儿童"牟利的行为往往会侵害未成年人的以下合法权益。其一，视频中的未成年人被要求或主动做一些与自身年龄不符的成人化行为，成人思维被强加在孩子身上，使孩子丧失了其原本的童真，一定程度上加速了未成年人的"早熟"。例如，少儿美妆曾风靡一时，在诸多社交

---

① 《正视主播低龄化问题刻不容缓》，中国青年网，https：//m. youth. cn/pl/pllb/202107/t20210722＿13117504. htm。

② 《做了四年"小马云"后，范小勤回家了》，中青在线，https：//s. cyol. com/articles/2021-02/19/content＿1Qv59xhW. html。

③ 《中华人民共和国未成年人保护法》，中国人大网，http：//www. npc. gov. cn/npc/c30834/202010/82a8f1b84350432cac03b1e382ee1744. shtml。

媒体平台上出现了"全国最小美妆博主""跟着萌娃学化妆"等标签，① 化"纯欲"妆、嘟嘴抛媚眼、穿露肩装这些带有成人色彩的行为嫁接到了少儿未成年人身上。"小美老师"则是少儿美妆博主的典型代表，她向网友介绍化妆品，分享各种妆容技巧，此种低龄的少儿美妆对未成年人的健康审美观造成了一定影响。其二，部分未成年人自身并不愿意拍摄视频，是在牺牲自己健康快乐的情况下，被家长安排甚至被逼迫营造特定人设或完成相关任务，严重影响了未成年人的身心健康。3 岁"吃播"网红佩琪被父母喂到 70 斤则是这类情况的典型代表，为获取流量、博得眼球，她的父母向其投喂大量高热量的食物，佩琪每天在镜头面前被迫"营业"，② 这严重损害了其身体健康。其三，越来越多的父母想把自己的孩子打造成网红，其根本目的是获取经济利益，借"网红儿童"进行商务合作。未成年人在耳濡目染之下，过早且频繁地接触这种运营模式及营销方式，不利于他们正确价值观的形成。

当前，虽然还未有明确针对短视频直播领域未成年人保护的法律，但是《未成年人保护法》的条款明确规定，在处理关系未成年人的事项时，"应当适应未成年人身心健康发展规律的特点，听取未成年人的意见"；在作出与未成年人利益相关的决议前，也应"充分考虑其真实意愿"；父母或其他监护人不得"利用未成年人牟取不正当利益"。③ 上文提及的"网红儿童"的监护人替未成年人作出决定，并没有倾听和重视孩子的真实想法和意愿，明显不适应孩子所处的年龄和智力发展状况，不利于其身心的健康发展，此种打造"网红儿童"的行为，甚至可以界定为非法借未成年人牟取利益，违反了上述《未成年人保护法》各项条款。"网红儿童"视频乱象丛生，法律侵权问题时有发生，未成年人就成为资本裹挟、流量绑架的提"现"木偶。

---

① 《"少儿美妆博主"这股歪风，该刹一刹》，中国青年网，http：//news. youth. cn/jsxw/202109/t20210915_ 13221801. htm。

② 《3 岁女童"吃播"胖至 70 斤，孩子不是家长的"工具人"》，央视网，http：//news. cctv. com/2020/08/27/ARTIKcqgtNmxhskYkVpAESXB200827. shtml。

③ 《中华人民共和国未成年人保护法》，中国人大网，http：//www. npc. gov. cn/npc/c30834/202010/82a8f1b84350432cac03b1e382ee1744. shtml。

（三）侵犯未成年人隐私权和个人信息权益

由于未成年人心智发育尚不成熟，网络安全防护意识较弱，在直播中，极易被诱骗泄露自己的隐私和个人信息。在短视频发布中，未成年人会上传记录自身日常生活的图片与视频，这会在不经意间泄露大量关于其个人外表、年龄、性别、地址、活动区域等个人信息，[①] 其中包括自身隐私部位和个人敏感信息。这些内容若被不法分子利用或被平台方非法收集、处理，将在其监护人完全不知晓的情况下，被推送到用户手机中并广泛传播。

2021 年 12 月，"小红书" App 被曝未成年人性暗示是未成年人隐私被侵犯的典型案例。在"小红书" App 中的很多视频里，未成年人将镜头对准了自己的隐私部位，而这些明显泄露未成年人身体隐私的短视频被推送到用户手机上，经跨平台传播或二次传播之后广为流传。另外，还有一些未成年人以身体展演的形式成为某些商家的"带货主播"，例如某一内衣品牌的短视频账号，发布了数张未成年人穿着该品牌内衣进行展示的照片。而《民法典》中第四编人格权的"隐私权和个人信息"专题中，明确指出任何组织或个人不得"拍摄、窥视他人身体的私密部位""处理他人的私密信息"[②]，且《个人信息保护法》第 6 条规定"处理个人信息应当具有明确、合理的目的"[③]。"小红书" App 及部分短视频账号将涉及未成年人隐私和个人信息的网络直播或视频进行推送，在处理未成年人的个人信息时，仅是出于商业利益的考量，为吸引流量而获取经济效益，并不具备合理目的，违反了上述法律条款。

除此之外，在一些未成年人视频的评论区中，还有部分不堪入目、带有强烈的性暗示的留言，这些留言在一定程度了上构成了性骚扰，违反了

---

① 季为民、沈杰主编《中国未成年人互联网运用报告（2019）》，社会科学文献出版社，2019，第 86~98 页。

② 《中华人民共和国民法典》，中国人大网，http：//www.npc.gov.cn/npc/c30834/202006/75ba6483b8344591abd07917e1d25cc8.shtml。

③ 《中华人民共和国个人信息保护法》，中国人大网，http：//www.npc.gov.cn/npc/c30834/202108/a8c4e3672c74491a80b53a172bb753fe.shtml。

《未成年人保护法》第 54 条的规定，即"禁止对未成年人实施性侵害、性骚扰"，给未成年人的生活带来了严重的骚扰，也会影响未成年人的心理健康。从平台方的角度来看，其违反了《未成年人保护法》第 80 条提及的"网络服务提供者发现用户利用其网络服务对未成年人实施违法犯罪行为的，应当立即停止向该用户提供网络服务"的规定，"小红书"App 没有担负起互联网平台应尽的责任，未及时对违法违规的用户实施"封号""禁言"等举措来保障未成年人的权益，致使未成年人的网络隐私权受到侵害。

二 网络直播、短视频平台未成年人网络保护的现状及成效

（一）立法规制与主要内容

《未成年人保护法》是我国现行有效的关于未成年人保护的法律法规，对网络直播、短视频平台中未成年人法律侵权问题进行了有效规制。经二次修订的《未成年人保护法》于 2021 年 6 月 1 日起施行，最新版法律文件中特别将关于未成年人的"网络保护"作为独立章节进行设置，创新发展了未成年人网络保护制度，① 对当前网络保护的一些热点问题也作出了明确的规定。在未成年人网络直播乱象方面，新修订的《未成年人保护法》第 76 条指明"网络服务提供者不得为未满十六周岁的未成年人提供网络直播发布者账号注册服务，为年满十六周岁的未成年人提供网络直播发布者账号注册服务时，应当对其身份信息进行认证，并征得其父母或者其他监护人同意"，明确了未成年人出镜直播是否违法这一争议性问题，明确未满 16 周岁的未成年人不允许出镜直播，且年满 16 周岁以上的未成年人直播需要符合身份信息认证和监护人允许这两项基本要求。在网络直播、短视频平台中

① 《新修订的〈未成年人保护法〉解读》，安顺市人民政府网，http://www.anshun.gov.cn/zwgk/zdlyxx/mzsw/shfl/202106/t20210612_ 68502508.html。

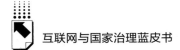

的未成年人隐私和个人信息保护方面，《未成年人保护法》第 72 条和第 73 条也标明"处理不满十四周岁未成年人个人信息的，应当征得未成年人的父母或其他监护人同意；未成年人或者其父母、监护人任何一方都有权提出更正、删除未成年人的个人信息""网络服务提供者发现未成年人通过网络发布私密信息的，应当及时提示，并采取必要的保护措施"，① 这两条规定大大提升了未成年人隐私和个人信息的保护力度。

除了《未成年人保护法》这一综合性法律，当前我国针对网络直播、短视频平台涉及未成年人保护的文件还有《儿童个人信息网络保护规定》《未成年人网络信息保护条例（送审稿）》《网络直播营销管理办法（试行）》《关于加强网络文化市场未成年人保护工作的意见》等。

针对未成年人直播乱象和借"网红儿童"牟利等问题，2021 年 4 月 23 日，国家互联网信息办公室联合国家广电总局、文旅部、商务部等七部门共同颁发《网络直播营销管理办法（试行）》（以下简称《办法》），自 2021 年 5 月 25 日起施行。《办法》中对从事直播营销活动的人员进行了明确的年龄限制，其第 17 条规定"直播营销人员或者直播间运营者为自然人的，应当年满十六周岁；十六周岁以上的未成年人申请成为直播营销人员或者直播间运营者的，应当经监护人同意"②。文化和旅游部办公厅于 2021 年 8 月 30 日印发的《网络表演经纪机构管理办法》以及 2021 年 11 月 29 日颁布的《关于加强网络文化市场未成年人保护工作的意见》（以下简称《意见》）中，从网络机构和平台方的义务和责任归属角度，要求网络文化服务提供者对未成年人从事网络直播表演活动进行严格把关。同时，《意见》中针对借"网红儿童"牟利问题，明确规定要严厉禁止，严格管控未成年人从事网络表演活动，若有未成年人单独进行网络直播或经由成年人携带出镜，且时长超过一定界限，并经核查判定为借助未成年人吸引流量、以此图谋利益，或

---

① 《中华人民共和国未成年人保护法》，中国人大网，http：//www.npc.gov.cn/npc/c30834/202010/82a8f1b84350432cac03b1e382ee1744.shtml。

② 《网络直播营销管理办法（试行）》，中国网信网，http：//www.cac.gov.cn/2021-04/22/c_1620670982794847.htm。

以未成年人模特展示性暗示行为、做出不雅动作姿势来"引流"、带货牟利等，要依法对涉及的账号或直播间进行严肃查处。①

在网络直播、短视频平台涉及未成年人隐私和个人信息保护方面，2019年8月23日国家互联网信息办公室发布了针对未成年人的专门性文件即《儿童个人信息网络保护规定》（以下简称《规定》）。作为中国第一部面向儿童个人互联网数据及信息保护的法规条例，填补了未成年人网络信息保护这一领域部门规章的空白，对我国儿童在网络平台的个人信息保护方面具有里程碑意义。《规定》全面规范了网络运营者在进行儿童个人信息处置过程中的义务，其中第9条明确提出"网络运营者收集、使用、转移、披露儿童个人信息的，应当以显著、清晰的方式告知儿童监护人，并应当征得儿童监护人的同意"②。此外，《规定》第8条对于儿童个人信息保护规则的拟定设置也提出了明晰的要求，"网络运营者应当设置专门的儿童个人信息保护规则和用户协议"③。同样在国家网信办发布的《未成年人网络保护条例（征求意见稿）》（以下简称《条例》）中规定，"个人信息处理者通过网络处理未成年人个人信息的，应当遵循合法、正当、必要和诚信的原则，公开专门的处理规则，明示处理的目的、方式和范围，依法告知法律、行政法规规定的相关事项"④，并且《条例》中进一步将需要"监护人同意"的未成年人年龄界限设为14周岁。

《规定》和《条例》都对网络直播、短视频平台中涉及未成年人隐私和个人信息保护的问题作出了规范性要求，有效加强了对侵犯未成年人隐私和个人信息等行为的规制。我国关于未成年人保护相关法律文件条款内容及要点如表1所示。

---

① 《文化和旅游部办公厅关于加强网络文化市场未成年人保护工作的意见》，文化和旅游部网，http://zwgk.mct.gov.cn/zfxxgkml/scgl/202112/t20211201_929516.html。
② 《儿童个人信息网络保护规定》，中国网信网，http://www.cac.gov.cn/2019-08/23/c_1124913903.htm。
③ 《儿童个人信息网络保护规定》，中国网信网，http://www.cac.gov.cn/2019-08/23/c_1124913903.htm。
④ 《未成年人网络保护条例（征求意见稿）》，中国网信网，http://www.cac.gov.cn/2022-03/14/c_1648865100662480.htm。

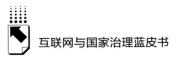

表1　我国关于未成年人保护相关法律文件条款内容及要点

规制类型	法律文件名称	涉及相关内容的条款	主要内容及要点
未成年人出镜直播	《未成年人保护法》	第76条	网络服务提供者不得为未满16周岁的未成年人提供网络直播发布者账号注册服务,为年满16周岁的未成年人提供网络直播发布者账号注册服务时,应当对其身份信息进行认证,并征得其父母或者其他监护人同意
	《网络表演经纪机构管理办法》	第7条	网络表演经纪机构不得为未满16周岁的未成年人提供网络表演经纪服务;为16周岁以上的未成年人提供网络表演经纪服务的,应当对其身份信息进行认证,并经其监护人书面同意
	《未成年人网络保护条例(征求意见稿)》	第33条	网络直播服务提供者不得为未满16周岁的未成年人提供网络直播发布者账号注册服务;为16周岁以上的未成年人提供网络直播发布者账号注册服务的,应当对其身份信息进行认证,并经其监护人同意
	《网络直播营销管理办法(试行)》	第17条	直播营销人员或者直播间运营者为自然人的,应当年满16周岁;16周岁以上的未成年人申请成为直播营销人员或者直播间运营者的,应当经监护人同意
借"网红儿童"牟利	《关于加强网络文化市场未成年人保护工作的意见》	第7点	严禁借"网红儿童"牟利。严格管控未成年人从事网络表演活动,若有未成年人单独进行网络直播或经由成年人携带出镜,且时长超过一定界限,并经核查判定为借助未成年人吸引流量、以此图谋利益,或以未成年人模特展示性暗示行为、做出不雅动作姿势等来"引流"、带货牟利等,要对涉及的账号或直播间依法进行严肃查处

续表

规制类型	法律文件名称	涉及相关内容的条款	主要内容及要点
未成年人网络隐私及个人信息保护	《未成年人保护法》	第72条、第73条	处理不满14周岁未成年人个人信息的，应当征得未成年人的父母或其他监护人同意；未成年人或者其父母、监护人任何一方都有权提出更正、删除未成年人的个人信息。 网络服务提供者发现未成年人通过网络发布私密信息的，应当及时提示，并采取必要的保护措施
	《儿童个人信息网络保护规定》	第8条、第9条	网络运营者应当设置专门的儿童个人信息保护规则和用户协议； 网络运营者需要以明晰的形式告知儿童监护人，且在其知晓并同意允许的前提下，才能收集处理儿童个人信息
	《未成年人网络保护条例（征求意见稿）》	第34条	个人信息处理者通过网络处理未成年人个人信息的，应当遵循合法、正当、必要和诚信的原则，公开专门的处理规则，明示处理的目的、方式和范围，依法告知法律、行政法规规定的相关事项

（二）司法实践

针对网络直播、短视频平台中未成年人法律侵权问题的相关法律法规，为细化落实其中的具体规定，加强未成年人的网络保护，检察院和法院两大国家机关相互协作配合，展开网络直播、短视频平台中未成年人权益的司法保护工作，并在具体的司法实践中积累了诸多典型的指导性个案，这些案例被视为司法实践的"指南针"，具有一定的示范引领作用。

最高人民检察院全面统筹运用其行政、民事、刑事、公益诉讼四大检察职能，并充分发挥未成年人检察业务的一体化优势，展开未成年人保护的民事公益诉讼和行政公益诉讼，在网络直播、短视频平台涉未成年人法律侵权

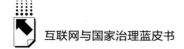

问题中为未成年人提供全面综合的司法保护，来保障未成年人的合法权益。

2021 年，最高人民检察院主动探索并加强互联网领域关于未成年人的公益保护工作，为未成年人的合法权益撑起"保护伞"，努力筑牢未成年人隐私安全的"防火墙"。为应对互联网中涉及未成年人隐私权等合法权益遭受侵害等普遍性问题，检察院将侵犯未成年人个人信息等典型案例作为关键切入点和突破口，通过公益诉讼等形式来解决相关问题，做好未成年人网络保护工作。2022 年 3 月 7 日，最高人民检察院发布了第 35 批指导性案例，在这一首次发布以"未成年人保护检察公益诉讼"为主题的指导性案例中，① 检例第 141 号涉及网络中未成年人个人信息权益保护的民事和行政公益诉讼。

根据检例第 141 号②，2020 年 3 月，北京某公司开发运营的知名短视频 App 在未经得未成年人监护人明示同意的情况下，允许儿童注册账户，收集、存储未成年人个人信息，并向用户推送包含未成年人信息的短视频，严重侵犯了未成年人个人信息保护的权益。浙江杭州余杭区人民检察院以此作为民事公益诉讼案件立案，以网络化手段向杭州互联网法院上诉，在案件办理过程中请求判令，要求该公司终止对儿童个人信息等权益的侵害，还须通过公共平台或渠道向受害人公开道歉，最大限度消除不良影响，并对当事人给予赔偿。此案的施行，切实保护了未成年人的个人信息权益，维护了社会公共利益。同年 10 月，针对此案，北京市人民检察院以行政公益诉讼立案，提出北京市网信办要依法履行其监管职责，加强互联网未成年人个人信息权益的保护并落实相关法律法规。

此案中检察机关提起的民事公益诉讼与行政公益诉讼的有机结合，带动了相关互联网行业规则的完善，通过小案推动了网络大环境的治理，③ 最大

---

① 《最高检：积极履行公益诉讼检察职责　依法保护未成年人合法权益》，最高人民检察院网，https：//www.spp.gov.cn/zdgz/202203/t20220307_ 547866. shtml。
② 《最高检发布第三十五批指导性案例》，12309 中国检察网，https：//www. 12309. gov. cn/12309/gj/hlj/hebsy/hebsdwqy/zdajxx/202203/t20220307_ 11675332. shtml。
③ 《最高检：积极履行公益诉讼检察职责　依法保护未成年人合法权益》，最高人民检察院网，https：//www. spp. gov. cn/zdgz/202203/t20220307_ 547866. shtml。

限度实现了未成年人个人信息权益的保护。指导性案例的发布，也有助于统一认识和细化标准，指导类案办理，① 进而解决网络直播、短视频平台中未成年人法律侵权的实际问题。

（三）行政管理与检察监督

在相关法律法规、意见办法等规范性文件对网络直播、短视频平台中关于未成年人保护的立法规制下，相关部门积极展开对网络中未成年人法律侵权问题的行政管理与执法。除此之外，针对互联网环境中涉及未成年人权益保障的问题，国家检察机关也全面开展检察工作进行检察监督，送交诉前检察建议给相应的行政管理部门，并督促有关部门机关履行监督管理职责，检察监督与行政履职的综合治理成为网络直播、短视频平台中涉及未成年人法律侵权问题保护的重要手段。

2021 年 7 月 21 日，为给未成年人营造良好的网络生态环境，中央网信办针对网络生态突出的问题，启动"清朗·暑期未成年人网络环境整治"专项行动，之后天津、浙江、河北、辽宁、吉林、黑龙江、湖南各省（市）网信办也先后响应启动清朗专项行动。在此次开展的专项行动中，其整治重点聚焦网络中存在的严重损害未成年人身心健康的七大突出问题，其中第一点就是直播、短视频中涉未成年人问题。中央网信办直观清晰地表明"严禁 16 周岁以下未成年人出镜直播，严肃查处炒作'网红儿童'行为"②，这项整治工作也是对第二次修订的《未成年人保护法》中第 76 条规定的有效落实。比如，在 2021 年 8 月 5 日，江苏省常州市武进区人民检察院基于当地某一超市起用 10 岁未成年人进行网络直播带货这一情况进行立案。检察院以超市起用未成年人直播带货这一行为违反《未成年人保护法》第 76 条、《网络直播营销管理办法（试行）》第 17 条中关于从事网络直播营销

---

① 《未成年人保护检察公益诉讼指导性案例首次发布》，正义网，http：//news. jcrb. com/jsxw/ 2022/202203/t20220307_ 2374649. html。

② 《中央网信办启动"清朗·暑期未成年人网络环境整治"专项行动》，中国网信网， http：//www. cac. gov. cn/2021-07/21/c_ 1628455293580107. htm。

活动人员年龄应满 16 周岁的规定为由，向行政区域内有关的职责部门提交公益诉讼诉前检察建议，督促其切实履行行政监督管理职责并加强网络空间涉未成年人保护的治理。8 月 25 日，区网信办联合公安网安大队、商务局、文广局等主管部门对该涉事运营直播平台进行约谈，要求其严格依据《网络直播营销管理办法（试行）》等相关法律法规对平台进行整改，对未成年人网络直播这类行为加强审核与监管，做到平台应履行的责任和义务，并对涉事超市进行处罚，责令限期整改。

另外，在未成年人网络隐私和个人信息保护层面，此次专项行动也针对社交、短视频、购物等平台中出现的儿童软色情信息泛滥、借助未成年人性暗示短视频吸引流量等不合法问题，经由中央网信办主导，依法对腾讯QQ、小红书、新浪微博、快手、淘宝等 App 主管人员或负责人进行约谈，限令在规定期限内进行全面整改，严肃查处清整违条犯法的信息，将触犯法规的账号列入"黑名册"，并对平台进行惩处施以罚金。①

（四）行业自律与平台自治

在法律法规、意见办法、司法实践、检察监督和行政履职的多重指导和引领下，为贯彻相关文件精神，配合国家治理工作，推动网络直播、短视频行业的健康发展，相关行业自行开展行业治理，进行自我约束、自我管理。同时，网络直播、短视频平台方出于企业责任或基于违法成本、市场效益和舆论压力等综合考量，也启动开展未成年人治理专项行动，开展平台的自查自纠自治。

在未成年人出镜直播和借"网红儿童"牟利方面，相关行业协会为建立并形成全行业正确共识，专门成立行业委员会或理事会，通过制定颁布行业自律公约或倡议书等方式，向整个行业提出规则标准和自律举措。2021年 9 月 17 日，"网络表演（直播、短视频）经纪机构委员会"由中国演出

---

① 《中央网信办启动"清朗·暑期未成年人网络环境整治"专项行动》，中国网信网，http：//www.cac.gov.cn/2021-07/21/c_ 1628455293580107.htm。

行业协会正式设置创立，并发出《网络表演（直播、短视频）经纪机构行业自律倡议书》①（以下简称《倡议书》），同时，隶属于中国演出行业协会的 37 家经纪机构和媒体公司也一同发出倡议。《倡议书》中第 5 条提到"不为未成年人提供经纪服务，所有内容制作环节严控未成年人参与，涉未成年人内容建立专审机制"②，这则倡议有效遏制了网络直播、短视频行业侵害未成年人权益的不良风气，有利于营造行业加强未成年人保护的积极氛围。

在平台中涉及未成年人隐私和个人信息保护方面，"小红书"App 先后成立多个未成年人治理专项，其中包括严禁未成年人直播、严禁炒作"网红儿童"等。2021 年 12 月 5 日，央视新闻报道"小红书"App 存在泄露未成年人隐私以及内容审核不严等问题。随后，"小红书"App 表示将启动未成年人治理专项，重点针对短视频中涉未成年人内容以及留言评论进行治理，提升对未成年人用户的识别能力和相关不良内容的鉴定辨别能力。

三 网络直播、短视频平台中未成年人保护法律实施的困境

（一）法律实施细则欠缺

2021 年 6 月 1 日第二次修订的《未成年人保护法》正式施行，以及 2021 年由中央网信办主导牵头的关于未成年人互联网环境整治的暑期"清朗"专项行动开展之后，未成年人直接出镜直播的现象显著减少，但仍有部分账号在打"擦边球"。一些用户为规避监管审核，会采取亲子互动的直

---

① 《网络表演（直播、短视频）经纪机构委员会正式成立，行业自律迈出坚实一步》，中国演出行业协会网，http：//www.capa.com.cn/news/showDetail/170942。

② 《网络表演（直播、短视频）经纪机构委员会成立，37 家机构发起倡议》，搜狐网，https：//www.sohu.com/a/491279809_99991664。

播方式，家长亲自直播，儿童不再直接露脸直播，取而代之的是以肢体、声音等方式入镜。还有个别直播间，父母与粉丝一同商议以换号直播、小号露脸直播的方式规避封号。① 用户凭借上述方法让未成年人变相进行直播，使得平台及相关部门的监管和治理难度大大增强，此种行为较为隐蔽但并未明确违反法律法规，因此难以在法律规范中得到规制。

针对借"网红儿童"牟利这一问题，中央网信办在"清朗·暑期未成年人网络环境整治"专项行动（以下简称"专项行动"）中明确要"严肃查处炒作'网红儿童'行为"，但对如何界定炒作"网红儿童"这一行为并没有做出进一步的解释。因此，在整治过程中，会因缺乏统一的标准而加大查处治理的难度，相关责任部门或平台方要精准甄别晒娃日常账号和意图打造"网红儿童"的账号存在一定难度，② 这就导致"专项行动"可能无法完全落实，难以取得实际成效。另外，"专项行动"只是阶段性的治理行动，时间跨度较小，具有一定的期限，无法长期对违法违规行为进行处置处罚。"专项行动"结束后，对炒作"网红儿童"这一行为的规制就大大减弱，相关违法违规行为便会增加。

2021 年 11 月 29 日文化和旅游部发布的《关于加强网络文化市场未成年人保护工作的意见》中提出"严禁借'网红儿童'牟利"，这一文件中的规定相对较为详细，进一步阐释了此类行为包含的具体情况，并举例不良行为进行了相应的说明和解释。但此文件并不像《未成年人保护法》具备法律强制力，仅具有一定的指示性和指导性，因此难以得到有效执行。

除此之外，上文提到的法律法规、意见办法等文件，其中针对网络直播、短视频中未成年人法律侵权问题，其惩处力度较小，甚至未设置惩治措施，没有对违规违法行为的处罚依据、量裁标准做出具体的界定，法律法规的可操作性不足，亟待提高。

---

① 杨淑馨、李悦：《晒娃还是啃娃？让网红儿童拥有健康快乐的童年》，《瞭望》2021 年第 43 期。
② 杨淑馨、李悦：《晒娃还是啃娃？让网红儿童拥有健康快乐的童年》，《瞭望》2021 年第 43 期。

（二）规定分散与众头管理

当前我国网络直播、短视频平台中涉及未成年人法律侵权三大问题的有效立法主要聚焦《未成年人保护法》《关于加强网络文化市场未成年人保护工作的意见》《儿童个人信息网络保护规定》等法律法规、意见条例之中，尚未形成正式的专项法律来对以上问题进行规制。

当网络直播、短视频平台中涉及未成年人法律侵权的三大问题出现时，也不可避免地伴随着其他网络乱象或侵权行为，比如未成年人直播打赏、未成年人遭受网络暴力等，这就需要从整个网络环境的层面对未成年人的网络保护进行思考。而我国当前与未成年人网络保护相关并可借鉴的法规条例除上文所提及的，还分散在其他各类行政职能部门的法律法规条例之间，如《宪法》《刑法》《民法通则》《预防未成年人犯罪法》《网络安全法》《互联网视听节目服务管理规定》《互联网信息服务管理办法》《网络直播营销管理办法（试行）》《互联网上网服务营业场所管理条例》等。上述法律法规的内容虽然覆盖面广，或多或少都会牵涉关于未成年人网络保护的议题，但却分散不集中，由于法出多门、各有所职，其完整性、有机性和系统性不足，[①] 未成年人合法的网络权益无法得到完全保护。

《未成年人保护法》作为针对未成年人群体的专项法律，第二次修订后虽然新增设了"网络保护"专章，但其中大部分条目只是笼统地阐明各社会主体需要对未成年人实施网络保护，更多情况下只是表明态度和立场，没有对不同主体应当履行的社会职责层级进行划分。同时，针对不同的网络特性，并没有根据多种现实网络场景厘清和划定违法违规行为的实际责任主体，也没有明确界定和阐述对违法违规行为的处置施行、处罚依据和量裁标准等，由此致使未成年人网络保护的可行性、可操作性和实践性存在一定的不足，我国仍旧缺乏一部完整、系统、全面、有效的关于未成年人网络保护

---

① 杜智涛、刘琼、俞点：《未成年人网络保护的规制体系：全球视野与国际比较》，《青年探索》2019 年第 4 期。

的法律。

由于我国涉及未成年人网络保护的立法分散于各项法律法规及各类部门条例当中，管理监督的权力也分散于网信、文化和旅游、公安等部门，没有权力较为集中的监管系统或部门。并且由于没有对相关的监管权限和职能进行细分和划定，在实际的监管过程中，可能会出现监管重复或缺位的情况，进而形成"九龙治水，越治越乱"的局面。[1]

（三）"监护人同意"难以落实

在未成年人出镜直播以及网络直播、短视频中涉未成年人隐私和个人信息保护方面，相关的法律法规中都提出，到达特定年龄界限的未成年人从事网络直播营销活动或注册直播账号，需要经过"监护人同意"，未成年人的隐私和个人信息的处置也需要监护人允许。其中，涉及几个问题需要进一步思考：一是如何保证未成年人用户年龄的可验证性，二是监护人是否具备一定的媒介素养作出正确的决策，三是"监护人同意"如何能够得到有效执行。

具体来说，当前相关规定中的未成年人"监护人同意"部分设置了明确的年龄界限，这就要求保证用户年龄的可验证性。未成年人年龄的验证一般是通过"年龄信息收集屏"（age-screen）[2] 来执行的，但未成年人往往可以通过谎报年龄的方式来规避这一程序，这增加了未成年人身份及年龄的核实成本。正如有学者所言"父母同意的规定能否成功实施取决于能否开发出低成本的年龄验证程序"[3]，年龄验证程序的可靠性便成为"监护人同意"制度能够实施的关键第一步。

另外，当前涉及未成年人网络保护的法律条款和平台中同意服务协议与隐私政策的内容大多冗长且晦涩，而部分监护人的网络媒介素养较低，他们

---

[1] 李柏萱：《未成年人网络利用活动权利保障——以网络视频直播领域为切入点》，《岭南学刊》2019年第6期。

[2] 年龄信息收集屏（age-screen）通常是指用户登录网站时会出现一个页面，提示用户填写年龄信息。

[3] Cullagh K. M. , *The General Data Protection Regulation: A Partial Success for Children on Social Network Sites?* Social Science Electronic Publishing, 2016: 110-139.

不理解法律条款和平台政策的具体细则。有很大一部分家长还通过"晒娃"不经意间侵犯了未成年人的权益，实际并无法替代孩子作出正确判断。

此外，诸多平台规定了"监护人同意"的内容，但没有提供具体可行的"监护人同意"的方式，平台方也不会主动联系未成年人的监护人征求意见，在多数情况下"监护人同意"只是流于形式，在实际的实践过程中很难得到有效执行。因此，未成年人的监护人在行使其"同意"权利时，"监护人同意"无法得到有效落实，不利于未成年人网络保护的实施。

四　网络直播、短视频平台未成年人保护法律的完善路径

（一）加快专项立法

针对关于未成年人网络保护现行法律相对分散、法律政策难以落实、规范性效果较弱等问题，我国亟须制定设立一部系统完整的关于未成年人网络保护的法律法规。

2022年3月14日，国家互联网信息办公室发布《未成年人网络保护条例（征求意见稿）》（以下简称"征求意见稿"），面向社会公众公开征求意见建议，[①] 这是我国未成年人网络保护专项立法进程中的重要一步。"征求意见稿"中较为完整地对现行网络环境中出现的涉及未成年人保护的问题作出了规定和相对详细的惩处措施，但其未正式颁布，还不具有法律效力。因此，需要进一步加快未成年人网络保护的立法进度，推进此项文件的正式发布实施。

（二）统筹协调监管职责

当前我国未成年人网络保护问题的监管权力分散于各个部门，存在责任

---

① 《国家互联网信息办公室关于〈未成年人网络保护条例（征求意见稿）〉再次公开征求意见的通知》，中国网信网，http://www.cac.gov.cn/2022-03/14/c_1648865100662480.htm。

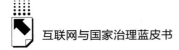

主体不明确、权责范围不清晰等问题。针对这一情况，必须统筹做好顶层设计，从国家层面专门设置一个未成年人网络保护的专项领导管理机构，该机构需横跨各个部门，统筹规划、统一协调好各个部门组织的工作，划分好各部门的管理权限和范围，明确相关责任主体和责任目标，[①] 建立并形成一个目标明确、权责清晰的系统性统筹管理体系。

除了相关主管部门对于未成年人保护要履行行政职责，《未成年人保护法》中也要求不同社会主体需要对未成年人网络保护承担一定的责任和义务，但不同主体责任划分模糊，社会难以形成合力共同治理。FOSI 提出在互联网上创建"责任文化"（Culture of Responsibility），施行"责任制"，要求政府、执法部门、行业、家长、教育者、孩子六方共同协作，在未成年人网络保护中担负起不同层级的权责和义务。为解决以上提到的难题，我国可以借鉴 FOSI 提出的"责任文化"，构建一个由多方社会主体协同的责任体系，汇聚行政机构、司法机关、互联网行业及企业、社会组织、学校、家庭等各方力量，根据不同社会主体的功能细分具体职责，有机融合、协同运作、互相配合，共同致力于网络环境中的未成年人保护工作。

（三）完善"监护人同意"制度

当前关于未成年人网络保护的法律法规和平台方的规定政策中都涉及了"监护人同意"的内容，但其在实践过程中，因落实难度大可能难以取得实际成效。有鉴于此，相关法律法规中需要进一步完善"监护人同意"制度，解决未成年人年龄验证问题、监护人网络媒介素养不足、监护人同意方式模糊等困难。

首先，针对未成年人年龄验证问题，可以参考欧洲数据保护委员会（EDPB）在未成年人年龄识别上的观点，要求提供网络服务的平台方在一定程度上做出适当努力，综合目前已有的技术以及行为的内在风险去查验并

---

① 杜智涛、刘琼、俞点：《未成年人网络保护的规制体系：全球视野与国际比较》，《青年探索》2019 年第 4 期。

识别出用户的年龄和其监护人的身份，筛选同该行为的属性和风险性相契合或匹配的核实方式，尽量遏制网络运营平台方通过消极不作为的方式避免"实际知晓"的行为，并且注意要避免在年龄验证程序中过度处理用户个人信息。①

其次，为有效解决未成年人的监护人网络媒介素养较低这一问题，平台方在取得监护人同意的过程中，应尽量使用最清晰直白、容易理解的语言，向监护人阐明平台处理未成年人信息或提供其他网络服务等需要征得其同意的具体事项，并对可能触及法律的行为和未成年人权益受到侵害的风险作出提示。

最后，在监护人同意制度的执行机制中，要增设明确监护人同意的条件和方式的规定。在监护人明示同意的前提下，即"告知"、"具体"、"清楚、明确"和"基于自愿"，可以借鉴欧盟及美国的有关规定制度，将"当前技术背景""合理性"当作规范准则，采用身份证、电子邮件、传真、视频、付款转账凭证等验证同意途径和方式，② 将监护人同意制度的执行真正落地。

五 结语

未成年人出镜直播、借"网红儿童"牟利和侵犯未成年人隐私和个人信息是当前网络直播、短视频平台未成年人法律侵权的三大问题。针对网络直播、短视频中出现的涉及未成年人保护的问题，我国主要以法律法规的规制、司法实践的指导、检察监督与行政履职以及行业自律和平台自治这四个角度展开未成年人网络保护的工作。但相关法律政策规范性较弱、法律分散管理职责难以划分以及"监护人同意"在实践中难以落实是当下网络直播、

---

① "European Commission. Guidelines on Consent under Regulation 2016/679（wp259rev. 01）", https：//ec. europa. eu/newsroom/article29/items/623051/en.

② 佟丽华：《未成年人网络保护中的身份确认与隐私保护》，《中国青年社会科学》2019 年第 6 期。

短视频中关于未成年人保护法律实施过程中发现的不足与缺陷。因此，要加快未成年人网络保护的专项立法，推进《未成年人网络保护条例（征求意见稿）》这一相对完善的文件的正式颁布实施，统筹协调好各部门监管职责，同时借鉴 FOSI "责任文化" 促进社会共同治理，并完善未成年人的 "监护人同意" 制度以应对未成年人年龄验证难、监护人网络媒介素养不足、"监护人同意" 方式模糊等难题，进一步构筑有效的法律完善路径，从而解决网络直播、短视频平台涉未成年人法律侵权问题。

B.7
《个人信息保护法》实施对
App 隐私政策完整性的影响
——基于 BERT 文本分类模型[*]

朱 侯 吴子帅[**]

摘 要： 2021 年颁布和施行的《个人信息保护法》对个人信息处理者收集、提供、存储用户个人信息等行为进行了明确规定。在该法施行前后，各大 App 平台方迅速更新了自身的隐私政策。本研究通过比对《个人信息保护法》颁布前后 App 隐私政策完整性的变化，探究《个人信息保护法》对各大互联网平台及其 App 隐私政策的影响。研究分别收集了不同领域的 80 余款知名 App 在该法颁布前后的隐私政策文本，利用 BERT 模型搭建隐私政策文本分类模型对其进行分类预测，并结合熵权法构建隐私政策完整性评价指标体系，对 App 隐私政策完整性变化进行定量分析。除电子商务领域外，App 隐私政策的完整性水平和分布集中程度显著提高。研究在证明《个人信息保护法》对互联网平台存在较强约束力的同时，通过构建隐私政策文本自动分类和完整性评价体系推动了隐私政策评价研究向自动化和智能化方向发展。

关键词： 《个人信息保护法》 隐私政策 隐私保护 互联网平台

---

[*] 基金项目：广东省基础与应用基础研究基金自然科学基金面上项目"突发事件舆论与隐私泄露协同演化机制及其风险控制研究"（项目编号：2021A1515011805）、国家自然科学基金"基于计算实验的社会化媒体隐私多源互动泄露机理研究"（项目编号：71801229）。
[**] 朱侯，中山大学信息管理学院副教授，硕士生导师；吴子帅，中山大学信息管理学院硕士研究生。

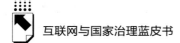
第 47 次《中国互联网络发展状况统计报告》指出①，2020 全年我国网民遭遇的网络安全问题中有超过 1/5 的是个人信息泄露问题。除由网民个人信息保护意识淡薄导致的自身信息泄露外，大量移动互联网下隐私泄露事件应归咎于互联网平台方。作为用户隐私保护第一道防线的隐私政策，一直存在监管不足的问题，使得部分 App 平台方等互联网企业在保管能力低下或者存在安全漏洞的情况下过度收集和使用用户的个人信息，在遭到外部攻击时大大增加了用户隐私信息泄露的风险;② 更有甚者，视法律法规和公序良俗如无物，直接倒买倒卖用户信息以牟利。立法的不足和执法的缺失成为移动互联网隐私泄露事件多发乱象的根源之一。

针对个人信息保护问题，2021 年 8 月表决通过并于 2021 年 11 月施行的《中华人民共和国个人信息保护法》（以下简称《个人信息保护法》）将个人信息保护作为收集和使用个人信息的基本遵循③，要求 App 平台方等互联网企业只有在"具有特定的目的和充分的必要性，并采取严格保护措施的情形下"方可收集和处理用户生物信息、宗教信仰和行踪轨迹等敏感信息，并且赋予和保障了用户在个人信息处理过程中的知情权、决定权和限制个人信息处理的权利。此外，《个人信息保护法》特别赋予了大型互联网平台定期向外界公布个人信息保护情况，并接受社会监督等义务。④

尽管 App 隐私政策在法律上的界定存在争议，但其作为平台或者经营方同用户的一种约定⑤，直接体现着平台方使用用户隐私信息的意图，宣告了其使用用户个人信息的方式和策略。同时，隐私政策还是平台方保护用户

---

① 《第 47 次〈中国互联网络发展状况统计报告〉（全文）》，中国网信网，http://www.cac.gov.cn/2021-02/03/c_ 1613923423079314. htm。
② 刘姣姣、毛子骏、徐晓林：《基于根因分析法的大数据企业个人信息泄露案例研究》，《中国科技论坛》2020 年第 11 期。
③ 《中华人民共和国个人信息保护法》（2021 年 8 月 20 日第十三届全国人民代表大会常务委员会第三十次会议通过），中国人大网，http://www.npc.gov.cn/npc/c30834/202108/a8c4e3672c74491a80b53a172bb753fe. shtml。
④ 《个人信息保护法：构建以"告知—同意"为核心的处理规则》，《人民法院报》2021 年 8 月 23 日。
⑤ 张新宝：《个人信息收集：告知同意原则适用的限制》，《比较法研究》2019 年第 6 期。

隐私信息的宣言，是平台方会合法利用用户个人隐私信息的承诺，是平台方对自身使用用户信息方式的限制和约束。平台方对用户的个人信息使用是否合理合法，是否有保护用户隐私信息的诚意，首先体现在其隐私政策的合法性和完整性上。App 隐私政策直接体现着平台方使用用户隐私信息的举措明细和保护用户信息的力度，隐私政策文本的完整合规是企业或平台合法合规收集和使用用户个人信息的前提条件，因此判断隐私政策文本内容是否阐明完整则是评判 App 隐私政策是否合法的方向之一。

在 2021 年下半年《个人信息保护法》颁布施行后，各大互联网公司均对其旗下 App 隐私政策条款进行了大规模的更新修订。探究修订前后隐私政策文本内容和结构完整性的变化可以直观地体现《个人信息保护法》的落实情况，为监管和执法机构快速了解平台隐私保护力度和隐私政策设置情况提供参考。同时在理论上，隐私政策作为与合同性质接近的协议性文本[①]，在文字表述上具有较高的严谨性和准确性，神经网络等机器学习方法可以很好地处理这一类数据。据此，研究利用融合了上下文语义特征的 BERT 文本分类模型和熵权法构建隐私政策完整性评价指标体系，以期避免使用传统人工专家评审方法进行隐私政策评价带来的主观性和局限性，推动隐私政策评价和个人信息保护等相关研究向自动化和智能化方向发展。

一　相关研究

传统上个人信息和隐私的界定和分类问题在法学界存在一定的争议，如美国法律中个人信息和隐私的概念可以互换使用，个人信息和数据同样在隐私保护法的管理范围之内。[②] 欧盟《通用数据保护条例》（General Data Protection Regulation，GDPR）将个人数据（personal data）定义为与"已识别或可识别的自然人相关的任何信息"，并没有区分隐私和一般个人数据，

[①]　李立丰：《〈个人信息保护法〉中"知情同意条款"的出罪功能》，《武汉大学学报》（哲学社会科学版）2022 年第 1 期。

[②]　罗培新：《善治须用良法：社会信用立法论略》，《法学》2016 年第 12 期。

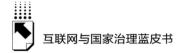

并且规定企业在处理个人数据前必须通知数据主体。①

我国《民法典》中对个人信息的定义是"以电子或者其他方式记录的能够单独或者与其他信息结合识别特定自然人的各种信息，包括自然人的姓名、出生日期、身份证件号码、生物识别信息、住址、电话号码、电子邮箱、健康信息、行踪信息等"。新颁布的《个人信息保护法》第 4 条则明确了个人信息的定义和内涵，"个人信息是以电子或者其他方式记录的与已识别或者可识别的自然人有关的各种信息，不包括匿名化处理后的信息"。此外，《个人信息保护法》中对敏感个人信息和一般个人信息做了区别处理，但并没有直接给出敏感信息的定义。总的来说，我国法律中认为隐私更加强调私密性的特点，而个人信息则强调其身份识别性；隐私信息可以认为是个人信息的一个子集。②

在对个人信息的划分方式上，当前主要有按个人信息产生来源划分的经验描述型，按信息内容所属领域划分的内容领域描述型和按敏感程度从规范性角度划分的抽象型三种个人信息分类方式。③ 在刑法上，我国《侵犯公民个人信息刑事案件解释》依照犯罪行为涉及信息敏感度的不同给予轻重不同的刑罚。④ 在个人信息的归属权问题上，目前学术界和社会上均没有统一的意见。吴伟光认为，大数据时代下个人数据信息应当被作为公共物品来规制，应由政府专门机构在不损害隐私权和其他权利的情况下对个人信息的使用进行治理。⑤ 个人信息自决权理论⑥则主张个体对其一切无论重要与否的

① 张建文、时诚：《〈个人信息保护法〉视野下隐私权与个人信息权益的相互关系——以私密信息的法律适用为中心》，《苏州大学学报》（哲学社会科学版）2022 年第 2 期。

② 廖宇羿：《我国个人信息保护范围界定——兼论个人信息与个人隐私的区分》，《社会科学研究》2016 年第 2 期；高志宏：《隐私、个人信息、数据三元分治的法理逻辑与优化路径》，《法制与社会发展》2022 年第 2 期。

③ 叶名怡：《论个人信息权的基本范畴》，《清华法学》2018 年第 5 期。

④ 程啸：《论公开的个人信息处理的法律规制》，《中国法学》2022 年第 3 期；欧阳本祺：《侵犯公民个人信息罪的法益重构：从私法权利回归公法权利》，《比较法研究》2021 年第 3 期。

⑤ 吴伟光：《大数据技术下个人数据信息私权保护论批判》，《政治与法律》2016 年第 7 期。

⑥ 杨芳：《德国一般人格权中的隐私保护——信息自由原则下对"自决"观念的限制》，《东方法学》2016 年第 6 期。

个人信息的收集、处理和利用都享有最终决定权和控制权。

在对隐私或个人信息泄露事件的原因和治理问题上，叶名怡指出，知情权是同意权、收益权等其他一切个人信息权能的前提和整个个人信息权制度体系的基础。用户之所以常常在不仔细阅读隐私条款的情况下点击同意，除了隐私政策本身晦涩冗长外，法律的威慑和媒体的监督也功不可没，但知情同意权仍是个人信息保护中的核心规范。① 但是范为认为，个人信息的不当处理和使用及其是否符合用户的期望是造成隐私泄露等事件的主要原因，因此隐私保护的重点应当转向对信息在具体应用场景中的使用方式。② 兰道（Landau）同样指出应当规范控制个人信息的利用环节以满足用户的期盼。如果将 App 隐私政策看作用户和平台方签订的协议或合同，那么其中既体现了用户享用和履行其知情权和同意权，又体现了平台方对用户个人信息的使用和处理方式。③ 徐磊和郭旭指出当前隐私政策存在重点不明、规定模糊等问题，认为可以通过提升用户在修订隐私政策过程中的参与度等方法提高隐私政策质量。④ 因此，隐私政策文本的完整性和用户隐私保护之间的联系极其紧密。

隐私政策文本的完整性是判断隐私政策合乎法律法规的判定规则之一。当前国内外对隐私政策的评价研究大多集中在对政策文本内容完整性的判断上，以此作为评估隐私政策是否符合法律规范的一大落脚点。⑤ 常见的完整性评价体系包含个人信息收集、个人信息使用、Cookie 技术、数据保护、用户权利等方面。⑥

① 叶名怡：《论个人信息权的基本范畴》，《清华法学》2018 年第 5 期。
② 范为：《大数据时代个人信息保护的路径重构》，《环球法律评论》2016 年第 5 期。
③ Landau S. ,"Control Use of Data to Protect Privacy,"*Science*，2015，347（6221）.
④ 徐磊、郭旭：《大数据时代读者个人信息保护的实践逻辑与规范路径——以图书类 App 隐私政策文本为视角》，《图书馆建设》2021 年第 1 期。
⑤ 孟霞、岳鹏宇：《移动终端 App 隐私政策内容分析》，《山西师大学报》（社会科学版）2018 年第 6 期；李延舜：《我国移动应用软件隐私政策的合规审查及完善——基于 49 例隐私政策的文本考察》，《法商研究》2019 年第 5 期。
⑥ 何培育、王潇睿：《智能手机用户隐私安全保障机制研究——基于第三方应用程序"隐私条款"的分析》，《情报理论与实践》2018 年第 10 期。

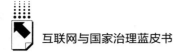

从研究方法来看，国内学者通常结合内容分析法与层次分析法，在观察隐私政策文本内容后，根据层次分析法得出的指标体系对隐私政策完整性进行评分。① 目前国内对中文隐私政策文本进行自动分类的研究并不多，典型的如朱璋颖等基于 SVM 和 CNN 等模型提出了中文隐私政策自动分类方法对其完整性和真实性进行量化分析。② 国外学者除了常规的内容分析法外，文本分类方法也使用较多③，如博得（Boldt M.）④ 等构造二分类算法实现了对合法隐私政策和流氓网站隐私政策的预测分类；孔德萨（Contissa G.）⑤和桑切斯（Sánchez D.）⑥ 等在欧盟通用数据保护条例的框架下利用机器学习方法实现了对隐私政策文本的自动分类处理；威尔逊（Wilson）等⑦利用 HMM 和 SVM 等机器学习方法对 115 家美国公司的隐私政策进行了分类注释，以揭示其结构和复杂程度。

然而，目前国外隐私政策文本分类研究极少在中国法律框架下进行，同时无论国内还是国外结合了上下文语义信息的文本分类方法在隐私政策文本的研究中应用都较少。因此，本文计划针对我国相关法律法规构建隐私政策完整性框架，将融合上下文语义的 BERT 模型⑧用于中文 App 隐私政策的文

---

① 姚胜译、吴丹：《App 隐私政策用户友好度评价研究》，《信息资源管理学报》2021 年第 1 期。

② 朱璋颖、陆亦恬、唐祝寿、张燕：《基于隐私政策条款和机器学习的应用分类》，《通信技术》2020 年第 11 期。

③ Wilson S. , Schaub F. , Liu F. , Sathyendra K. M. , "Analyzing Privacy Policies at Scale：From Crowdsourcing to Automated Annotations," *TWEB*, 2019, 13（1）.

④ Boldt M. , Rejanar K. , "Analysis and Text Classification of Privacy Policies From Rogue and Top-100 Fortune Global Companies," *International Journal of Information Security and Privacy（IJISP）*, 2019, 13（2）：47-66.

⑤ Contissa G. , Docter K. , Lagioia F. , Lippi M. , "Automated Processing of Privacy Policies Under the EU General Data Protection Regulation," *Frontiers in Artificial Intelligence and Applications*, 2018, 313.

⑥ Sánchez D. , Viejo A. , Batet M. , "Automatic Assessment of Privacy Policies Under the GDPR," *Applied Sciences*, 2021, 11（4）：1762.

⑦ Wilson S. , Schaub F. , Dara A. , et al. , *The Creation and Analysis of a Website Privacy Policy Corpus*, Association for Computational Linguistics, 2016：1330-1340.

⑧ Devlin J. , Chang M. W. , Lee K. , Toutanova K. , *BERT：Pre-training of Deep Bidirectional Transformers for Language Understanding*, Association for Computational Linguistics, 2019：4171-4186.

本自动分类检测中，[1] 以期提升隐私政策评价的效率与准确性，并实现隐私政策的自动评价。

二　隐私政策分类模型

步骤一，隐私政策分类标签设计。针对 App 隐私政策的完整性，本研究结合《信息安全技术个人信息安全规范》等相关法律法规和隐私政策自身的语义特征，将 App 隐私政策提炼抽象为包括：1 个人信息收集、2 安全风险、3 未成年人信息、4 个人信息保护、5 个人信息存储、6 信息使用目的、7 信息使用方式、8 信息共享、9 响应请求访问、10 参与管理权利、11 维护权利途径和 12 政策变更，共 12 个类别的隐私政策完整性评价框架，并将其作为隐私政策文本数据集标注的标签对隐私政策文本进行标注。

步骤二，隐私政策分类语料库构建。本研究收集了《个人信息保护法》颁布前的电子商务、健康医疗、金融理财、旅游出行、美食外卖、拍摄美化、社交网络和通讯聊天 8 个领域总计 88 款 App（详见附录）的隐私政策条款（颁布时间不超过 2020 年 4 月），以及《个人信息保护法》颁布后更新修订后对应的 86 款（滴滴出行和搜狗号码通两款应用已在华为应用市场等主流应用商店下架）App 的隐私政策条款（颁布时间集中在 2022 年 1~4 月），共计 174 份隐私政策 36163 条隐私政策文本。实验对其中的约 16000 份文本进行标注和过采样处理后，共得到 38622 份带标签的训练数据，按 19∶1 的比例划分训练集和验证集。

步骤三，基于 BERT 模型的隐私政策文本分类实验。研究以谷歌开源的 BERT 模型（Bidirectional Encoder Representation from Transformers，如图 1 所示）为基础，后接全连接层和 SoftMax 层搭建神经网络，组成针对隐私政策文本的 12 分类模型，在利用标注数据对模型进行训练和评估后，进行未标注数

---

[1] 余同瑞、金冉、韩晓臻、李家辉、郁婷：《自然语言处理预训练模型的研究综述》，《计算机工程与应用》2020 年第 23 期。

据的自动分类识别，并在评估分析分类结果进行后，利用熵权法①计算 App
隐私政策中 12 个类别的权重，对隐私政策的完整性进行量化计算和分析。

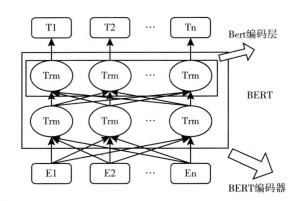

图 1　BERT 模型基本结构

其中，BERT 模型的核心来自 Transformers 模型的编码器（见图 2）。
Transformers 编码器采用了多头注意力机制，自注意力机制和位置编码对输入
文本向量进行计算和处理，通过使用不同的 Attention 层进而得到多种特征表
达，对同一文本能够学习到不同的向量结果。在自注意力机制中，每个词语
的实际语义向量取决于其自身与文本中其他词语的关系，能够从文本整体的
角度体现词语权重，同时克服了传统循环神经网络中语义信息随正向传播距
离增加而逐渐稀疏的问题。考虑到文本语义同词序之间的关系，Transformers
使用 Positional Encoding 来对位置信息进行表达，将词语位置信息加入模型训
练中，从而可以获得更多的上下文语义信息，在对文本序列等自然语言处理
问题上往往优于 BiLSTM 和 GRU 等循环神经网络。此外，谷歌公司已经使用
巨量语料库对 BERT 模型进行预训练，用户无论是后接下游任务还是作为文本
词嵌入工具均只需要对其隐藏层参数进行微调即可达到比以往传统机器学习
和神经网络模型更优的效果，实际训练时间和对硬件的要求大大降低。

---

①　Shannon C. E. , "A Mathematical Theory of Communication," *ACM SIGMOBILE Mobile Computing and Communications Review*, 2001, 5（1）: 3–55.

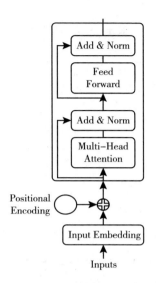

图 2 Transformers 模型编码器基本结构

如图 3 所示，在进行 5 个 epoch 的训练后，模型在验证集上的指标逐渐收敛到较高水平，查全率、查准率和 F1 值均稳定保持在 96%左右，分类效果显著，能够很好地对隐私政策文本类别进行预测。为了避免过拟合的问题，实验采用训练五个 epoch 后的模型作为对未标注数据的分类预测模型。模型分类预测结果和人工标注数据汇总后，得到分类结果如表 1 所示。

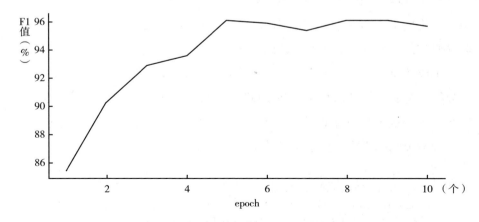

图 3 模型在验证集上的分类效果

表 1　分类结果汇总

单位：条

类别	分类结果汇总	类别	分类结果汇总
1 个人信息收集	8656	8 信息共享	5076
2 安全风险	351	9 响应请求访问	1039
3 未成年人信息	1062	10 参与管理权利	6168
4 个人信息保护	2200	11 维护权利途径	1753
5 个人信息存储	1390	12 政策变更	1810
6 信息使用目的	3242	总　　计	36163
7 信息使用方式	3416		

三　隐私政策完整性评价研究

（一）隐私政策完整性评价指标体系构建

目前学术界和工业界并没有被广泛接受或认可的隐私政策完整性评价体系或计算方式，同时也难以获得标准客观的 App 隐私政策完整性得分。

信息熵[1]作为度量信息混乱程度和信息量高度的指标，能够体现出不同标签分类结果的不确定性。[2] 信息熵越大的类别，其分类结果的不确定性越大，该标签或类别所携带的信息量也越大。如果某一标签的信息熵足够小，那么该类别中不同 App 隐私政策的文本数量会比较接近，难以体现出不同隐私政策的差异性。基于熵权法的思想，隐私政策完整性得分应该更多地取决于那些信息熵更大、携带有更多的信息、能够更好地反映出不同隐私政策差异性的类别上，即信息熵与其权重应正相关。据此，本研究根据隐私政策中每一个类别或标签下的文本数量，使用熵权法（公式 1，2，3，4 和 5）计算相应类别的权重，构建隐私政策完整性评价体系。

---

[1]　Harmer G. P., Abbott D., Tatlor P. G, Pearce C. E. M., Parrondo J. M. R., "Information Entropy and Parrondo's Discrete-time Ratchet," *AIP Conference Proceedings*, 1900, 502（1）.

[2]　夏源、赵蕴龙、范其林：《基于信息熵更新权重的数据流集成分类算法》，《计算机科学》2022 年第 3 期。

$$x'_{ij} = \frac{x_{ij} - min(x_j)}{max(x_j) - min(x_j)} \tag{1}$$

$$y_{ij} = \frac{x'_{ij}}{\sum_{i=1}^{m} x'_{ij}} \tag{2}$$

$$e_j = \frac{-1}{\ln m} \sum_{i=1}^{m} y_{ij} \ln y_{ij} \tag{3}$$

$$w_j = \frac{1 - e_j}{\sum_j 1 - e_j} \tag{4}$$

$$Score_i = \sum_{j=1}^{12} w_j x_{ij} \tag{5}$$

其中，x_{ij} 为 App 隐私政策 i 在 j 类别中的文本数量，m 为 App 隐私政策份数（共 174 份），e_j 和 w_j 分别为 j 类别的信息熵和权重，$Score_i$ 为隐私政策 i 的最终完整性得分。

利用熵权法计算得出的隐私政策不同分类标签的权重如表 2 所示，可见除安全风险和响应请求访问两项权重（分别为 0.0667 和 0.0794）较低外，其余标签项权重均在 0.08 以上；另外不同标签之间权重差距较小，分布较为均匀，其标准差仅为 0.0057，这说明不同标签对隐私政策整体完整性的影响差异不大，各项标签均对隐私政策完整性得分有较大影响。

表 2 隐私政策完整性得分权重

类别	权重	类别	权重
1 个人信息收集	0.0862	8 信息共享	0.0874
2 安全风险	0.0667	9 响应请求访问	0.0794
3 未成年人信息	0.0856	10 参与管理权利	0.0847
4 个人信息保护	0.0865	11 维护权利途径	0.0826
5 个人信息存储	0.0855	12 政策变更	0.0860
6 信息使用目的	0.0843	合计/总分	1
7 信息使用方式	0.0852		

（二）App 隐私政策完整性变化整体趋势分析

从表 3 熵权法计算得出的隐私政策完整性得分可以直观看出，《个人信息保护法》颁布后 App 隐私政策完整性在整体上得到了显著提高，平均得分由 15.58 提升到了 19.92，提升超过 1/4。在平均水平上升的同时，不同领域 App 之间隐私政策完整性差异也明显缩小，其标准差由 2.25 缩小为 1.58。

表3　《个人信息保护法》颁布前后 App 隐私政策完整性得分变化

	指标	颁布前	颁布后
描述性统计分析	平均值	15.5788	19.9213
	标准差	2.247953	1.57779
	最小值	11.71	18.41
	最大值	19.45	23.2
	中位数	15.681	19.4138
配对样本 t 检验	t	-3.999	
	Sig.（双尾）	0.005	
Wilcoxon 检验	Z	-0.38	
	渐近显著性（双尾）	0.017	
边际齐性检验	标准 MH 统计	-2.359	
	渐近显著性（双尾）	0.018	

正如表 3 所示，不同的统计学指标同样能反映出这一变化趋势。研究首先利用配对样本 t 检验对《个人信息保护法》颁布前后各领域 App 隐私政策完整性得分进行定量检验后，结果显示其双尾显著性达到了 0.005，t 值为 -3.999，说明《个人信息保护法》颁布前后各 App 隐私政策完整性得分在 0.01 显著性水平下呈现差异，App 隐私政策完整性得分有显著提高。Wilcoxon 符号秩检验和边际齐性检验也可得到相似的结果，其渐近显著性分别为 0.017 和 0.018，有足够的理由认为我国主要 App 隐私政策完整性程度因《个人信息保护法》的颁布而显著改善。

（三）各领域 App 隐私政策完整性变化比对分析

由于不同领域的 App 隐私政策完整性表现可能存在一定的差异性，为了探究 App 领域对隐私政策完整性变动的影响，实验将不同领域的 App 分别汇总统计，得到不同领域 App 隐私政策完整性得分如表 4、图 4、图 5、图 6、图 7 和图 8 所示。

表 4　各领域 App 隐私政策完整性得分

类别	颁布前后	电子商务	健康医疗	金融理财	旅游出行	美食外卖	拍摄美化	社交网络	通讯聊天
1 个人信息收集	后	3.7227	6.309	5.5879	6.1295	5.4312	4.7885	4.6005	4.6812
	前	3.0644	3.2211	4.0205	4.3183	3.8246	2.5314	3.2054	3.3857
2 安全风险	后	0.2121	0.1454	0.309	0.24	0.2	0.0545	0.1394	0.04
	前	0.1818	0.0909	0.2969	0.0303	0.0485	0.0182	0.103	0.0424
3 未成年人信息	后	0.6768	0.7235	0.6068	0.5905	0.4512	0.4901	0.4745	0.5562
	前	0.6768	0.2956	0.6068	0.6846	0.3501	0.4045	0.4512	0.3267
4 个人信息保护	后	1.4147	1.2103	1.0217	1.2968	1.1553	1.0217	1.3675	1.0461
	前	1.3518	0.6287	0.8095	1.2025	1.1082	0.7781	1.0924	0.9981
5 个人信息存储	后	0.7458	0.5982	0.5672	0.9144	0.7381	0.7692	1.0877	0.9144
	前	0.7148	0.3729	0.404	0.6371	0.4895	0.5516	0.7303	0.7303
6 信息使用目的	后	1.7696	2.643	1.693	1.6264	2.0531	2.2216	1.4019	1.1629
	前	2.145	1.2717	1.5628	1.0036	1.6317	1.1032	0.9576	0.8427
7 信息使用方式	后	1.1467	2.0376	1.3868	1.3551	1.5185	1.8594	0.9065	1.2443
	前	2.7504	2.3863	1.8982	1.8362	1.9679	1.3868	1.2784	1.7432
8 信息共享	后	2.5597	3.4421	2.6392	2.5446	2.8141	2.679	2.5915	2.1599
	前	2.838	2.6472	2.3451	2.5836	2.5756	2.202	2.5995	1.5581
9 响应请求访问	后	0.6137	0.6354	0.7798	0.6751	0.5632	0.4043	0.4405	0.3373
	前	0.8376	0.2599	0.5415	0.195	0.4693	0.1661	0.426	0.2527
10 参与管理权利	后	3.5246	2.755	2.9705	3.657	2.6858	2.8705	3.6246	6.0695
	前	3.0013	1.8008	2.9243	2.2702	1.87	1.5314	2.3241	4.4712
11 维护权利途径	后	0.7811	1.8026	0.5708	1.1567	1.1492	1.3295	0.9389	0.9088
	前	0.8788	0.5258	0.4507	0.676	0.5408	0.368	0.706	0.5708

续表

类别		颁布前后	电子商务	健康医疗	金融理财	旅游出行	美食外卖	拍摄美化	社交网络	通讯聊天
12 政策变更		后	1.2433	0.8992	1.0634	0.9547	0.821	0.7585	1.0087	0.8945
		前	1.0087	0.6334	1.0087	1.0165	0.7585	0.6646	0.7819	0.8054
合计/总分		后	18.411	23.202	19.196	21.141	19.581	19.247	18.582	20.011
		前	19.449	14.134	16.869	16.454	15.635	11.706	14.656	15.727

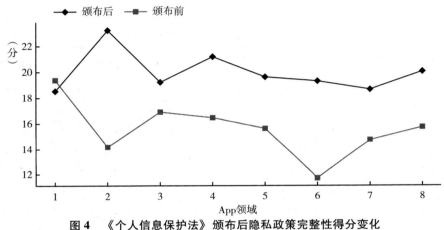

图4 《个人信息保护法》颁布后隐私政策完整性得分变化

从不同领域的角度出发，除电子商务外，其他7个领域App隐私政策完整性得分均有不同程度的提升。变化最突出的是健康医疗和拍摄美化两个领域，与《个人信息保护法》更新前相比，两者完整性得分均上涨了超过60%。电子商务领域隐私政策完整性有所下降的主要原因在于信息使用方式（7）这一项上的大幅缺失（从《个人信息保护法》颁布前的2.75下降到颁布后的1.15），健康医疗、金融理财、旅游出行、美食外卖、社交网络和通讯聊天，也即除拍摄美化外所有领域App隐私政策均或多或少在信息使用方式这一标签下完整性得分有所下降。通过人工对隐私政策文本进行核对和分析后发现，出现这一现象的主要原因在于新版隐私政策中对具体个人信息使用方式的说明有所减少，这可能代表着平台方在用户信息的使用和处理上有所收敛，也可能仅仅是其为了减少不必要的误解和质疑，在书面上减少了相应信息的说明。

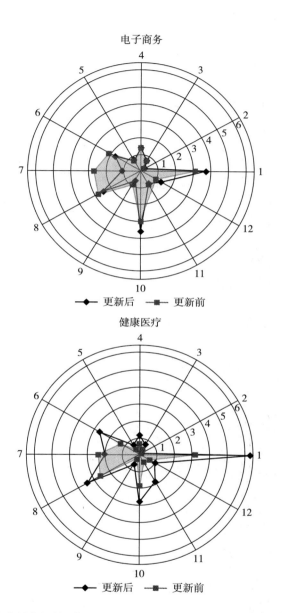

图 5 《个人信息保护法》颁布后不同领域 App 隐私政策完整性变化（1）

注：1~12 对应相应分类标签。

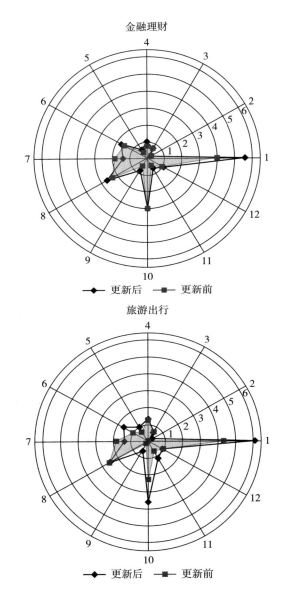

图6 《个人信息保护法》颁布后不同领域 App 隐私政策完整性变化（2）

注：1~12 对应相应分类标签。

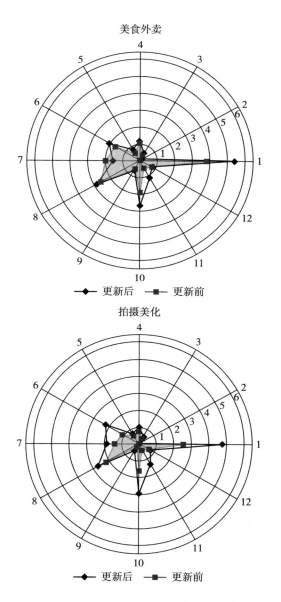

图 7 《个人信息保护法》颁布后不同领域 App 隐私政策完整性变化（3）

注：1~12 对应相应分类标签。

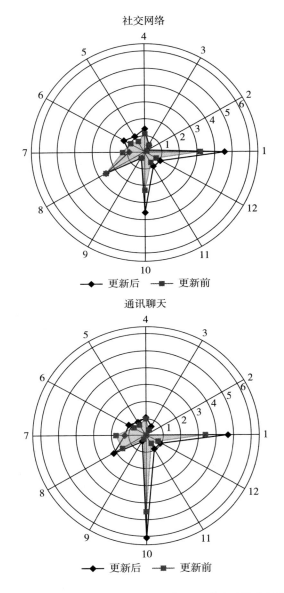

图8　《个人信息保护法》颁布后不同领域App隐私政策完整性变化（4）

注：1~12对应相应分类标签。

四　结论和展望

综合以上分析结果，从研究方法上看，使用基于 BERT 模型的文本分类方法能够对隐私政策文本进行有效分类和识别预测（F1 值超过 96%）；同时使用熵权法计算出的隐私政策完整性评价指标和体系具有一定的合理性，借助统计学工具，该方法能够很好地发现和描述出《个人信息保护法》颁布和施行后 App 隐私政策的完整性变动趋势。

从隐私政策的分类识别结果和隐私政策完整性评价体系上看，个人信息收集方式和信息共享两项对隐私政策完整性的贡献最大，而安全风险和响应请求访问则对总得分影响最小。总体上说，一方面，新颁布的《个人信息保护法》有足够的威慑力，各大 App 平台方，特别是健康医疗和拍摄美化两个领域，能够按照法律的要求，顺应社会和时代的潮流，迅速更新完善其隐私政策；但是另一方面，平台方对用户个人信息的具体收集和使用方式是否有所变化，仍需进一步观察和研究。

由于时间等因素的限制，本研究还存在一些不足之处，如可继续扩大分类实验样本量、改进和优化模型、利用命名实体识别等方式对降低隐私政策文本的研究粒度，以及对平台方使用用户个人信息的具体方式等方向上进行更深入的研究等。

附录

表 1　研究收集涉及的 App 一览

电子商务	健康医疗	金融理财	旅游出行	美食外卖	拍摄美化	社交网络	通讯聊天
返利	keep	大智慧	百度地图	大众点评	b612	天涯社区	139 邮箱
京东	步多多	京东金融	滴滴出行	豆果美食	facue	qq 空间	qq
美团	动动	平安金管家	飞猪旅行	饿了么	poco	百度贴吧	qq 邮箱

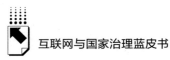

续表

电子商务	健康医疗	金融理财	旅游出行	美食外卖	拍摄美化	社交网络	通讯聊天
蘑菇街	咕咚	翼支付	高德地图	饿了么商家版	剪映	抖音	豹来电
拼多多	好大夫在线	云闪付	马蜂窝旅游	好豆	美图秀秀	豆瓣	和飞信
手机淘宝	平安好医生	掌上生活	去哪儿	肯德基	美颜相机	脉脉	连信
苏宁易购	小豆苗	支付宝	腾讯地图	口碑	轻颜相机	探探	企业微信
天猫	小米运动	工商银行	铁路12306	美食杰	水印相机	小红书	搜狗号码通
唯品会	新氧医美	建设银行	同程旅行	美团外卖	天天P图	新浪微博	网易邮箱大师
咸鱼	悦跑圈	中国银行	携程旅行	下厨房	无他相机	珍爱网	微信
转转	蜗牛睡眠	随手记	智行火车票	星巴克	简拼	知乎	189邮箱

B.8
用户对微博传播伦理问题的认知
与持续使用意愿的调查研究[*]

牛　静　钟沁悦[**]

摘　要： 本文采用问卷调查法研究用户对微博伦理失范、治理规范的认知情况与持续使用意愿。研究发现，目前用户认为微博平台主要存在着语言暴力、性别对立、粉丝非理性应援等伦理失范现象；用户对相关微博平台治理规范的认知有待提升，对微博平台的治理满意度较高，这将对用户的持续使用意愿产生影响。为建设健康有序的微博信息传播环境，提高用户的持续使用意愿，推动平台可持续发展，应加大治理规范宣传力度，建立多元协调的治理体系，切实提升平台治理实效。

关键词： 伦理失范　规范认知　平台治理　微博

一　研究背景

《第49次中国互联网络发展状况统计报告》显示，截至2021年12月，我国手机网民规模高达10.29亿，网民使用手机上网的比例为99.7%，即时

---

　*　本成果受中共湖北省委宣传部与华中科技大学部校共建新闻学院项目"新媒体伦理前沿问题研究"（项目编号：2021E09）经费支持。

　**　牛静，华中科技大学新闻与信息传播学院教授；钟沁悦，华中科技大学新闻与信息传播学院硕士研究生。

通信用户规模达 10.07 亿，占网民整体的 97.5%。① 随着互联网技术的发展，人们交流沟通、意见表达、舆论监督的方式都发生了巨大转变，社交媒体平台因具有参与门槛低、传播速度快、传播范围广等特点，逐渐成为人们交流信息的主要场所。其中，微博自 2009 年 8 月上线以来，始终保持较高的用户参与度，是国内最具代表性的社交媒体平台之一。新浪微博发布的 2021 全年财报显示，2021 年 12 月的月活跃用户数为 5.73 亿，日活跃用户规模达 2.49 亿，② 微博发展速度之快、用户之广、影响之深引起了人们的广泛关注。然而，微博在迅猛发展的同时，也产生了各种各样的伦理失范问题，如未经核实的信息内容肆意传播、网络暴力等问题影响着公众对社会的信任感。2022 年 1 月，寻亲男孩刘学州在遭受网络暴力后不幸离世，促使我们对社交媒体上话语失范所导致的严重后果更为警惕。

微博平台上的信息可以影响公众的认知乃至社会的发展。③ 微博平台上的伦理失范问题易导致用户对平台失去信任，降低其持续使用的积极性。更为重要的是，伦理失范会对当事人造成伤害，影响人们的日常生活，甚至造成社会恐慌，危害社会安全和稳定。因此，本研究将对微博用户进行调查，了解当今微博平台伦理失范问题，进而分析微博平台治理及规范的效果，探究影响用户持续使用意愿的因素。

二　文献综述及研究问题

（一）微博传播伦理失范

"失范"（Anomie）一词来源于社会学。法国社会学家涂尔干认为，失

---

① 中国互联网络信息中心：《第 49 次中国互联网络发展状况统计报告》，http：//www. cnnic. net. cn/hlwfzyj/hlwxzbg/hlwtjbg/202202/P020220721404263787858. pdf。

② 《微博发布 2021 年第四季度及全年财报》，新浪财经，https：//finance. sina. com. cn/stock/usstock/c/2022－03－03/doc-imcwiwss3985845. shtml。

③ 甘刘林：《新时代的新媒体与社会责任研究》，《新闻知识》2019 年第 1 期。

范是一种彼此间缺少关联的、混沌无序的状态,① 即社会规则和规范的缺失。微博伦理失范是指在微博信息环境中存在的诸多有违信息传播伦理的现象。有学者从内容、文化和政治等层面分析了微博伦理失范问题,如认为微博存在许多负面信息、虚假信息、低俗信息、同质化信息等,严重影响人们的身心健康。② 还有学者将网络传播伦理失范问题分为三个层级:第一层级是网络传播庸俗化、低俗化和媚俗化问题,第二层级是网络传播中的舆论暴力问题,第三层级是网络谣言和网络诽谤问题。③ 目前,随着社交媒体的广泛应用,粉丝群体和偶像之间的距离迅速被拉近,作为国内最具代表性的社交媒体平台之一,微博为饭圈文化的生长提供了土壤,但同时又深受饭圈文化的影响,由此引发一系列饭圈失范问题。④

综上所述,微博面临着既有伦理失范问题不断发酵,同时新问题又层出不穷的困境,了解目前用户对微博伦理失范现状的认知很有必要。基于此,本研究提出以下研究问题。

研究问题 1:微博用户的伦理失范认知呈现什么情况?

(二)微博平台治理及规范

为了使微博平台更好地对失范内容进行规范,2018 年 2 月 2 日,国家互联网信息办公室发布《微博客信息服务管理规定》强调,微博服务提供者应当落实信息内容安全管理主体责任,保护用户合法权益,维护国家安全和公共利益。⑤ 自 2021 年 5 月 27 日起,微博平台开始施行最新版《微博社区公约》(以下简称《公约》),《公约》有"用户权责、社区管理方式、未成年人保护、时政及社会信息服务管理规则、违法信息管理规则、不良信

---

① 〔法〕埃米尔·涂尔干:《社会分工论》,渠敬东译,生活·读书·新知三联书店,2000,第 313~332 页。

② 马迎春、冉斯帅:《微博传播的伦理问题透视》,《新闻世界》2013 年第 7 期。

③ 李文冰、强月新:《传播社会学视角下的网络传播伦理失范治理》,《湖北大学学报》(哲学社会科学版)2015 年第 2 期。

④ 陈宇丽:《新浪微博视域下饭圈用语失范现象探究》,《西部广播电视》2020 年第 20 期。

⑤ 《微博客信息服务管理规定》,中国网信网,http://www.cac.gov.cn/2018-02/02/c_ 1122358726.htm。

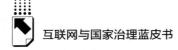

息管理规则、商业行为规则、维权投诉渠道、不实信息和微博辟谣平台、内容安全和秩序"等章节，对用户的信息传播行为作出规定。

关于失范信息的处罚，微博以《公约》为主要依据，制定了《微博投诉操作细则》，并对失范信息及行为作出界定。①时政有害信息：根据现行法律法规，危害国家及社会安全的信息等；②违法信息：扰乱公共秩序、妨害公共安全的信息，涉黄信息，诈骗信息等；③不良信息：违背社会伦理道德、造成不良影响的负面信息，如饭圈违规、网络暴力等；④人身攻击：侮辱谩骂、宣扬仇恨与歧视等行为；⑤侵犯个人权益：泄露隐私、内容抄袭、冒充他人等行为；⑥不良价值导向：拜金炫富、哗众取宠、恶意博眼球等违背社会公序良俗、宣扬不良价值导向的内容；⑦不实信息：造谣传谣，通过换脸、变声等技术手段伪造的视频、音频、图片，冒用他人名义等传播虚假消息等；⑧违规营销：标题党、带节奏、过度营销、展示或传播广告信息等垃圾信息；⑨涉未成年人：影响、危害、诱导未成年人身心健康的违规信息等。同时，还对用户的恶意投诉处罚、加重处罚、申诉作出相应规定。②在用户管理方面，微博发布了《信用历史规则》，当用户发布违规内容被平台处置或他人投诉后，微博平台将按照规则扣除用户的信用分，并记录下用户的违规行为，以此考量微博用户言论行为的健康程度。②在治理方式上，除了平台审核，微博还建设起微博社区专家委员会、微博社区委员会、微博社区志愿者三层级微博社区自律模式，其中微博社区志愿者在社区秩序巡查、违规内容投诉方面发挥了重要作用。

除上述管理规范外，微博还开展了一系列专项信息治理行动。例如，自2021年5月21日起，微博加大了对涉少年儿童网络有害信息的治理力度，开展了为期4个月的"互联护苗2021"专项行动；2021年9月1日微博推出《娱乐自媒体号违规行为界定及处罚措施（试行）》，以加强"饭圈"乱象治理、规范娱乐自媒体号行为；2022年4月16日，微博宣布持续开展

---

① 《微博投诉操作细则》，微博社区管理中心，https：//service. account. weibo. com/roles/xize。
② 《信用历史规则》，微博社区管理中心，https：//service. account. weibo. com/roles/guize。

不友善言论治理专项，重点整治网络暴力行为，以维护健康清朗的社区讨论氛围等。

以上诸多措施都是微博为治理伦理失范问题所做的努力，但这些努力是否取得了成效目前还不太清楚。基于此，本研究探讨网络规范的约束力及平台治理的成效，提出以下研究问题。

研究问题2：微博用户对治理规范的认知情况怎么样？

研究问题3：微博用户对平台治理满意度是怎么样的？

（三）用户持续使用意愿

2022年4月的《2022主流社交媒体平台趋势洞察报告》显示，当下主流社交媒体平台流量规模从存量角度看，前三名为微信、抖音、微博，从增量角度看，小红书、B站、知乎、抖音的用户数量增长较快。[①] 如今社交媒体呈现多元化的发展趋势，各大平台都在积极争取新用户，虽然微博的活跃用户数量较多，但仍然面临严峻的行业竞争和较为严重的用户流失。[②] 然而，平台的信息质量会直接影响用户的使用体验，进而影响用户持续使用的积极性。

研究者巴特查里亚（Bhattacherjee）研究发现，一个信息系统想要长期发展关键在于用户的持续使用而并非首次使用。[③] 对于社交媒体平台而言，相比于吸引新用户，留住忠实用户更加重要。一方面，提高用户的持续使用意愿有助于平台降低运营成本；[④] 另一方面，持续使用意愿从侧面反映出用户对社交媒体及品牌的归属感和满足感，提高用户的持续使用意愿有助于增

---

① 《微播易〈2022主流社交媒体平台趋势洞察报告〉》，胖鲸头条微信公众号，https://mp.weixin.qq.com/s/0HD8nlXcoia1VOi1ih-Cyw。

② 张锴心、祝梓惟、刘春：《社交软件持续使用意愿的影响因素研究》，《管理现代化》2019年第6期。

③ Bhattacherjee A. ,"Understanding Information Systems Continuance：An Expectation-Confirmation Model," *Mis Quarterly*, 2001, 25（3）：351-370.

④ Crego E. T. , Schiffrin P. D. , *Customer-centered Reengineering：Remapping for Total Customer Value*, Irwin Professional Publishing, 1995.

加用户黏性，维持平台稳定发展。[1] 陈世智等人发现，当用户对平台保持长期关注时，他们逐渐会对平台赋予情感意义，这有利于塑造一个可持续的"用户—平台"关系，最终实现用户与平台的共赢。[2] 从用户角度来看，社交媒体平台为个人利益诉求的表达创造了条件，可以促进用户的线上公共参与行为，带动其投入公共生活或公共事务。[3] 另外，微博的使用能够影响用户对生活的满意度和社会信任，有助于用户与他人建立并保持长期联系，维持用户的社会资本。[4]

综上所述，考虑到持续使用意愿对用户自身及平台发展的影响，探讨用户持续使用意愿的影响因素就变得至关重要。基于此，本研究提出以下研究问题。

研究问题 4：微博用户的持续使用意愿呈现什么情况？

研究问题 5：哪些因素会影响微博用户的持续使用意愿？

三 研究方法

（一）研究变量及测量

1. 伦理失范认知

基于上文对微博失范信息的梳理，我们对身边使用过微博的 11 位用户进行了访谈，选取了微博上存在的五类伦理失范现象，分别为饭圈违规、歧视偏见、恶意营销、侵犯个人权益、不实信息进行测量，测量

---

① Zhou M., Cai X., Liu Q., et al., "Examining Continuance Use on Social Network and Micro-blogging Sites: Different Roles of Self-image and Peer Influence," *International Journal of Information Management*, 2019, 47: 215-232.

② Chen S. C., Lin C. P., "The Impact of Customer Experience and Perceived Value on Sustainable Social Relationship in Blogs: An Empirical Study," *Technological Forecasting and Social Change*, 2015, 96: 40-50.

③ 郭瑾：《90 后大学生的社交媒体使用与公共参与———一项基于全国 12 所高校大学生调查数据的定量研究》，《黑龙江社会科学》2015 年第 1 期。

④ 赵曙光：《社交媒体的使用效果：社会资本的视角》，《国际新闻界》2014 年第 7 期。

用户对这些失范现象的认知情况。其中，"饭圈违规"的测量题项如下：①我注意到"在微博上发布引导、刺激粉丝群体消费、打榜投票等应援行为的言论"出现的频次；②我注意到"在微博政务、媒体账号下发布支持偶像或宣传偶像个人形象的言论"出现的频次。"歧视偏见"的测量题项如下：①我注意到"在微博上发表直接或间接含有地域歧视的言论"出现的频次；②我注意到"在微博上发表直接或间接含有性别对立的言论"出现的频次。"恶意营销"的测量题项如下：①我注意到"在微博上蹭灾难事故的话题热度或调侃灾难事故的言论"出现的频次；②我注意到"在微博上利用争议性话题煽动舆论、挑动公众情绪的言论"出现的频次。"侵犯个人权益"的测量题项如下：①我注意到"在微博上公开他人不愿被知悉的个人信息的行为"出现的频次；②我注意到"在微博上使用语言贬损、攻击甚至辱骂他人的行为"出现的频次。"不实信息"的测量题项如下：①我注意到"在微博上发布部分失实的消息"出现的频次；②我注意到"在微博上发布不实信息或谣言"出现的频次。

针对以上题项，我们采用李克特五级量表考察调查对象对伦理失范现象的认知情况，选项从"完全没见过""不太常见""偶尔有见""比较常见""随处可见"依次赋 1、2、3、4、5 分，某一项分值越高，代表该类伦理失范现象越普遍。我们将调查对象在以上 10 个测量题项得分相加的均值，赋值为"伦理失范认知"（M = 3.60，SD = 0.673，α = 0.875）。

2. 治理规范认知

依据《微博社区公约》《微博投诉操作细则》《娱乐自媒体号违规行为界定及处罚措施（试行）》等治理规范，本研究基于与微博用户权益较为相关的五则条文，测量用户对微博治理规范的认知情况。这五则条文为，①符合条件并且通过考核的用户可以申请成为微博社区志愿者，志愿者负责对涉黄低俗、违法有害信息进行投诉，同时志愿者还可享受橙 V 身份认证、按月获得微博会员等福利；②受微博邀请的媒体、政务账号可进入微博中的网络谣言治理平台，媒体、政务账号可在治理平台中将含有不实信息的微博标记为谣言，并在该微博下方附上用户可见的辟谣提醒；③用户本人可以对微博平台的违规内容或账号进行投诉，如发现他人被侵犯隐私，并且该内容对他人造成了恶劣影响时，则非当事人也可以进行投诉；④微博用户如果发现饭圈有违规集资、非理性应援、引战等行为时，可以随时投诉，平台将视违规情节的严重程度，对相关内容和账号采取删除、禁言甚至关闭账号等处罚；⑤娱乐自媒体号如煽动用户情绪、引导群体矛盾，引导网民刷量控评、寻衅滋事、扰乱传播秩序等，微博将根据转发量进行从禁言 7 天到永久禁言不等的处罚。如同一媒体机构下的账号多次违规，将根据情节严重程度，对机构整体进行处罚。

针对以上题项，我们采用李克特五级量表考察调查对象对微博平台治理规范的熟悉情况，选项"从未听过""知道一点""一般了解""比较清楚""非常清楚"依次赋 1、2、3、4、5 分，某一项分值越高，代表调查对象对该条规范条文越熟悉。我们将调查对象在以上 5 个测量题项得分相加的均值，赋值为"治理规范认知"（M = 2.90，SD = 0.959，α = 0.840）。

3. 平台治理满意度

目前微博平台治理方式有两类：他治与自治。"他治"是指以政府有关部门制定的政策法规为依据进行治理，或是以互联网自律协会、媒体组织的倡议为依据进行治理；"自治"是微博平台自发开展的信息治理行动，或通过社区自律组织实行自我管理。本部分是测试用户对如下题项的满意度：①我认为目前针对微博平台管理的政策法规对微博平台治理起到了重要的作用；②我认为目前互联网自律协会或一些媒体组织发布的倡议公约对微博平台治理起到了重要的作用；③我认为微博平台制定的各类社区管理规范，能够很好地适用于微博平台的内容及账号管理；④我认为微博平台开展的各项专项整治行动，能够促进内容及账号的治理工作。其中前两项题目是测量用户对微博平台他治的满意度，后两项题目是测量用户对微博平台自治的满意度。

针对以上题项，我们采用李克特五级量表考察调查对象对微博平台治理情况的满意度，选项"完全不同意""比较不同意""中立""比较同意""完全同意"依次赋 1、2、3、4、5 分，分值越高，代表调查对象对微博平台治理效果越满意。我们将调查对象在以上 4 个测量题项得分相加的均值，赋值为"平台治理满意度"（M = 3.31，SD = 0.883，α = 0.866）。

4. 持续使用意愿

持续使用意愿主要是测量用户对以下题项的同意程度，这些题项为，①未来我将继续保持现有的微博使用频率；②未来我可能会增加对微博的使用频率；③未来我可能会减少对微博的使用频率或停止使用微博；④未来如果有其他类似微博的产品可以让我选择，我可能仍然会选择继续使用微博。

针对以上题项，我们采用李克特五级量表考察调查对象的微博持续使用意愿，选项"完全不同意""比较不同意""中立""比较同意""完全同意"依次赋 1、2、3、4、5 分，其中第三条"未来我可能会减少对微博的使用频率或停止使用微博"将作为反向计分题进行处理。最后，所有题项的分值越高，代表调查对象持续使用的意愿越强。我们将调查对象在以上 4 个测量题项得分相加的均值，赋值为"持续使用意愿"（M = 3.08，SD = 0.784，α = 0.752）。

（二）问卷发放

本研究采用问卷调查法对微博用户进行调查。在进行正式调查前，我们首先通过网络问卷平台发放 53 份问卷进行前测。根据对前测数据进行分析，我们对问卷中不符合标准的条目进行了删减和修订，最终得到共 29 个题项的问卷。第一部分为人口统计学特征调查。第二部分主要为四个方面：用户对微博伦理失范现象的认知情况，用户对微博治理规范的认知情况，用户对微博平台治理的满意度，用户对微博的持续使用意愿。2022 年 5 月 7 日至 15 日，笔者通过问卷星平台正式发放问卷，以"滚雪球"的方式抽取样本，回收了 475 份问卷，去除无效问卷（没有使用过微博、填答

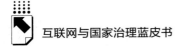

时长过短、所选答案相互冲突）96 份，最终得到有效问卷 379 份，有效问卷率为 79.79%。

（三）信效度检验

本研究使用 SPSS statistics 26.0 统计软件进行数据分析与处理，在对问卷中连续性变量进行信效度检验后，所得总问卷的 Cronbach's alpha 为 0.849，其中伦理失范认知、治理规范认知、平台治理满意度、持续使用意愿 4 个变量的 Cronbach's alpha 值均大于 0.7，说明 4 个变量具有较好的信度。使用 KMO 和 Bartlett 检验进行效度验证，总量表 KMO 系数为 0.866，Bartlett 检验通过（p<0.05），说明问卷的信效度较好，符合统计学要求。

四　研究结果

（一）样本描述

本研究调查对象的基本情况如表 1 所示。从性别上看，女性有 226 人，占比 59.63%，男性有 153 人，占比 40.37%；从年龄上看，18 岁及以下的为 19 人，占比 5.01%，19~26 岁的为 258 人，占比 68.07%，27~36 岁的为 53 人，占比 13.98%，37~46 岁的为 33 人，占比 8.71%，47 岁及以上的为 16 人，占比 4.22%。2021 年 3 月新浪微博数据中心发布的《微博 2020 用户发展报告》显示，截至 2020 年 12 月，微博用户中"90 后"占比 48%，"00 后"占比 30%，微博用户呈现年轻化趋势；从性别比例来看，女性用户占比 54.6%，男性用户占比 45.4%，女性用户规模大于男性用户。① 总体上看，本研究选取的样本基本符合微博用户特征。

---

① 《微博 2020 用户发展报告》，新浪微博数据中心，https：//data.weibo.com/report/reportDetail？id=456&sudaref=www.baidu.com。

表 1　调查对象的基本情况（*N*=379）

名称	选项	频数	百分比（%）	名称	选项	频数	百分比（%）
性别	女	226	59.63	微博注册时长	1 年及以下	13	3.43
	男	153	40.37		2 年至 3 年	78	20.58
年龄	18 岁及以下	19	5.01		4 年至 5 年	149	39.31
	19~26 岁	258	68.07		6 年至 8 年	100	26.39
	27~36 岁	53	13.98		9 年至 10 年	30	7.92
	37~46 岁	33	8.71		10 年以上	9	2.37
	47 岁及以上	16	4.22	最关注的领域	时政要闻	242	63.85
学历	小学以下	3	0.79		人文艺术	150	39.58
	小学/初中	10	2.64		时尚美妆	107	28.23
	高中/中专	22	5.80		健康医疗	80	21.11
	大专	36	9.50		娱乐八卦	189	49.87
	本科	232	61.21		动画动漫	71	18.73
	硕士及以上	76	20.05		体育健身	65	17.15
微博日常使用频率	几乎不	17	4.49		科技数码	57	15.04
	很少	52	13.72		其他	57	15.04
	偶尔	116	30.61		/		
	经常	153	40.37		/		
	随时	41	10.82		/		

　　从学历来看，本科学历层次占比最大，为 61.21%，小学以下学历占比最小，为 0.79%。从微博日常使用频率来看，经常使用微博的人最多，占比 40.37%；几乎不使用微博的人最少，占比 4.49%，这符合微博用户活跃度较高的情况。从微博注册年限来看，注册微博 4 年至 5 年、6 年至 8 年的人较多，分别达到了 39.31%、26.39%，说明本研究的调查对象为微博较资深用户，调查结果具有一定的代表性。从微博用户最关注的领域来看，目前人们最关注的三个领域是时政要闻（63.85%）、娱乐八卦（49.87%）、人文艺术（39.58%）。

（二）伦理失范认知情况

调查对象对伦理失范认知的均值为 3.60，标准差为 0.673，均值高于 3（最小值为 1，最大值为 5，中值为 3），说明用户观察到的微博平台中的伦理失范现象较为普遍。由表 2 可知，在我们调查的 379 名微博用户中，有27.70%的人认为在微博上使用语言贬损、攻击甚至辱骂他人的现象随处可见，有24.80%的人认为在微博上直接或间接发表含有性别对立的言论随处可见，有21.37%的人认为在微博上发布引导、刺激粉丝群体消费、打榜投票等应援行为的言论随处可见，说明用户认为以上三种伦理失范问题在微博平台最为严重，用户对它们的认知均值分别为 3.79、3.70、3.68。相对于其他伦理失范而言，微博用户认为最不普遍现象的是公开他人隐私，均值为 3.43。

表 2　微博用户的伦理失范认知（ *N* = 379）

类别	题项	指标	完全没见过	不太常见	偶尔有见	比较常见	随处可见	均值
饭圈违规	粉丝非理性应援	频数	12	32	103	151	81	3.68
		百分比(%)	3.17	8.44	27.18	39.84	21.37	
	在政务媒体账号下为偶像控评	频数	4	60	129	126	60	3.47
		百分比(%)	1.06	15.83	34.04	33.25	15.83	
歧视偏见	引导地域歧视	频数	8	57	115	135	64	3.50
		百分比(%)	2.11	15.04	30.34	35.62	16.89	
	制造性别对立	频数	7	42	104	132	94	3.70
		百分比(%)	1.85	11.08	27.44	34.83	24.80	
恶意营销	蹭灾难话题热点或调侃灾难	频数	3	57	119	133	67	3.54
		百分比(%)	0.79	15.04	31.40	35.09	17.68	
	利用争议话题煽动舆论	频数	5	39	113	145	77	3.66
		百分比(%)	1.32	10.29	29.82	38.26	20.32	
侵犯个人权益	公开他人隐私	频数	5	64	126	130	54	3.43
		百分比(%)	1.32	16.89	33.25	34.30	14.25	
	语言暴力	频数	3	38	99	134	105	3.79
		百分比(%)	0.79	10.03	26.12	35.36	27.70	

类别	题项	指标	完全没见过	不太常见	偶尔有见	比较常见	随处可见	均值
不实信息	发布部分失实信息	频数	3	46	107	152	71	3.64
		百分比(%)	0.79	12.14	28.23	40.11	18.73	
	发布不实信息或谣言	频数	4	50	122	137	66	3.56
		百分比(%)	1.06	13.19	32.19	36.15	17.41	

（三）治理规范认知情况

调查对象对微博治理规范认知的均值为 2.90，标准差为 0.959，说明微博用户对微博治理规范的了解一般，认知情况有待提升。由表 3 可知，治理规范中涉及志愿者制度的内容，有 28.50% 的用户表示从未听过，只有 7.65% 的用户对此内容非常清楚；涉及媒体政务辟谣共治平台的内容，有 22.69% 的用户表示从未听过，只有 9.76% 的用户对此内容非常清楚；涉及个人隐私投诉的内容，有 13.19% 的用户表示从未听过，13.72% 的用户对此内容非常清楚；涉及饭圈违规信息处罚的内容，有 11.35% 的用户表示从未听过，12.66% 的用户对此内容非常清楚；涉及娱乐自媒体号管理的内容，有 10.55% 的用户表示从未听过，10.03% 的用户对此内容非常清楚。综上所述，微博用户对社区志愿者制度和媒体政务辟谣共治平台的内容了解最少，均值分别为 2.63、2.70，微博用户对娱乐自媒体号管理的内容了解最多，均值为 3.07。

表 3　微博用户的治理规范认知　（N=379）

题项	指标	从未听过	知道一点	一般了解	比较清楚	非常清楚	均值
社区志愿者制度	频数	108	69	87	86	29	2.63
	百分比(%)	28.50	18.21	22.96	22.69	7.65	
媒体政务辟谣共治平台	频数	86	79	115	62	37	2.70
	百分比(%)	22.69	20.84	30.34	16.36	9.76	
涉及个人隐私的投诉	频数	50	76	109	92	52	3.05
	百分比(%)	13.19	20.05	28.76	24.27	13.72	

题项	指标	从未听过	知道一点	一般了解	比较清楚	非常清楚	均值
饭圈违规信息处罚	频数	43	87	109	92	48	3.04
	百分比(%)	11.35	22.96	28.76	24.27	12.66	
娱乐自媒体号管理	频数	40	74	124	103	38	3.07
	百分比(%)	10.55	19.53	32.72	27.18	10.03	

(四)平台治理满意度情况

调查对象平台治理满意度均值为3.31,标准差为0.883,说明用户对微博平台整体的治理效果比较满意。由表4进一步得知,在四种治理方式中,微博用户对政策法规治理和微博专项治理行动的治理效果最为满意,均值都为3.36,其次是微博社区管理规范治理,均值为3.27,相对来说,微博用户对媒体行业规范的满意度最低,均值为3.23。

表4 微博用户的平台治理满意度 (N=379)

题项	指标	完全不同意	比较不同意	中立	比较同意	完全同意	均值
政策法规治理	频数	13	60	131	127	48	3.36
	百分比(%)	3.43	15.83	34.56	33.51	12.66	
媒体行业规范	频数	19	62	147	114	37	3.23
	百分比(%)	5.01	16.36	38.79	30.08	9.76	
微博社区管理规范治理	频数	20	65	137	106	51	3.27
	百分比(%)	5.28	17.15	36.15	27.97	13.46	
微博专项治理行动	频数	16	58	126	132	47	3.36
	百分比(%)	4.22	15.30	33.25	34.83	12.40	

(五)持续使用意愿情况

1. 持续使用意愿现状

调查对象持续使用意愿均值为3.08(表5中"减少或停止使用微博"题项反向计分后计算的均值),标准差为0.784,说明微博用户的持续使用意愿处于中等水平。由表 5 可知,有 13.98% 的用户完全同意在未来继续保持现有的微博使用频率,只有 3.69% 的用户表示完全不同意;有 9.23% 的用户完全同意在未来减少对微博的使用频率或停止使用微博,5.80% 的用户表示完全不同意;有 6.07% 的用户完全同意在未来不考虑使用其他同类社交媒体,依旧选择使用微博,有 8.18% 的用户表示完全不同意;有 8.97% 的用户完全同意在未来增加对微博的使用,有 10.55% 的用户表示完全不同意。综上所述,微博用户维持现有微博使用频率的意愿最高,均值为 3.47,增加微博使用频率的意愿最低,均值为 2.92。

表 5　微博用户的持续使用意愿 ($N = 379$)

指标	指标	完全不同意	比较不同意	中立	比较同意	完全同意	均值
维持现有使用频率	频数	14	46	121	145	53	3.47
	百分比(%)	3.69	12.14	31.93	38.26	13.98	
增加微博使用频率	频数	40	84	154	67	34	2.92
	百分比(%)	10.55	22.16	40.63	17.68	8.97	
减少或停止使用微博	频数	22	85	134	103	35	3.12
	百分比(%)	5.80	22.43	35.36	27.18	9.23	
不考虑其他社交媒体,继续使用微博	频数	31	70	153	102	23	3.04
	百分比(%)	8.18	18.47	40.37	26.91	6.07	

2. 持续使用意愿的影响因素

本研究使用 Spearman 相关性分析对各变量之间的关系进行探讨,由表 6 可知,"治理规范认知"分别与"平台治理满意度"、"持续使用意愿"之间呈现出显著的正相关关系($p < 0.01$),并且"治理规范认知"与"平台治理满意度"的相关系数值高于 0.4,说明两者之间有着较为紧密的正相关关系。同样地,"平台治理满意度"与"持续使用意愿"之间呈现出显著性($p < 0.01$),相关系数值高于 0.4,说明两者之间也存在紧密的正相关关系。综上所述,治理规范认知、平台治理满意度会对持续使用意愿产生显著的正向影响。

表 6 伦理失范认知、治理规范认知、平台治理满意度与持续使用意愿的相关性分析

	伦理失范认知	治理规范认知	平台治理满意度	持续使用意愿
伦理失范认知	1			
治理规范认知	0.278**	1		
平台治理满意度	−0.034	0.446**	1	
持续使用意愿	−0.046	0.221**	0.426**	1

注：* 代表 $p<0.05$，** 代表 $p<0.01$，以上数据经过标准化处理。

五 讨论

（一）微博平台伦理失范现象探讨

我们在调查 379 位微博用户的伦理失范认知后发现，用户认为微博平台上"侵犯个人权益""恶意营销""歧视偏见""饭圈违规"等现象仍然存在，其中突出的问题是语言暴力、制造性别对立、粉丝非理性应援。

微博平台上用户会有一些非理性行为，网络语言暴力就是其中的一种。有研究者认为，网络语言暴力可以分为语言攻击式和心理震慑式两种表现形式，前者是使用简单粗暴的非理性语言实现对他人的人身攻击，达到对他人进行暴力发泄的效果；后者是通过在网络上形成一种舆论氛围，让当事人产生心理上的压力，这类语言暴力往往会带来恶劣的影响。[①] 例如，2021 年 5 月，甘肃越野跑前 6 名唯一幸存者遭遇网络暴力，当事人难忍精神压力只好进行心理咨询辅导。又如，2022 年 4 月，一位上海女孩为感谢外卖员打赏了 200 元酬劳，却被网友吐槽打赏金额太少，最后女孩因遭遇大量网络暴力而不幸离世。网络暴力对当事人的名誉、权益与精神造成损害，同时有违社会道德底线。

本研究的新发现是性别话题引发的伦理失范问题开始受到用户关注。与

---

① 王金哲：《网络语言暴力的界定及规范化研究》，《湖南警察学院学报》2021 年第 6 期。

其他话题相比，性别话题更容易引发舆论场的激烈讨论，导致部分内容发布者出于利益考量，针对性别话题故意发表情绪化的极端言论，以此引发争议与讨论，从而获取更多流量并从中获利。[①] 网络平台是建构和传播性别观念的重要载体，一旦不正确的性别言论在网络平台被放大，被人们所关注，人们本应有的性别伦理和性别道德就会被严重削减。[②] 因此，性别对立问题背后潜藏的种种隐患也不容忽视。

调查显示，用户认为微博平台上的粉丝非理性应援问题也十分突出。近年来，因大量明星用户入驻微博，使得微博成为当下粉丝用户最活跃的社交媒介和粉丝群体聚集的主要平台。微博中的"饭圈"活动主要有三类：一是宣传，即粉丝群体在微博中宣传偶像人设、推广新作品等；二是"反黑"，即粉丝群体对不喜欢自己偶像并且表达出来的一类人进行反击；三是"做数据"，即粉丝群体为了提升偶像明星在榜单上的排名，有组织地完成签到、阅读、互动等数据指标要求。[③] 在资本逻辑的主导下，"饭圈"活动逐渐成为一种体系化、团队化甚至职业化的行为，为了"捍卫"偶像，一些狂热粉丝在网络中控评、互撕谩骂等，传播负面情绪，扰乱信息传播秩序。为此，2021年6月15日中央网信办启动"清朗·'饭圈'乱象整治"专项行动，强调网络平台要坚持社会责任与主体责任。其中，微博平台就与各大经纪公司、艺人工作室沟通交流，以传达相关部门的治理要求，并指出将对粉丝集资打榜应援、互撕谩骂等失范行为进行管控。

（二）微博平台的治理措施评析

作为网络信息服务的提供方，微博平台有义务和责任对信息生产、发

---

① 刘观玉：《互联网"性别对立"境况形成原因研究——以"杨笠事件"和"丁真事件"为例》，《新闻研究导刊》2021年第12期。
② 李斌：《网络与性别——在网络思想政治教育中引入性别教育》，《中华女子学院学报》2020年第2期。
③ 赵芸、张紫翌：《基于新浪微博的"饭圈社群"治安风险探析》，《公安学刊》（浙江警察学院学报）2021年第4期。

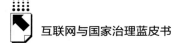
布、传播的各个环节进行监督与管理。2017 年 9 月 27 日，为强化网民监督，净化微博社区环境，微博平台通过招募志愿者，以用户监督的形式对平台中的涉黄低俗和违法有害信息进行处置。2018 年，为了进一步加强网络谣言治理工作，微博平台与地方网信、网警等政务机构和新闻媒体一起开展联合辟谣，并借助政务机构和新闻媒体的账号影响力大、权威性强的特点，有效遏制网络谣言，提高了辟谣效率。

针对泄露他人隐私问题，《微博投诉操作细则》第 15 条提到"遵循当事人意愿原则，当事人投诉才受理。但在以下 2 种情况下非当事人投诉也会受理：1. 当事人委托他人代为投诉。2. 当事人未投诉但产生恶劣影响，如大量用户投诉或引起大量传播"，这说明除了当事人外，如果该事件造成了恶劣影响，其他用户也可以对侵犯隐私的行为进行投诉。这对微博用户提出了更高的要求，即用户在积极维护个人权益的同时，也要肩负维护社区秩序的责任，共同参与个人权益保护的行动。2022 年 3 月 11 日，微博正式上线"一键防护"功能，用户可以对评论和私信的人加以限制，还可以开启"评论防火墙"功能，由系统自动屏蔽人身攻击和恶意骚扰的内容。以上都是微博平台为保护个人权益所做出的努力。

针对娱乐信息管理，自 2021 年 5 月起，微博开展了粉圈健康生态专项行动，对饭圈非理性应援和娱乐自媒体号恶意营销作出处罚规定。2021 年 9 月 1 日，为落实中央网信办《关于进一步加强"饭圈"乱象治理的通知》相关要求，微博平台推出《娱乐自媒体号违规行为界定及处罚措施（试行）》，对拉踩引战、宣扬抵制，不实爆料、造谣传谣，搬运饭圈负面消息，恶意曲解、人身攻击，集体发黑稿黑评论，引导非理性消费、打投，违规刷量控评等 7 种违规类型作出明确处罚规定。

综上所述，微博平台在政府指导下对平台内容及用户管理付出诸多努力，本次调查显示这些治理措施得到了受访者一定程度的认可。

（三）微博用户对治理规范的认知有待提升

微博出台了系列治理规范，旨在更好地推动平台有序运行。而平台方出台的规范和要求是否能够真正发挥作用，最终取决于人们对规范的遵守情况。[①] 我们通过分析用户对社区志愿者制度、媒体政务辟谣共治机制、个人隐私投诉规定、饭圈违规信息处罚规定、娱乐自媒体号管理规定这五则条文的认知情况后发现，用户对社区志愿者制度和媒体政务辟谣共治机制了解较少，两项均值分别为 2.63、2.70。相反，微博用户对个人隐私投诉规定、饭圈违规信息处罚规定、娱乐自媒体号管理规定的认知均值都高于 3，说明人们对这三类规范了解较多，其中用户对娱乐自媒体号的了解最多，均值为3.07。这也印证了微博用户对与时政要闻、娱乐八卦有关的信息更加关注。

本研究发现，治理规范认知与用户持续使用意愿之间存在显著正相关，社交媒体平台作为目前网络交流的重要载体，需要制定相应的治理规范以维护信息传播秩序。有研究表明，网络社区规范对用户的感知信任的影响较大，说明社区平台适当提升治理力度，能够进一步提高用户对社区的信任感和满足感，促使用户参与社区活动，从而增强社区的活跃度。[②] 因此，微博应当加大规范宣传力度，将规范引入微博管理的各个方面。比如，提高用户的信息伦理考核门槛，定期对用户的平台规范掌握情况进行考核；开展各类线上线下的伦理规范教育活动，切实提升微博用户的规范意识；加大对法律法规、平台管理规范的宣传力度，落实处罚规定措施，促使微博用户感受到平台规范的约束力，从而主动了解并遵守相关规定。

（四）微博平台应努力建立多元协调的治理体系

本研究发现，平台治理满意度与持续使用意愿之间存在显著正相关。微博用户在平台治理满意度上各个题项均值在 3.23~3.36 范围内，得分相对较高，用户对微博整体治理效果比较满意，这表明政策法规、平台专项治理行动、社区管理规范、媒体行业规范在微博平台治理中都发挥了重要作用。其中，用户对政策法规和微博专项治理行动的治理效果最为满意，其次较为

[①] 刘亦工：《论道德内化的心理机制及其特征》，《伦理学研究》2007 年第 3 期。

[②] 宋展昭、乐承毅、李雯欣：《平台治理机制对用户知识贡献行为的影响——基于企业虚拟社区的实证研究》，《知识管理论坛》2020 年第 6 期。

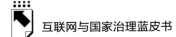

满意的是微博社区管理规范，满意度相对较低的是媒体行业规范。政策法规作为强制性规范，具有较强的威慑力，微博专项治理行动以通知政策作为执行依据，同样具有较好的治理效果。相比之下，微博社区管理规范和媒体行业规范威慑力不足，很难对用户起到约束作用。

为了提升用户对微博平台治理的满意度，提高用户的持续使用意愿，微博平台应努力建立一个多元协调的治理体系。第一，要坚持以政府为主导、以行业为引领、以用户自律为主力的治理方式。政府要健全信息发布规则，完善新媒体管理的法规等；媒体行业方面要健全行业自律体系，增强新媒体行业组织的监督责任；用户方面要开展媒体素养教育，提升用户道德责任水平。[1] 第二，治理关系要协调，要处理好政府、平台、公众之间的关系。社会治理不是"控制"而是"协调"，是一种"持续的互动"。[2] 第三，要重视社交媒体平台的作用。微博平台直接连接用户、提供信息，是网络综合治理体系中的重要组成部分。[3] 微博平台对内容和用户进行管理，除了要求用户在进行内容创作与分享时遵守伦理规范，其自身也应该树立媒体责任意识。[4] 通过平台自律带动用户自律，从而营造一个有质量、有秩序的网络信息传播环境。

本研究在实施过程中存在一定的不足。首先，本研究依托网络进行"滚雪球"抽样收集问卷，所获取的最终样本数量较少。后续应考虑采用更大规模的调查，以提高样本的代表性。其次，本研究仅以微博用户为考察对象，研究对象单一。今后的研究可以对多个社交媒体平台进行综合考量，以探讨不同平台用户的伦理失范认知、治理规范认知及持续使用意愿情况，进而为我国网络平台治理提供新思路。

① 钟瑛、李秋华：《新媒体社会责任的行业践行与现状考察》，《新闻大学》2017 年第 1 期。
② 沙垚、张思宇：《作为"新媒体"的农村广播：社会治理与群众路线》，《国际新闻界》2021 年第 1 期。
③ 黄楚新、郑智文：《建构网络综合治理体系的意义和路径》，《网络传播》2020 年第 2 期。
④ 王丽、刘建勖：《科技平台论的悖谬：短视频社交媒体的公共责任及其实现路径》，《现代传播》（中国传媒大学学报）2020 年第 9 期。

B.9
网络谣言的传播特征与治理策略探析

何秋红　刘肖琦*

摘　要： 网络谣言指的是以互联网为传播媒介，与特定事件有关且未获得权威机构证实的信息。网络谣言具有如下几个方面的特征：内容上多与公众生活密切相关，具有一定的时效性，呈现形式多为图片或视频，传播主体多为自媒体用户。目前网络谣言的泛滥主要是由于网络用户缺乏媒介素养与理性思考的能力，媒体公信力的缺失和"把关人"的缺位以及网络谣言预警与监测技术仍不成熟。基于这些问题，提出了提高公众网络媒介素养、主流媒体积极引导网络舆论导向、技术赋权建立辟谣机制的网络谣言治理策略。

关键词： 网络谣言　网络治理　互联网

一　引言

随着信息化进程的不断加快，微信、微博、抖音等社交应用成为人们日常进行信息传递的重要途径，但是这些社交应用使得谣言也极易滋生传播。根据谣言研究的创始人 Allport 和 Postman 的定义，谣言指的是"与当时事件有关的、想要被相信的陈述，通常是通过口头媒介从一个人传到另一个

---

* 何秋红，河海大学公共管理学院副教授、复旦大学新闻学院博士后流动站博士后；刘肖琦，河海大学公共管理学院硕士研究生。

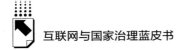

人，但缺乏具体的证据来证明它们的准确性"①，即认为谣言是通过口头媒介传播的未经证实的信息。中国学者巢乃鹏等认为，谣言指的是"在某一特定场合以公开或非公开渠道传播对公众感兴趣的话题的未经证实的说明或解释"②。综合来看，谣言指的是与特定事件有关且未经证实的信息。

网络谣言作为谣言的一种类型，具有谣言的普遍特点。但与普通谣言不同的是，网络谣言的主要发布和传播途径是通过互联网进行的。因此，本文的网络谣言指的是基于互联网作为传播媒介，与特定事件有关且未获得权威机构证实的信息。③ 互联网匿名性、迅捷性的特点使得谣言的传播速度更快、内容更杂，极大程度地影响了社会秩序。同时，在这种特定情境下，有学者指出，网络谣言也同新闻一样建构着受众对信息的整体认知④，在一定程度上影响着受众对周围世界的判断，因此对网络谣言的甄别、澄清和处理往往是互联网治理工作的重要组成部分。

本文选取 2021 年 5 月至 2022 年 4 月中国互联网联合辟谣平台网络热点月度辟谣榜单中的谣言信息，共得样本 120 条。由于中国互联网联合辟谣平台是由中央网信办违法和不良信息举报中心主办、新华网承办的平台，辟谣内容具有一定的权威性。该平台的辟谣信息包括了谣言溯源、传播渠道等重要信息。除此之外，该平台所涉及的谣言以及辟谣信息最为全面，谣言内容上包括社会谣言、经济谣言、生活谣言等各方面。本文将探讨社交媒体时代网络谣言的传播特征以及网络谣言泛滥的原因，尝试为今后网络谣言的治理提供策略建议。

二　网络谣言的传播特征

以互联网技术为基础的各种新媒体平台为信息的自由流动提供了支持，

① Allport G. W., Postman L., "An Analysis of Rumor," *Public Opinion Quarterly*, 1946, 10 (04): 501-517.

② 巢乃鹏、黄娴：《网络传播中的"谣言"现象研究》，《情报理论与实践》2004 年第 6 期。

③ 徐萍、付兵：《网络谣言的传播机理与治理途径研究》，《哈尔滨工业大学学报》（社会科学版）2020 年第 5 期。

④ 陈雪奇：《灾难事件中谣言的新闻学意义阐释》，《理论与改革》2014 年第 3 期。

在如今的互联网环境下，网络谣言无处不在。随即而来的便是一次又一次的辟谣，谣言以及辟谣信息充斥互联网络，加剧社会恐慌，影响公众对社会的认知，一定程度上也消耗了人们对媒体的信任，引发信任危机，严重破坏整个社会的正常秩序。与传统媒体时代不同，在互联网时代所流传的网络谣言的传播呈现出了种种新特征，主要包括如下几个方面。

（一）网络谣言的内容多与公众生活密切相关

一般而言，网络谣言从内容上可分为政治谣言、经济谣言、军事谣言、社会生活谣言、公共卫生谣言、突发事件谣言、文化娱乐谣言和自然现象谣言。在所选样本中，经统计数据分析，与公众密切相关的社会生活谣言占比最高，达到 24.17%，包括有关医保账户、二胎、三胎的网络谣言。此外，公共卫生谣言占比 22.50%，大多数是有关新冠肺炎疫情的网络谣言（见表1）。通过微词云平台对所选样本进行可视化分析，发现核酸检测、消毒、疫苗、三胎等与人们生活密切相关的谣言极易在网络中传播（见图1）。

表1 网络谣言内容类目

单位：条，%

谣言类型	谣言数量	占比
政治谣言	8	6.67
经济谣言	22	18.33
军事谣言	9	7.50
社会生活谣言	29	24.17
公共卫生谣言	27	22.50
自然现象谣言	4	3.33
突发事件谣言	8	6.67
文化娱乐谣言	13	10.83

（二）网络谣言爆发快，但生命周期短

基于互联网即时性与互动性的特点，再加上宽松的舆论环境，网络谣言

图1　网络谣言内容词云

形成了一个产生、传播、辟谣、消失的闭环。各种网络谣言甚嚣尘上，爆发速度极快。同时，网络谣言往往一经出现即在很短时间内被证伪，生命周期极其短暂。

在2022年3月21日的东航MU5735航空器飞行事故中，首发于抖音用户"A火123"关于"MU5735坠毁第一视角影像"的网络谣言发布于当日17时23分，而首发于抖音用户"Jason"的"'神预言'3月底有坠机事件"网络谣言发布于17时44分，基于同一则事件的两则不同网络谣言其间只间隔了21分钟。4月以来，一些网络谣言借上海疫情防控滋生传播，如"2岁女孩的母亲因女儿隔离治疗而自杀""暂停团购"等均已被网信办辟谣平台澄清。其中，4月6日网络上流传着"居委倒卖20万箱捐赠物资"的消息，经上海警方调查，此消息是某网民为吸引眼球、博关注捏造的不实信息，并在4月7日得到了辟谣。根据中国互联网联合辟谣平台中的信息，本次上海新冠肺炎疫情的有关谣言传播速度快，但破除速度也快，大多数谣言的存活时间仅有1天。

网络谣言的快速爆发与证伪也从侧面反映出了自媒体时代传播权下放至一般民众后良莠不齐的传播生态与无处不在的流量导向。事件发生后，无数谣言被创造，但又很快被推翻、澄清，呈现来得快、去得也快的高时效特性，刺激着受众的情绪和心理，也使得真相夹杂在各种网络谣言中无从辨别。

（三）网络谣言的呈现形式多为图片或视频

伴随传播技术的演进，如今大部分网络谣言以视频或图片的形式呈现。根据前文 Allport 和 Postman 对谣言的定义，两位学者认为谣言是通过口头媒介传播的。但当前传播技术的更新迭代十分迅速，无论是信息的生产还是分发环节都与传统媒体时代截然不同，以互联网为传播媒介的网络谣言通常以视频或图片的形式呈现。在 120 条样本中，经统计，以图片形式呈现的网络谣言所占比例为 54%，以视频形式呈现的占 29%（见图 2）。

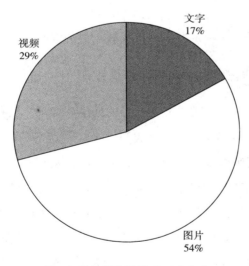

图 2　网络谣言的呈现形式分布

抖音用户"元宇宙斯"当日 16 时 24 分发布的"东航客机引发山火视频"的网络谣言，引起了社交网络的舆论哗然，随后被证实为福建某地祭祖引发的火灾。这则谣言以视频形式为受众带来了极强的视觉冲击，渲染了网民的恐慌情绪，基于这种"眼见为实"的思维定式，大部分网民容易信以为真。此外，如今的社交网络上也流传着一些号称是"视频"却没有与事件相关的图像，只有一些其他与事件没有紧要联系的图片，配以语音及文字说明的网络谣言。比如"血管堵塞20%没感觉，40%容易累，50%血压高"，后被辟谣该说法并无医学理论依据。像这样将视频、图片稍加剪辑，再利用系统的声音模拟功能配上一段话，就能编造出一条"足以乱真"的谣言，以可信度十足的方式来传达不实信息。除了视频形式的网络谣言，"聊天截图"也是网络谣言泛滥的一大重要源头。2022年1月，"通知：医保账户停用，需升级"的虚假信息在辽宁、山东等地出现，造谣者通过伪造虚假信息并截图通过微信群聊实现圈层化的传播，加速了网络谣言的扩散速度。

随着智能手机的普及，越来越多的老年人也接触到了各类社交媒体应用①，成为社交媒体应用使用者。当网络谣言以视频或图片形式出现时，对老年人来说就显得"言之凿凿"，分辨真伪就更难了。因此，以视频或图片形式呈现的网络谣言对特定群体来说具有较强的蒙蔽性。

（四）网络谣言的源头多为自媒体用户

与传统媒体时代不同的是，在如今的网络环境下，发布信息已经不再具有如此高的门槛，甚至人人都可以成为"新闻记者"。在这样的情境下，大量自媒体用户为了吸引眼球、抢速度，成为谣言发布者。

从各类网络谣言首发媒体类型来看，抖音、快手、微博等社交媒体充当了网络谣言的诱发点。2022年1月，网民段某某为了吸引流量，方便自己直播带货，在快手平台故意编造"天津疫情确诊1393人"不实信息，造成了恶劣的社会影响。此外，在3月境外社交媒体推特上有自媒体用户发文称"中国留学生在乌克兰遭炮击身亡"，经中国驻乌克兰大使馆核实，该消息并不属实，只是自媒体用户恶意编造的不实信息。微博、抖音等社交媒体具有半封闭式空间的特点，网络谣言经由这些平台发出后，能快速地实现群体

---

① 靳永爱、刘雯莉、赵梦晗、王东晖、胡文波：《短视频应用平台的使用与中老年人生活——基于专项调查的探索性研究》，《人口研究》2021年第3期。

传播。尤其是一些能够引起群体共鸣的话题，更能激化网民的情绪，从而导致一些非理性的讨论和转发行为发生。除此之外，网络谣言并不仅仅局限于同一平台进行传播，通常会在多平台同步传播，从而使网络谣言的影响范围扩散更广。

三　网络谣言泛滥的原因

网络谣言作为一种未经证实的信息，在互联网时代却具有比许多真实信息更快的传播速度、更广的传播范围和更大的现实影响。为了找到切实可行的治理策略，构建应对网络谣言的有效机制，需要厘清网络谣言泛滥的原因。

第一，媒体公信力的缺失和"把关人"的缺位。传统媒体时代，我国的广播、报纸、电视等媒体在公众心目中具有很高的信任度，承担着权威信息发布者的角色。但随着互联网新媒体的发展，传统媒体舆论引导和舆论监督的工作就略显复杂。对于一些舆论上升热点话题，许多传统媒体一开始都选择一定程度的失语，直到网络媒体上各种舆论走向偏激和极化、引起众怒时，传统主流媒体才匆忙出来辟谣。长此以往，传统媒体在公众心目中的权威地位就会慢慢消失。除此之外，网络平台的传播主体多元、传播路径丰富，往往缺少像传统媒体一样的"把关人"，更容易被造谣者利用，蒙蔽公众的认知。

第二，网络谣言预警与监测技术仍不成熟。近年来，由新冠肺炎疫情引发的网络谣言爆发式流传，使得整个社会不仅困于疫情，还陷入各种由网络谣言制造的"人为恐慌"中。由于与疫情有关的网络谣言的爆发属于公共卫生事件导致的应激性反应[①]，对于这种公共卫生事件或是灾难事件有关的网络谣言的治理要加强网络谣言的预警和监测技术。目前我国政府对于网络谣言的传播处于被动的局面，比如信息公开程度取决于领导、信息公开执行

---

① 刘彦、王晶：《公共卫生事件的网络谣言监管困境与治理策略》，《人民论坛·学术前沿》2020 年第 22 期。

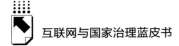

力弱等①，当网络谣言在互联网上被大肆转发且造成不良影响后，政府才后知后觉。

第三，网络用户缺乏媒介素养与理性思考的能力。从网络谣言的传播途径可以看出，许多网络用户实际上就是网络谣言的"中转站"，对谣言信息不加思考地随意转发，为网络谣言的无限蔓延起到了推波助澜的作用。比如，"口罩上有一级致癌物残留，使用前需抖一抖"一经自媒体用户发出后，便得到了网友的转发，在一定范围内引起了社会恐慌。这也反映出大量网络用户对碎片化的信息没有质疑的态度和主动求证的意识，导致许多谣言在网络空间泛滥。

四　网络谣言的治理策略

互联网作为一种典型的"去中心化"媒介，具有较强的互动性，这一特点使得网络谣言形成和传播的风险大大增强，但这并不意味着网络谣言肆意传播的局面是无法改变的。学者 Ming Qi 等认为要增强人们的网络素养教育，培养对网络的工具性和实用性的认识，在网络谣言中保持理性和批判性的认知。② Xingzhi Zhou 等基于自媒体的传播特征角度提出了网络谣言的防控措施，包括加强监管、提高自媒体质量、加强对谣言的公开识别。③ Sitong Liu 以促进人工智能健康发展为背景，提出了通过丰富网络谣言数据库和机器语言算法库，形成谣言治理的防火墙技术来减少网络谣言的传播。④ 李大勇提出政府应联合网络服务商共同发挥对网络谣言的监管作用，

① 段忠贤：《网络谣言的生成机制及治理对策》，《贵州社会科学》2016 年第 4 期。

② Qi M., Ding L. H., "The Education Strategy Analysis of University Network Literacy Based on Internet Rumors," *Education Journal*, 2018, 7 (5): 115~121.

③ Zhou X. Z., Feng H. H., "Research on the Prevention and Control of the Internet Rumor from the Perspective of the Self-media," *Journal of Computer and Communications*, 2019, 7 (3): 1~7.

④ Liu S. T., "Countermeasures of Internet Rumor Management Based on Artificial Intelligence Technology," *Journal of Physics: Conference Series*, 2020, 1533 (3).

且动员社会成员广泛参与，对网络谣言进行合作治理。① 总的来说，网络谣言治理已形成公众媒介素养提升、政府及平台监管、技术规制三种模式，笔者结合目前关于相关网络谣言治理研究的思路提出如下几点建议。

（一）提高公众网络素养，增强网络信息判断能力

在"人人都有麦克风"的新媒体时代，部分媒介素养不高的网民成了网络谣言的推动者，对网络谣言的内容不加思考、随意转发，使得网络谣言迅速扩散。网络谣言的迅速蔓延之势在某种程度上反映出公民媒介素养教育的缺失，因此加强对公民的教育是切断网络谣言传播路径、减少和消除网络谣言必不可少的长期策略之一。首先，对公民的媒介素养教育是一个"自上而下"的过程，社会相关部门要建立一个系统的且切实可行的教育体系，包括媒介素养的理论指导、学校相关课程的建设以及教材的编写等。其次，在泛网络环境下，公民应尽可能培养识别并独立思考、理性分析网络信息的能力，进而具备借助网络媒体参与社会公共治理体系的能力，促使自己成为具有理性思考能力和批判精神的网络用户和信息传播者。此外，政府应该为公众搭建一个专业性的公民教育平台，引导公众理性使用网络媒体对待任何信息。②

各种网络谣言的捕风捉影，吸引了很大一部分缺乏网络信息判断能力的公民进行"围观"，具有极大的迷惑性和危害力。在这里，不仅需要网络用户自觉抵制和净化网络空间，在处理网络媒体信息时具有更多的公民责任，主流媒体也应充分发挥其权威性和渠道优势，充分利用各种传播渠道传递权威信息，潜移默化地提高用户的信息判断能力，帮助用户提高媒介素养。

总之，提高整个社会的网络素养、减少网络谣言的传播需要个体、政府、社会多方面的共同努力。只有当网络用户具备了较高的网络素养，且形成了独立思考和理性判断的能力，才能够最大限度地控制网络谣言的传播范围。

---

① 李大勇：《大数据时代网络谣言的合作规制》，《行政法学研究》2021 年第 1 期。
② 董芳：《网络谣言治理亟需"四位一体"新路径》，《人民论坛》2016 年第 26 期。

（二）增强主流媒体公信力，准确引导网络舆论导向

社交媒体时代，专业的、具有公信力的媒体依然是不可或缺的。[①] 面对铺天盖地的网络谣言，专业媒体应该对事实进行核查、鉴定真伪，需要保证向社会公众提供的信息是准确无误的。主流媒体还可以利用自身的公信力开设专门的辟谣专题，帮助官方平台辟谣信息推广，这样才能让网络谣言无处遁形。

网络谣言通常都是一些涉及公众切身利益或是公众十分感兴趣的话题，向来能引起广泛的关注。网络谣言一经出现，随即各式各样的网络舆论蜂拥而来，"围观群众"们发表着各式各样的观点。有的时候，"围观群众"们在看到新闻后，非理性因素充斥大脑，对事件形成情绪化的认识，从而造成舆论的偏激和极化。当舆论走向偏激和极化时，网络谣言产生的可能性也会变大。要保持舆论不走上偏激极化的道路需要媒体积极做好舆论引导工作。一方面，媒体不得为了经济利益错误地进行舆论引导，煽动群众非理性情绪。新闻媒体应该坚守客观公正的原则与立场，而不是为了流量，故意引导舆论一边倒造成群体极化，引发负面效应。另一方面，对于事件的报道，既不能夸大也不可化小，尤其是主流媒体在对于相关事件的报道时，需要因事制宜，将尽快获得的事实信息传递给受众，最后才能达到群众理性思考的效果，引起社会反思。

（三）技术赋权建立辟谣机制，及时阻断网络谣言传播

在后信息时代，要真正实现对网络谣言的善治，光靠媒体和公众是很难做到的，而需要借助技术赋权建立一套完整的辟谣机制，及时阻断网络谣言的传播。只有顺应时代发展，积极运用新技术更新谣言治理模式，才能实现对社会的良好治理。

大数据技术可以对网络谣言传播的关键节点精准识别。因此，政府部门

---

① 林三芳：《网络谣言兴盛的原因及应对策略探析》，《新闻界》2014 年第 17 期。

可以积极利用大数据技术对网络谣言进行精准定位，从而控制网络谣言的传播节点，限制其传播范围，阻断其传播路径。除此之外，通过大数据技术还可以对一些上升热点舆论议题进行动态跟踪，政府部门应关注并识别、判断这些舆论议题的真实性，预测这些舆论议题发展成网络谣言的可能性，通过大数据技术最大限度地压缩网络谣言的蔓延。

治理网络谣言单靠政府的力量是远远不够的，政府应联合社会力量对网络谣言的阻断进行共治。[①] 在大数据时代，政府通过与相关社会组织进行合作并用统一的数据格式开放一部分脱敏数据，相关社会组织对得到的数据进行专业化的分析。[②] 政府与社会组织的合作不仅可以很大程度地调动数据集的生命力与利用率，还可以增强政府在社交媒体时代的谣言管理能力，提高网络谣言的治理效率。

除此之外，对网络谣言的预警机制也需要不断完善。可以通过对过往流传的网络谣言的相关传播内容、特点、途径、范围等核心数据进行分析，建立一个历史谣言数据库，分析出历史谣言传播的普遍规律，为今后应对新的网络谣言提供过往经验的参考。

五　结语

在如今的社交媒体时代，谣言的传播呈现出了新的特征，网络谣言传播的速度之快、规模之大，严重影响了互联网的正常传播秩序。为了营造优良的网络信息传播生态，形成完善的治理策略显得格外重要。本文针对网络谣言泛滥的原因：网络用户缺乏媒介素养与理性思考的能力、媒体公信力的缺失和"把关人"的缺位以及网络谣言预警与监测技术仍不成熟，结合现有研究为网络谣言的治理提出了几点建议。现有的研究将网络谣言的治理落脚于公众媒介素养提升、政府及平台监管、技术规制三个方面，但仅仅是把网

[①]　李大勇：《大数据时代网络谣言的合作规制》，《行政法学研究》2021年第1期。

[②]　郑玄、熊澄宇：《大数据驱动下的谣言治理逻辑、路径和范式——以2020年新冠肺炎疫情中的谣言治理为例》，《传媒观察》2021年第4期。

络谣言的治理当成单个个体的工作。本文认为，网络谣言的治理不单单是政府、个体、媒体或是各种社会力量单独发力就可以做好的。公众媒介素养的提升需要公众的自觉、政府的政策支持以及媒体的引导。主流媒体公信力的重塑不仅需要媒体自律，还需要得到公众的信任和官方的信息提供。此外，对网络谣言的预警以及辟谣机制的建立，需要政府联合社会力量才能提高治理效率。网络谣言的治理不单单是单个主体的工作，只有多方面协同治理，才能有效地构建一个网络谣言治理体系，营造出清朗的网络空间。

B.10
网络游戏防沉迷规定的传播效果研究

——基于1350位青少年的问卷调查*

崔明伍 凌 琳**

摘 要： 本文通过对 1350 位青少年的问卷调查发现，网络游戏（平台）和学校是未成年人接触防沉迷规定的主要渠道，但未成年人会因不同性别和地域偏好不同的传播渠道；防沉迷规定的不同传播渠道，会影响青少年对其的知晓度与认可度；青少年对网络游戏的投入程度不同，会影响防沉迷规定的传播效果；青少年的自我管理意识，比防沉迷规定能起到更好的约束效果。本文建议将防网游沉迷的重点置于网游企业和家长，其中网游企业应联合发力，有所作为；家长/监护人应当主动学习网络知识，提高自身网络素养，规范自身使用网络/网游的行为，加强对未成年人使用网络行为的教育、示范、引导和监督。

关键词： 网络游戏 防沉迷规定 传播效果 企业责任 家长行为

共青团中央维护青少年权益部和中国互联网络信息中心发布的《2020年全国未成年人互联网使用情况研究报告》显示，2020 年我国未成年网民规模达到 1.83 亿，未成年人的互联网普及率达到 94.9%。其中，上网玩游

* 本文为国家社科基金项目"网络空间治理背景下我国非法网络出版的规制研究"（项目编号：18BXW042）阶段性成果之一。

** 崔明伍，新闻学博士，安徽大学新闻传播学院副教授；凌琳，安徽大学新闻传播学院硕士研究生。感谢安徽大学新闻传播学院 2019 级本科生齐正达、肖长春收集整理问卷。

戏的未成年网民比例为 62.5%，较 2019 年（61.0%）提升 1.5 个百分点。另外，首次接触网络游戏的人群呈现出低龄化趋势。由于外在环境、主观认知和自我管理的原因，未成年人可能沉迷网络游戏成为一个不可忽视的社会问题。对此，我国建立了网络游戏内容审查的事前监督规则，扩大防沉迷系统的覆盖范围、未成年人实名注册并登录网络游戏以及限制其游戏时间的事中防范规则，网络游戏沉迷的事后矫正规则。尤其是 2021 年 8 月，国家新闻出版署发布《关于进一步严格管理切实防止未成年人沉迷网络游戏的通知》，这个被称为"史上最严防沉迷"的政策规定，"自本通知施行之日起，所有网络游戏企业仅可在周五、周六、周日和法定节假日每日 20 时至 21 时向未成年人提供 1 小时网络游戏服务，其他时间均不得以任何形式向未成年人提供网络游戏服务"，同时辅以严格的"网络游戏用户账号实名注册和登录要求"。

但是，由于这些规范性文件的法律位阶较低、可操作性不够强等，未成年人防沉迷系统的实施效果并不是特别理想。《2020 年全国未成年人互联网使用情况研究报告》指出，经常从事网上娱乐活动的未成年网民中，认为青少年网络防沉迷系统有用的比例为 65.6%。"据权威数据，中国游戏成瘾人群已达 27.5%，其中青少年比例高达 30.5%。"① 两相比对不难发现，防沉迷系统对部分深度沉迷网游的青少年是否有防范作用还有待观察。

本文基于调查问卷，重点关注未成年人对网络游戏防沉迷规定的认知以及防沉迷规定的传播效果，参考国内外既有研究以及域外经验，对完善我国网络游戏防沉迷制度提出若干建议。

一 文献综述

国外较少制定类似于我国的"防沉迷系统"，但没有哪个国家和地区会放任网络游戏的野蛮成长，或制定强制性的未成年人网络游戏限制规定，或

---

① 柯文：《警惕"网游 GDP"陷阱》，《上海科技报》2021 年 10 月 29 日。

通过非强制性的标准要求网游行业确保未成年人合理使用网络游戏。学术研究中，国外学者多从社会学、心理学、教育学等角度关注未成年人网络和网络游戏成瘾问题。以"online game addiction"为主题检索，在"Web of Science"中可获得文献 1647 篇，在 Springer 中可获得文献 8359 篇，在 ProQuest 中可获得学位论文 1871 篇。而以"online game anti-addiction system"为主题检索，三个数据库中获得的文献量分别为 1 篇、24 篇和 1 篇，且多为介绍我国的防沉迷系统（截至 2022 年 5 月 2 日，登录安徽大学图书馆外文数据库）。因网络游戏成瘾并非本文的话题，故略去，文献检索以中国知网为准。在中国知网总库中，以"防沉迷"为主题检索，可得文献 845 篇，C 刊（含 C 括）文章 29 篇。再以"防沉迷"为篇名检索，可得文献 232 篇，其中期刊文章 56 篇，C 刊（含 C 括）文章 3 篇，2 篇发表于 2006 年，1 篇发表于 2021 年。

（一）国外对网络游戏的管理

电子游戏出现于 20 世纪 70 年代，从 90 年代开始，人们开始关注电子游戏的不良影响，一些发达国家和地区尝试采用各种策略规制中小学生沉迷于电子游戏和网络游戏。程斯辉等总结的规制模式包括以韩国、日本为代表的多部门立法与全过程干预的亚洲模式，以德国、美国为代表的社会组织参与和项目推动的欧美模式。两种模式各有其特点和不足：亚洲模式的特点是制定严格的防治规章，提供相应的制度保障，但政策措施的推广性和实践性较差。欧美模式的特点是实践性较强，能取得社会的广泛认可和支持，但这种大规模的项目活动往往成本投入大，实效性尚待考量。[①]

曾玉英总结了美国网络游戏管理的具体方法：第一，完善的网络游戏管理法律体系；第二，行业自律和消费者的自我管理；第三，严格的游戏内容分级制度；第四，尝试将教育和网络游戏相结合。[②]

[①] 程斯辉、刘宇佳：《防治中小学生沉迷网络的国外模式与借鉴》，《人民教育》2019 年第 10 期。

[②] 曾玉英：《美国网络游戏管理及其对我国的启示》，《出版发行研究》2016 年第 7 期。

新兴国家中，高英彤等概述了俄罗斯网络游戏治理中的问题：首先，其法律体系建构相对滞后和缺位；其次，网络游戏运营商的社会责任意识淡薄；最后，社会、学校和家庭的关注度与参与意识亟待提升。①

（二）国内"防沉迷"研究现状

国内涉"防沉迷"研究主要有两个方面：一是对我国防沉迷制度的发展进行梳理与评述，二是基于"问题—对策"模式分析我国的防沉迷制度。

1. 未成年人网络沉迷的原因

既有研究认为，青少年网络沉迷的原因，一是青少年自身特点；二是不良的家庭环境和不妥当的家庭教养方式；三是相关规定形同虚设，监管主体权责不明，执法方式缺乏常态化；四是网络技术制度创新设计不足，相应的法律制度及治理措施跟不上；五是治理落实不到位，网络企业、家长、学校和社会组织在防沉迷治理中各有优势，但它们往往各自为政，治理效果不尽如人意。② 此外，"网络多元价值观冲突，平台缺乏有效引导"也是致使青少年沉迷网络的原因之一。③

2. 网络游戏防沉迷系统实施效果及存在的问题

学者们认为，现有网络游戏法律规制体系的实施主要有以下问题：一是不良网络游戏对青少年仍有严重的负面影响；二是防沉迷系统作用有限，网络游戏成瘾严重；三是不良网络游戏与青少年犯罪关系密切；四是受访对象认为我国网络游戏监管和规制存在问题的比例较高。④

目前网络游戏青少年保护模式存在的主要问题，一是青少年保护模式存在技术漏洞，能够被轻易绕开；二是青少年保护模式一刀切，内容缺乏吸引

---

① 高英彤、李东阳、田立加：《俄罗斯网络游戏规制存在的问题及启示》，《社会科学研究》2017年第6期。

② 康亚通：《青少年网络沉迷研究综述》，《中国青年社会科学》2019年第6期。

③ 王琴：《青少年防沉迷系统的必要性与可行性分析》，《新闻研究导刊》2019年第15期。

④ 张丽滢、高英彤：《网络游戏法律规制体系完善路径研究》，《广西社会科学》2016年第10期。

力，不能满足青少年的个性化需求；三是企业缺乏升级青少年保护模式的积极性。[①] 何秋红等指出，我国防沉迷系统存在多种破解方法，部分未成年人欠缺自律意识，部分家长依赖防沉迷系统等问题。[②] 由此可见，网络游戏防沉迷系统的实施和预期效果尚有距离，若干漏洞需要及时弥补，各方仍需通力合作。

3. 对策与建议

在解决青少年网络沉迷，尤其是防止网络游戏成瘾问题上，学者们从不同角度提出以下建议。[③] 第一，提高立法层级，明确主管部门职权与规制主体的法律责任，加快建立网络游戏分级制度，考虑对不同年龄段的未成年人手机使用做出不同程度的立法规制，建立严格的防沉迷监控系统和完善网络实名制。除完善立法外，还要形成以行政监督、行业自律和技术保障为核心的管理体制。第二，对于网络游戏行业来说，要树立行业发展和治理的新思维，强化未成年人权益保护意识，并且鼓励具有教育意义的网络游戏开发。第三，学校、媒体、家长等要有责任意识，加强对青少年的思想教育，培养与提升他们的媒介素养。此外，学校和家长要积极引导青少年参加各类实践活动和培养道德意识、自控能力，从根本上解决网络游戏沉迷问题。当青少年出现了沉迷倾向，家长要及时沟通与陪伴，增强监护责任。在青少年主动配合的情况下，学校、家长要对其进行有效的心理治疗。

[①] 彭伶：《建立统一的青少年防沉迷模式之构想》，《检察日报》2021 年 6 月 17 日。

[②] 何秋红、周红：《网络游戏中防沉迷系统存在的问题及改进路径研》，载张志安、卢家银主编《互联网与国家治理发展报告（2021）》，第 310 页。

[③] 刘建涛：《我们应如何正确看待网络游戏——北京师范大学沈绮云教授访谈》，《出版发行研究》2006 年第 2 期；刘亚娜：《青少年犯罪预防视阈下的网络游戏监管制度研究》，《社会科学战线》2012 年第 8 期；刘亚娜、高英彤：《青少年沉迷网络游戏及引发犯罪的实证研究与应对机制》，《山东大学学报》（哲学社会科学版）2020 年第 3 期；燕道成：《国外网络游戏管理及启示》，《中国青年研究》2009 年第 8 期；曲国华、刘雪、曲卫华等：《公众参与下政府与游戏企业发展策略的演化博弈分析》，《中国管理科学》2020 年第 4 期；雷霁、王兴超：《网络平台青少年模式缘何同虚设》，《人民论坛》2020 年第 28 期；严励：《"网络游戏防沉迷系统"遭遇挑战》，《新闻界》2006 年第 1 期；莫梅锋、王旖旎、王浩：《青少年手机沉迷问题与对策研究》，《现代传播》（中国传媒大学学报）2014 年第 5 期。

二 研究设计

（一）抽样调查

受众反馈是认知和效果研究最重要、最直接的体现，任何效果评估都离不开对受众的把握，这是传播学的基本原理之一。[①] 但是现有研究缺少对防沉迷系统认知及使用终端——未成年人——的实地调查，没有一手的研究数据验证结论。此次调查从未成年人群体出发，主要通过考察调查对象的"接触—认知—心理态度—行为"等系列活动，来评估其对防沉迷系统的认知及该系统的传播效果。

本调查采用方便抽样，结合线上与线下两种方式发放问卷，问卷样本主要来自安徽省三个中学（一个城市中学，两个乡镇中学），共回收有效问卷1350份（线下问卷616份，线上问卷734份）。考虑到小学生使用手机的概率较小，高中生学业较忙，本研究将调查重点放在初中二年级。[②]之所以选择两个乡镇中学，是因为安徽作为劳务输出大省，乡镇中学留守学生较多，手机使用较频繁。本研究使用SPSS25.0软件对数据进行量化分析。

（二）问卷变量测量

基于家庭背景与社会环境的影响，同龄人对于网络游戏与相关防沉迷系统的看法和应对措施可能存在差异。与此同时，在传播学的研究范

[①] 刘燕南、刘双：《国际传播效果评估指标体系建构：框架、方法与问题》，《现代传播》（中国传媒大学学报）2018年第8期。

[②] 根据《2020年全国未成年人互联网使用情况研究报告》，未成年人上网玩游戏的比例为62.5%，排名在"网上学习"和"听音乐"之后。其中，小学生上网玩游戏的比例为53.5%，初中生上网玩游戏的比例为72.7%，高中生上网玩游戏的比例为71.4%。这和我们团队的预想相吻合，故我们的线下问卷全部向初二学生发放，线上问卷则面向一个乡镇初级中学，不区分其年级。

畴中，不同的传播渠道所传递信息的权威性与信任度的差异，会引起不同的受众反馈（见表1）。结合上述研究考量，调查对象的人口统计学特征与网络游戏接触基础，以及所接触的信息传播渠道是本次调查所设计的自变量。而研究涉及的因变量包括一般青少年与网络游戏参与者对防沉迷系统的了解与评价，防沉迷规定对网络游戏参与者在各类行为层面的影响。

表1 问卷变量设计

一级指标	二级指标	三级指标	变量设置	变量类别
传播效果	受众接触	传播渠道	防沉迷法规的传播渠道	自变量
	受众认知	知晓度	一般青少年对防沉迷规定的了解程度	因变量
	受众态度	认可度	一般青少年对于防沉迷规定的认可与否	
			游戏参与者对于防沉迷规定的正负评价	
		心理反应	游戏参与者了解防沉迷规定后的情绪状态	
	受众行为	游戏层面	网游防沉迷规定是否限制游戏	
		日常层面	网游防沉迷规定对游戏参与者的学习、运动、睡眠的影响	
	其他	人口统计学特征	性别、年龄、所在地区、父母职业	自变量
		游戏接触基础	游戏参与者的触游年限与时间段	

（三）研究假设

基于以上调查设计，本文提出以下假设：

A. 网络游戏及平台是防沉迷系统的主要传播渠道，其次是媒体、学校、家长；

B. 不同渠道的传播效果有差异，网络游戏及平台的主动宣传传播效果最好；

C. 青少年接触网络游戏的时长、投入程度，也会影响防沉迷系统的传播效果；

D. 青少年的自我管理意识和能力，比防沉迷系统能起到更好的约束效果。

三 数据分析

（一）网络游戏（平台）和学校是未成年人接触防沉迷规定的主要渠道，但渠道体现了性别和地域上的差异

问卷数据显示，1350 位受访者中，1125 位同学知晓防沉迷规定，225 位同学对此不甚了解。1125 位知晓者中，有 34.50% 的是通过网络游戏接触到防沉迷规定，通过学校了解的占 29.50%。通过主流媒体与家长方面知悉此信息的相对较少，分别占 14.50% 与 13.20%，通过网络社群接触到的仅占 8.40%。可见，网络游戏（平台）与学校是未成年人接触防沉迷规定的主要渠道。

调查发现，人口学变量中，男生与女生首次接触防沉迷规定呈现相反的现象。两性在家长、主流媒体与互联网社群三个渠道占比保持基本一致，而男生更多经由网络游戏接触到防沉迷规定，占比 44.90%，女生更多在学校中了解到防沉迷规定，占比 38.40%。这和网络游戏的使用性别差异基本一致（见表 2）。

表 2　不同性别的青少年接触防沉迷规定渠道的情况

第一次接触防沉迷规定的渠道	你的性别		
	男	女	总计
家长	67	81	148
	10.90%	15.80%	13.20%
学校	135	197	332
	22.10%	38.40%	29.50%
主流媒体	93	70	163
	15.20%	13.60%	14.50%
网络游戏	275	113	388
	44.90%	22.00%	34.50%
互联网社群（如 QQ 群、微信朋友圈、豆瓣小组等）	42	52	94
	6.90%	10.10%	8.40%

第一次接触防沉迷规定的渠道	你的性别		
	男	女	总计
总计	612	513	1125
非对称 Lambda 系数 = 0.114, Pearson 卡方 = 76.733, df = 4, p = 0.000			

从城乡差别看，城市中学初中生通过网络游戏接触到防沉迷规定的略多于乡镇中学初中生（39.00% v. 31.60%）（见表3）。在渠道接触上，二者差异的 Pearson 卡方 Sig 值均小于 0.05，说明防沉迷规定接触渠道在性别与地域上都存在着差异。

表3　不同地域的青少年接触防沉迷规定渠道的情况

第一次接触防沉迷规定的渠道	你目前所在的地区		
	农村	城市	总计
家长	99	49	148
	14.30%	11.30%	13.20%
学校	222	110	332
	32.10%	25.40%	29.50%
主流媒体	100	63	163
	14.50%	14.50%	14.50%
网络游戏	219	169	388
	31.60%	39.00%	34.50%
互联网社群(如 QQ 群、微信朋友圈、豆瓣小组等)	52	42	94
	7.50%	9.70%	8.40%
总计	692	433	1125
非对称 Lambda 系数 = 0.004, Pearson 卡方 = 11.566, df = 4, p = 0.021			

根据《2020 年全国未成年人互联网使用情况研究报告》，我国城乡未成年人互联网接入普及度几无差异，差异主要体现在使用方面。从常识看，城市未成年人较农村未成年人整体上会更早更多地接触网络游戏，这也解释了本调查发现的媒介接触首因的差异。一方面，在媒介接入整体基本持平的情况下，农村未成年人未接触过网络游戏的比例为 41.20%，而在城市中，这

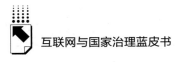
一比例仅为 25.30%；另一方面，城市未成年人深度玩家（指拥有 3 年及以上游戏经验）群体占到了 20.30%，农村则仅占 10.20%（见表 4）。

表 4　不同地域的青少年游戏时长情况

游戏时长	你目前所在的地区		
	农村	城市	总计
没玩过	358	122	480
	41.20%	25.30%	35.60%
1 年	277	162	439
	31.90%	33.60%	32.50%
2~3 年	144	100	244
	16.60%	20.70%	18.10%
4~5 年	54	54	108
	6.20%	11.20%	8.00%
5 年以上	35	44	79
	4.00%	9.10%	5.90%
总计	868	482	1350

非对称 Lambda 系数 = 0.046，Pearson 卡方 = 48.735，df = 4，p = 0.000

在性别指标上，未成年男性比未成年女性有更多的网络游戏接入体验（见表 5），具有不同的互联网媒介行为倾向，这也为我们未来讨论未成年人网络游戏防沉迷的性别差异提供解释依据，即未成年网络游戏使用者中，城市男性占比最高，其次是农村男性，再次是城市女性和农村女性。

表 5　不同性别的青少年游戏时长情况

游戏时长	你的性别		
	男	女	总计
没玩过	163	317	480
	22.90%	49.80%	35.60%
1 年	216	223	439
	30.30%	35.00%	32.50%
2~3 年	175	69	244
	24.50%	10.80%	18.10%

续表

游戏时长	你的性别		
	男	女	总计
4~5 年	87	21	108
	12.20%	3.30%	8.00%
5 年以上	72	7	79
	10.10%	1.10%	5.90%
总计	713	637	1350

非对称 Lambda 系数 = 0.061,Pearson 卡方 = 185.693,df = 4,p = 0.000

问卷统计显示,防沉迷规定在青少年网游使用者中有着极高的到达率,91.3%的人群都知晓防沉迷规定。在这个群体中,对防沉迷规定具体内容的了解随着游戏程度的加深逐渐提高,这从另一方面说明,防沉迷规定在这个群体中的到达是较为精准的。不过,这引发我们思考:为何如此高比例高精准的到达率,还会有相当比例的青少年网游使用者沉迷其中?不计未接触过防沉迷规定的青少年,依据性别与地域划分的四个未成年人群体中,对于防沉迷规定具体内容了解的皮尔森卡方 Sig 值为 0.661(见表 6),这说明我国目前普遍而无差异化的防沉迷规定的传播路径中,防沉迷规定的实施效果更多地取决于人群本身的特质,即特定未成年人的认知与应激行为差异导致了防沉迷规定实施效果的差异。

表 6 不同性别、地域的青少年对于防沉迷规定的了解情况

地域与性别	对防沉迷的具体规定的了解程度			
	听说过原文件但未阅读	知晓原文件大致内容	阅读原文件并完全知晓	合计
城市男性	63	112	72	247
	25.50%	45.30%	29.10%	100.00%
农村男性	98	165	102	365
	26.80%	45.20%	27.90%	100.00%
城市女性	45	92	49	186
	24.20%	49.50%	26.30%	100.00%

地域与性别	对防沉迷的具体规定的了解程度			
	听说过原文件但未阅读	知晓原文件大致内容	阅读原文件并完全知晓	合计
农村女性	80	139	108	327
	24.50%	42.50%	33.00%	100.00%
合计	286	508	331	1125
Pearson 卡方 = 4.116, df = 6, p = 0.661				

（二）防沉迷规定的不同传播渠道会影响青少年对其的知晓度与认可度

渠道会影响传播效果，这是不言而喻的。但在防沉迷规定的传播中，我们必须考虑未成年人渠道选择的被动性。依据渠道接触划分，由于皮尔森卡方 Sig 值小于 0.01，说明未成年人通过不同渠道了解防沉迷规定的深度存在着显著差异，其中，通过网络游戏（平台）接触防沉迷规定的未成年人群体对于防沉迷规定内容的了解程度是最高的，其次是通过学校（见表 7）。然而，知晓度并不代表认同度。通过网络游戏（平台）接触到防沉迷规定的未成年人中，32.70%的并不认同防沉迷规定，对于防沉迷系统的评价也更偏向于中立与消极，明确支持防沉迷规定的占比明显低于通过其他渠道知晓该规定的（见表 8）。

表 7　不同接触渠道的青少年对于防沉迷规定的了解情况

对于防沉迷规定的具体内容的了解程度	你第一次接触防沉迷规定的渠道					
	家长	学校	主流媒体	网络游戏	互联网社群（如 QQ 群、微信朋友圈、豆瓣小组等）	总计
听说过原文件但未阅读	51	66	43	95	31	286
	34.50%	19.90%	26.40%	24.50%	33.00%	25.40%
知晓原文件大致内容	58	140	91	178	41	508
	39.20%	42.20%	55.80%	45.90%	43.60%	45.20%

对于防沉迷规定的具体内容的了解程度	你第一次接触防沉迷规定的渠道					
	家长	学校	主流媒体	网络游戏	互联网社群（如QQ群、微信朋友圈、豆瓣小组等）	总计
阅读原文件并完全知晓	39	126	29	115	22	331
	26.40%	38.00%	17.80%	29.60%	23.40%	29.40%
总计	148	332	163	388	94	1125

非对称 Tau-y 系数 = 0.015，Pearson 卡方 = 34.441，df = 8. p = 0.000

表8　不同接触渠道的青少年对于防沉迷规定的认可情况

对防沉迷规定实行的认同与否	你第一次接触防沉迷规定的渠道					
	家长	学校	主流媒体	网络游戏	互联网社群（如QQ群、微信朋友圈、豆瓣小组等）	总计
否	15	19	34	127	17	212
	10.10%	5.70%	20.90%	32.70%	18.10%	18.80%
是	133	313	129	261	77	913
	89.90%	94.30%	79.10%	67.30%	81.90%	81.20%
总计	148	332	163	388	94	1125

非对称 Tau-y 系数 = 0.084，Pearson 卡方 = 94.116，df = 8. p = 0.000

考虑到通过网络游戏（平台）知晓防沉迷规定者多为青少年网游使用者，防沉迷系统本身会妨碍其使用网游，其更易对防沉迷系统作出负面评价。从实际效果看，防沉迷系统对未成年人的网游行为有着极为显著的约束作用，系统在游戏时间方面的限制覆盖了89.7%的未成年网游玩家。他们虽然对防沉迷系统存在抵触情绪，但其中有83.89%的网游使用者缩减了游戏时间，46.94%的停止玩网游，这些数据均高于不认同防沉迷系统未成年人的比例。

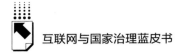

这也提醒决策者，普遍而无差异的防沉迷传播所获得的认同数据值得冷静辨析。对决策者而言，使未成年人认知防沉迷规定是前提，重点在于劝服。结合其他调研数据，我们可以初步看出，目前防沉迷系统取得的成效主要是限制了部分未成年人使用网游。更值得关注的是，经由网络游戏（平台）接触防沉迷规定的未成年玩家对于规定本身的认同度整体偏低，且情感色彩趋于负面，说明防沉迷规定的劝服效果并不显著。是否可以合理推定，通过其他渠道知晓防沉迷规定并表示认同者，其基本是"事不关己，高高挂起"？本调查还显示，对于有能力规避防沉迷系统的未成年深度玩家来说，他们对于防沉迷规定的认可程度更低，这也提醒我们，防沉迷系统对这一部分未成年人或许既无劝服力，也无约束力。防沉迷规定的传播盲点也是下一步改进的方向。

（三）青少年对网络游戏的投入程度不同，会影响防沉迷规定的传播效果

1.青少年对防沉迷规定的了解程度受到游戏时长的影响不显著

调查显示，没使用过网络游戏的青少年（占比 36.7%）对防沉迷规定具体内容的了解程度主要集中在知晓原文件大致内容。青少年随着使用网游时长的增加（1 年、2~3 年、4~5 年），对防沉迷具体规定的了解程度也逐渐加深，其中听说过原文件但未阅读的人数占比由 25.2% 降到 16.0%，阅读过原文件并完全知晓的人数占比由 25.2% 升至 31.0%。游戏时长在 5 年以上的青少年在阅读原文件并完全知晓中占比最高，达到该群体的 37.2%（见表 9）。

表 9　不同游戏时长的青少年对防沉迷规定的了解情况

对防沉迷规定的具体内容的了解程度	游戏时长					
	没玩过	1 年	2~3 年	4~5 年	5 年以上	总计
听说过原文件但未阅读	95	98	55	16	22	286
	29.1%	25.2%	23.8%	16.0%	28.2%	25.4%

对防沉迷规定的具体内容的了解程度	游戏时长					
	没玩过	1年	2~3年	4~5年	5年以上	总计
知晓原文件大致内容	120	193	115	53	27	508
	36.7%	49.6%	49.8%	53.0%	34.6%	45.2%
阅读原文件并完全知晓	112	98	61	31	29	331
	34.3%	25.2%	26.4%	31.0%	37.2%	29.4%
总计	327	389	231	100	78	1125
萨默森 dy 值 = 0.015,斯皮尔曼 Rho 值 = 0.018,p(双侧) = 0.547						

进一步分析后发现，对称的 lambda 系数为 0.012，当以青少年对防沉迷规定具体内容的了解程度为因变量时 lambda 系数为 0.003，Tau-y 系数作为非对称相关测量系数，值为 0.012，表明青少年的游戏时长和他们对防沉迷规定具体内容的了解程度之间存在相关性。由于自变量是定序变量，因变量是有序分类变量，可以进行定序相关测量，得到 Gamma 值为 0.023，非对称的 dy 值为 0.015，均为正值，且小于 0.3，说明具有低度正相关，由此可以认为使用网游年限越长的，则对防沉迷规定内容的了解程度就高的可能性越大。在非参数检验部分，斯皮尔曼值为 0.018，但 p 值表现不显著，研究假设难以推论至总体，即当前假设不完全成立。

2. 青少年对防沉迷规定的认可度受到游戏时长的显著影响

调查显示，随着游戏时长的增加，青少年中对防沉迷规定表示认同的人数占比由 93.3% 降至 53.8%，而表示不认同的人数占比由 6.7% 升至 46.2%，说明青少年的游戏时长与其对防沉迷规定的认可度存在相关性（见表 10）。在对调查数据进行相关分析后，对称的 lambda 系数为 0.011，当以青少年对防沉迷规定的认同与否为因变量时 lambda 系数为 0，Tau-y 系数作为非对称相关测量系数，值为 0.099，基本验证了两者之间的相关性，但是作为因果关系的相关性程度需要进一步测量。由于自变量是定序变量，因变量在重新编码为（0，1）的二分变量后，可以进行定序相关测量，得到 Gamma 值为 -0.535，非对称的 dy 值为 -0.176，均为负值，且 dy 绝对值小

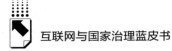

于 0.3，说明具有低度负相关，由此可以认为使用网游年限越长的，其对防沉迷规定认可度越低的可能性越大。由于两个变量都属于定性资料，服从卡方分布，在进行推论总体的统计检验后，卡方值 111.082 对应的显著度 sig 为 0（p<0.01），说明研究假设成立，即不同的网游使用时长与青少年对防沉迷规定的认同之间存在差异。

表 10　不同游戏时长的青少年对防沉迷规定的认同情况

对防沉迷规定实行的认同与否	游戏时长					
	没玩过	1 年	2~3 年	4~5 年	5 年以上	总计
否	22	53	63	38	36	212
	6.70%	13.60%	27.30%	38.00%	46.20%	18.80%
是	305	336	168	62	42	913
	93.30%	86.40%	72.70%	62.00%	53.80%	81.20%
总计	327	389	231	100	78	1125
萨默森 dy 值 = −0.176, Pearson 卡方 = 111.082, df = 4, p = 0.000						

分析了调查对象所回答的防沉迷系统等级评价的数据后，也验证了青少年网游使用者的游戏时长与他们对防沉迷系统的评价存在负相关。随着游戏时长的增加，青少年玩家对防沉迷系统的积极评价由 53% 下降到 20.5%，消极评价由 4.1% 上升至 29.5%（见表 11）。由于两个变量都属于分类有序变量，此处使用斯皮尔曼相关性分析法，得到斯皮尔曼值为 0.297，斯皮尔曼等级相关显著，说明玩家的游戏时间越长，对防沉迷系统的评价下降的可能性越大，对应 p 值<0.01，表明两变量之间的正向关系很显著。

表 11　不同游戏时长的青少年对防沉迷系统的评价情况

玩家对防沉迷系统的评价	游戏时长				
	1 年	2~3 年	4~5 年	5 年以上	总计
积极的	206	80	27	16	329
	53.00%	34.60%	27.00%	20.50%	41.20%

玩家对防沉迷系统的评价	游戏时长				
	1 年	2~3 年	4~5 年	5 年以上	总计
中立的	167	117	53	39	376
	42.90%	50.60%	53.00%	50.00%	47.10%
消极的	16	34	20	23	93
	4.10%	14.70%	20.00%	29.50%	11.70%
总计	389	231	100	78	798
斯皮尔曼 Rho 值 = 0.297,p(双侧) = 0.000					

3. 青少年对防沉迷规定的遵守情况受到使用网游时长的显著影响

在防沉迷规定的实施过程中，作为数字原住民的青少年玩家，不仅熟悉防沉迷规定，并有能力绕开防沉迷系统。调查发现，有一定网游经验的青少年玩家，会在趣缘社群寻求破解防沉迷系统的技术知识，其违反防沉迷规定的意愿和能力都相对更高。随着游戏时长的增加，青少年玩家中可以绕过系统限制的人数占比由 3.60% 上升到 28.20%，而遵守系统规定的人数占比由 96.40% 下降到 71.80%（见表 12），说明青少年玩家使用网游时长与他们遵守防沉迷系统限制之间存在相关性。经过定序相关测量后，Gamma 值为 -0.578，非对称的 dy 值为 -0.126，均为负值，且 dy 绝对值小于 0.3，说明具有低度负相关，由此可以认为游戏年限越长，则遵守防沉迷系统限制的可能性越低。卡方值 54.760 对应的显著度 sig 为 0（p<0.01），说明研究假设成立，即不同的网游使用时长与青少年玩家遵守防沉迷系统的限制之间存在差异。

表 12　不同游戏时长的青少年遵守防沉迷规定的情况

遵守防沉迷规定与否	游戏时长				
	1 年	2~3 年	4~5 年	5 年以上	总计
没有,我可以绕过系统限制	14	27	19	22	82
	3.60%	11.70%	19.00%	28.20%	10.30%
是的,我会遵守系统规定	375	204	81	56	716
	96.40%	88.30%	81.00%	71.80%	89.70%
总计	389	231	100	78	798
斯默森 dy 值 = -0.126,Pearson 卡方 = 54.760,df = 3,p = 0.000					

基于调查数据，防沉迷规定的宣传不会随着青少年网游使用时长的增加而更加深入人心，恰恰相反，网游使用时间越长的青少年，其对防沉迷系统的认可度与遵守情况就越差。这提醒决策者，在防沉迷规定的宣传与实操上，可以通过技术手段精准分析青少年"老"玩家的行为与心理特征，将其游戏数据纳入重点监管的范围，从而达到优化实施效果的目的。

（四）青少年的自我管理意识比防沉迷规定能起到更好的约束效果

无论城乡，都有相当数量的青少年不玩网络游戏。其选择不玩网络游戏的最主要原因是"自己想要把时间投入学习、运动等方面"，占到不玩网游青少年的57.7%。而因为防沉迷系统的影响而不玩网游者数量最少，占比25.7%。其他原因依次是对游戏本身的兴趣丧失以及来自家长或老师的限制（见表13）。这一数据并非说明防沉迷系统作用甚微。因为防沉迷系统的设计初衷，并非完全禁止青少年使用网络游戏，而是引导青少年有序健康地参与到网络游戏中，所以防沉迷系统在促使青少年离开网络游戏方面的影响最低是可以理解的。

表 13　调查对象现在不玩网络游戏的原因情况

你现在不玩网络游戏的原因（多选）	响应		个案百分比(%)
	个案数	百分比(%)	
对游戏本身没有兴趣了	209	26.60	40.70
被家长或者老师限制	148	18.90	28.80
防沉迷系统的约束	132	16.80	25.70
自己想要把时间投入学习、运动等方面	296	37.70	57.70
总　　计	785	100.00	153.00

防沉迷系统出现后，青少年网游玩家的时间分配有无变化呢？调查发现，45.6%的调查对象认为自己的睡眠、运动、学习时间都没有发生变化，认为以上时间都变多的调查对象占比27.2%，只有9%的调查对象认为以上

时间都在变少。数据说明，防沉迷系统的限制对青少年网游玩家日常时间分配的正向引导方面没有明显影响，这与上述研究结果相呼应。

根据自我决定理论（Self-Determination Theory，SDT），行为人的动机划分为无动机、外部动机和内部动机。外部动机又可以分为外部调节、内摄调节、认同调节和整合调节。[①] 在外部调节、内摄调节作用下的人类行为更多的是受到了外界压力而产生的，因而缺乏自主性。就防沉迷系统看，调查显示仍有 10.30% 的青少年玩家可以绕过该系统的限制，而且半数玩家也没有把非游戏时间投入睡眠、学习、运动等方面。说明通过机械的外部限制，难以取得部分青少年在自我发展上的内部认同，故其心理感受和行为效果不尽如人意。这也提醒决策者，在防沉迷系统的设计上，既要有效限制青少年的游戏时间，又要增加他们的认同感，将外部因素内化为自觉行为，最终将合理规划游戏时间转变为自主动机。

四　参考与建议

网游沉迷是全球性问题，各国均在积极探索应对之道。本研究也整理了一些网游大国的治理办法，并基于国情提出若干建议。

（一）域外经验

日本没有全国性的网络游戏限制规定。日本第一个地方防沉迷法规——香川县《网络游戏成瘾对策条例》（ネット・ゲーム依存症対策条例）——于令和 2 年（2020 年）4 月 1 日起施行。该条例第 18 条规定，未成年人每日游戏时间不超过 60 分钟，节假日不超过 90 分钟。在完成义务教育之前，未成年人应在晚上 9 点前停止网游，其他未成年人应在晚上 10 点前停止网游。附则规定，在该条例实施两年后，应根据本条例的实施情况等进行检

---

① 刘丽虹、张积家：《动机的自我决定理论及其应用》，《华南师范大学学报》（社会科学版）2010 年第 4 期。

讨，如有需要，应根据结果采取必要措施。① 日本也对网游进行分级，其计算机娱乐评级组织（Computer Entertainment Rating Organization，CERO）根据年龄将网游分为五级，分别用字母和颜色标识。其中，A（黑色）适合全年龄段，B（绿色）适合12岁以上，C（蓝色）适合15岁以上，D（橘色）适合17岁以上，Z（红色）仅限18岁以上。②

韩国于2022年元旦开始全面推行"游戏时间选择制"，废除了已实行十年的"强制防沉迷制度"。该选择制允许儿童、他们的父母或他们的法定监护人申请特定时间的游戏许可，并向沉迷网络游戏的青少年及其家人提供咨询、教育、治疗等服务。时任韩国副总理兼教育部长的刘恩惠表示，教育部"会同有关部门，在学校、家庭、社会等方面系统支持媒体和游戏教育，让青少年发展这些能力，继续努力为儿童营造良好的游戏环境和丰富的休闲活动"。根据韩国于2011年通过的《青少年保护修正法案》（Youth Protection Revision Act），禁止16岁以下的青少年于每天0点至6点使用网络游戏。违反该法律的公司将被处以最高1000万韩元的罚款，个人甚至面临两年监禁。但该法律只适用于PC游戏，不包括主机游戏或手机游戏。根据《游戏产业促进法》，韩国成立了"游戏分级管理委员会"（Game Rating and Administration Committee，GRAC. 2013）、"游戏内容分级委员会"（Game Content Rating Board，GCRB. 2014）。每款游戏都须经过GCRB或GRAC评级，如果一款游戏发行适用于不同平台的版本，哪怕内容一样，都必须分别进行评级。韩国游戏按年龄分为四级：全年龄段（ALL）、12岁以下不可使用（12+）、15岁以下不可使用（15+）、适合成人（18+），同时辅以性、暴力、恐怖、粗口、赌博等内容警示。

新加坡于2008年实施《电子游戏分级指南》，最新一版生效于2021年7月1日，旨在确保成年人的多样选择和未成年人远离不适合的网游。新

① 香川県議会事務局政務調査課：《香川県ネット・ゲーム依存症対策条例》，（日本）《自治体法務研究》2020・夏：63~65。

② "Computer Entertainment Rating Organization. Rating System：2002，" https：//www.cero.gr.jp/en/publics/index/17/.

加坡把网游分为两类。第一类是 M18（Mature 18），适合 18 岁及以上人员。游戏包装必须贴上 M18 标签和消费建议，发行商必须确保游戏不会销售给 18 岁以下的人员。第二类是 ADV16（Advisory 16），适合 16 岁及以上人员。游戏包装必须贴上 ADV16 标签，还要附上建议文本"适合 16 岁及以上"。根据该指南，ADV16 是建议性分级，而 M18 是强制分级。没有这两个标签的游戏可适合所有年龄段（General）。新加坡信息通信媒体发展管理局（IMDA）不定期修订或更新该指南，以确保其符合社区标准和社会规范。

越南的网游发展也很迅速。2011 年，越南信息通信部向互联网服务提供商发出命令，自当年 3 月 3 日起，阻止越南用户每天 22：00 至次日 8：00 访问游戏服务器。2013 年，越南颁布《关于管理、提供和使用互联网服务和网上信息的法令》（Decree No. 72/2013/ND-CP）。其专设第四章规定"网络游戏"。该法第 31 条根据游戏玩家是否互动以及是否通过游戏服务器进行互动将网游分为四类（G1~G4），并分别规定各类游戏的审批条件。第 31 条还授权信息通信部根据玩家的年龄对电子游戏进行分类。2018 年，越南通过 Decree No. 27/2018/ND-CP 修订 2013 年法令，在第 31 条下增加第 31a 款，将玩家的年龄分为 18+、12+ 和 00+（适合所有年龄），同时修订 G1~G4 游戏审批条款。和其他国家不同的是，越南管治网游的重点是网吧。因为越南玩家主要在网吧玩游戏，一般人买不起游戏设备。另外，尽管越南市场授权品牌公司的经销商/零售商生产游戏机设备，但他们的价格往往比通过非官方渠道购买的价格至少高出 20%。①

美国没有统一规制网游的联邦法律，但它是游戏分级制度的先行者。美国娱乐软件分级委员会（ESRB）一共将游戏分为六个等级，分别是 E（全年龄）、E10+（10 岁以上）、T（13 岁以上）、M（17 岁以上）、AO（仅限 18 岁以上成年人）和 RP（待分级）。与其他国家或地区不同的是，美国的

---

① Anh P. Q. , "Media Governance：Managing Online Games Seen from the Perspective of the State in Vietnam," *Heliyon*, 2021, 7（1）：e06045.

分级制度不具有强制执行力。不过，美国若干州都试图管理电子游戏，伊利诺伊州、密歇根州和加利福尼亚州都曾禁止向18岁以下的未成年人出售或出租"暴力视频游戏"。2005年10月，时任加州州长的施瓦辛格签署AB1179号法案，根据该法案，任何向未成年人出售暴力视频游戏的人将被处以最高1000美元的罚款。该法案备受争议，有人讥讽说施瓦辛格出演了20多部暴力动作片，其中一些已经被改编成电子游戏。美国娱乐商协会（EMA）随即将该法案起诉至联邦地方法院，联邦地方法院裁定该法案违反宪法第一修正案并永远禁止其实施。加州上诉至第九巡回法院，巡回法院维持原判。加州再次上诉至联邦最高法院，2011年6月27日，最高法院以7∶2裁决加州败诉。斯卡利亚大法官主笔的判决书开宗明义："电子游戏有资格受到第一修正案的保护。（电子游戏）就像受保护的书籍、戏剧和电影一样，它们都是通过常见的文学手法和独特的媒介特征来传达思想。言论自由的基本原则……不能因为一种新的、不同的传播媒介而改变。"① 其他地区非因内容而限制电子游戏的也难以成功。②

欧洲的电子游戏规制较为复杂，目前普遍适用的是泛欧游戏信息组织（Pan-European Game Information，PEGI）的分级标准，部分国家也有自定标准。PEGI针对的主要是单机游戏和主机游戏，目的是在购买前告知消费者游戏的内容和年龄适宜性，以保护未成年人不受不合适内容的影响。其年龄分为五级：3、7、12、16和18。其中3和7用绿色标识，12和16用黄色标识，18用红色标识。另外，在包装背面标明分级理由：暴力、粗口、恐怖、毒品、性、歧视、赌博和可以联网（violence，bad language，fear，drugs，sex，discrimination，gambling and online）。为保护青少年网络游戏安全，PEGI《行为准则》规定可以对网络游戏进行分级，同时要求缔约游戏出版商移除网络不良内容，尽其最大努力确保网络游戏环境不包含非法、攻击性、种族主义、有辱人格、腐化、威胁、淫秽或可能永久损害未成年人发展

---

① Brown v. Entertainment Merchants Association，564 U. S. 768（2011）.

② Candy lab v. Milwaukee. Case No. 17-CV-569-JPS.

的内容。其第 9.9 条规定，游戏出版商应遵守严格的标准，确保未成年人免受任何针对未成年人的在线游戏产品中不当内容和行为的影响。[①]

概括地说，亚洲国家普遍选择时间限制，欧美普遍采用非强制性的内容分级制度。相对来说，时间限制比内容分级对控制未成年人沉迷网络游戏要有效得多。另外，不管哪个国家或地区，都严格限制或禁止未成年人涉足网络博彩游戏。不过，近来我们的不少近邻纷纷采取了网络游戏分级制度，这值得我们参考。

（二）建议

如前所述，国内学者对完善防沉迷的建议主要围绕三个层面：国家层面要完善立法，社会层面要加强行业自律和家校合作，个体层面要强化未成年人的网络素养和自我管理。更全面的建议是，政府、社会、企业、学校、家庭多方协作，通过技术性治理和社会性治理形成合力。这些建议都很有启发性，但面面俱到，未免有些失焦。基于课题调查所得及相关权威数据，本文认为网游防沉迷的关键是网游企业和家长。

1. 网游企业应联合发力，有所作为

我国网游业内公司"二八定律进一步显现，以腾讯、网易为首的头部企业占据了近七成市场份额"[②]。这些公司均构建了自己的未成年人防沉迷系统，如 2018 年腾讯上线"游戏成长守护平台"，2019 年网易搭建"网易家长关爱平台"，抖音也升级"向日葵计划"，引导青少年健康上网。这些防沉迷系统基本上各自为政。如果不是 2021 年"史上最严防沉迷"政策规定了具体的游戏时间，未成年人完全可能在不同的系统间自由切换，以规避系统限制。对于家长来说，在不同的系统间给孩子们确认授权，绝对是个难以坚持下来的任务。要知道，我国还有不少成年人缺乏基本的网络知识，更遑论网络素养了。

---

① PEGI：The PEGI Code of Conduct，https：//pegi.info/pegi-code-of-conduct.

② 周贝贝：《游戏防沉迷：需"儿童锁"更需统一标准》，《新产经》2019 年第 4 期。

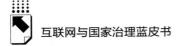

2010年2月，由文化部指导，腾讯、网易等六家网络游戏企业共同发起的"网络游戏未成年人家长监护工程"启动，2011年1月，教育部、文化部和中央文明办等联合下发《"网络游戏未成年人家长监护工程"实施方案》（文市发〔2011〕6号）。今天实施的防沉迷规定中，除了严格的时间限制不见于以上"工程"或"方案"外，其他内容几乎一脉相承。需要我们反思的是，为何这些"工程"动辄就"烂尾"了？① 2017年马化腾还曾撰文建议："政府主管部门、监护人、教育系统、社会组织、互联网企业协力同心，共同建设高效科学的未成年人健康上网保护体系。"② 但这些主体并非没有"协力同心"过啊！本文建议头部网游企业认真考察欧洲PEGI规则中的"家长控制选项"（parental control options），主动负起平台的主体责任，勠力同心，构建起全国统一、家长省心、孩子开心的网游辅助管理系统，让防沉迷规定"不怒而威"。

2. 教育家长重于教育未成年人

如何教育家长？自学与家校合作结合。《未成年人网络保护条例（征求意见稿）》第17条规定："未成年人的监护人应当主动学习网络知识，提高自身网络素养，规范自身使用网络的行为，加强对未成年人使用网络行为的教育、示范、引导和监督。"本文认为，这一条体现了"家长教育"的三个层次。

首先，家长要有网络素养，能正视网络游戏问题。游戏是孩子的天性之一，每个时代都有自己的主要游戏方式。没有网游，也会有其他的游戏方式占据孩子的课余时间。艾瑞咨询发布的《2020年中国游戏领域未成年人保护白皮书》发现一个很有趣的现象：在统计样本中，近53%的有游戏行为的未成年网民表示，玩游戏的动机是"课业压力需要适度排遣"。而且游戏已成为未成年人休闲放松、交流沟通的重要媒介。家长们不能只关心未成年人玩网游的时长，以及花了多少钱，却不关注他们玩游戏的心理动机。另

---

① 本课题以"网络游戏未成年人家长监护工程"为主题检索于"中国知网"，共得结果23条，全部为2010年和2011年的文献。

② 马化腾：《管控未成年人上网风险》，《人民法院报》2017年5月20日。

外，家长适度地和孩子共同玩网游，既可和谐亲子关系，也能帮助孩子建立正确的网游认知。香川县《网络游戏成瘾对策条例》第 6 条规定："监护人应当自觉承担保护儿童免受网络游戏成瘾的首要责任。家长应珍惜从婴儿期开始与孩子面对面的时间，保护儿童的安全感，培养稳定的依恋，并与学校合作，努力确保儿童不会成为网络游戏成瘾者。"

其次，家长要规范自身网络行为，适度接触网游或远离网游。成年人的行为自由度更大，无论是职能部门还是网游企业都无法直接监管成年人涉足网游。而俗话说"家长是孩子的第一任老师"，言传不如身教。试想，沉迷于网络甚至网游中的家长如何教育子女远离游戏？网游平台、教育主管部门、学校也要有共同体意识，共同为社会和家长提供防沉迷教育和咨询服务。

最后，家长和学校要重点加强对男生的防沉迷教育。调查发现，无论城乡，男生玩网游的比例都远高于女生，而对防沉迷规定的认可上，女生则远高于男生。超八成初中生通过学校和网游（平台）知晓了防沉迷规定。因此，无论是在学校还是在家庭，都应将重点向男生倾斜。在与相关学校负责人的交流中我们发现，学校或在上级教育主管部门的要求下，或主动进行防沉迷教育，但都不区分性别或重点人群。除家长和学校外，游戏平台也要通过实名认证加强对男生的时间控制。

3. 在防止未成年人沉迷网游的同时，也要教育其合理使用其他网络产品

"极光数据"发布的《2021 年 Q4 移动互联网行业数据研究报告》指出，自 2020 年 10 月至 2021 年 12 月的五个季度中，移动网民手机游戏日使用时间占比最低的为 4.6%，最高的也只有 7.5%。而短视频和即时通讯日使用时间占比超过五成（见图 1）。虽然该报告未区分成年人和未成年人，但其足以提示我们，单纯地防网游沉迷似乎不足以防范未成年人陷于网络。而且，网络游戏以外的网络产品对未成年人几乎不设防，加上算法推荐的滥用，从理论上说，更易致未成年人沉迷其中。因此，家长和学校应教育未成年人合理使用此类网络产品，相关部门亦应考虑构建相应的防沉迷系统。

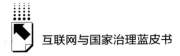

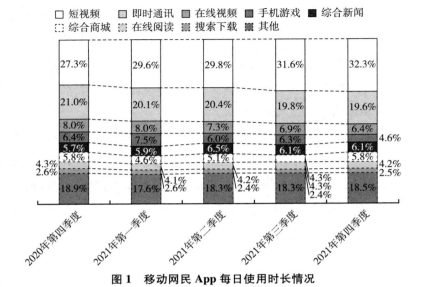

图1 移动网民 App 每日使用时长情况

4. 慎用"网络成瘾"的提法

目前学术界对"沉迷于网络/网游"到底是"成瘾"还是"问题行为"存在争论。心理学界公认，要达到"网络成瘾"或出现"网络问题行为"，至少包括两方面内涵：一是个体的网络使用行为无法控制，二是个体的日常功能因此而受损。[①] 从问卷反馈的信息以及课题组入校访谈时获得的信息看，初中生的网游情况基本正常。由于"网络/网游成瘾"是精神疾病，[②]对于少部分沉迷于网游的未成年人来说，除非证据十足，不要轻言"网瘾"，毕竟社会公众对精神疾病极易产生误解。巴黎第五大学的一项涉及欧洲六国青少年的研究表明，电子游戏的使用与儿童心理健康问题的风险增加无关。对于那些经常玩电子游戏的孩子来说，电子游戏有助于维护同伴关系。另外，电子游戏似乎与更好的智力功能和学术成就有关。[③] 当然，这一

---

① 雷雳：《互联网心理学：新心理与行为研究的兴起》，北京师范大学出版社，2016，第451页。

② 李晓宏：《网瘾也是精神疾病》，《人民日报》2013年9月27日。

③ Masfety V. K., Keyes K., Hamilton A., et al., "Is Time Spent Playing Video Games Associated with Mental Health, Cognitive and Social Skills in Young Children?" *Social Psychiatry & Psychiatric Epidemiology*, 2016, 51（3）：349~357.

结果并不一定适用于我们，更不意味着可以放松对孩子可能沉迷网游的防范。

在没有新的更能吸引未成年人视线的新游戏形式出现之前，网络游戏防沉迷都是社会热点话题。但我们的网络检索发现，网游企业及其从业者的声音很小，哪怕有人喊出"禁止网络游戏"时，也少见业内人士辩解。或许是在中国语境下，"玩物丧志"的警示已浸入我们的基因，致使游戏从业者似乎有一种原罪感。此外，未成年人虽然年龄小，但在制定适用于他们的规范时，亦应适当听听他们的声音。这也是本研究的不足之处，未来我们将深入调研家长和网游企业，尽可能呈现当事各方的声音，努力让防沉迷从共识走向共同行动。

B.11
互联网儿童色情规制困境
及其对策研究

——基于中美比较法视野

周书环*

摘　要： 随着互联网的发展，网络儿童色情在国际和国内各种平台上传播泛滥。但是从国际比较的视角来看，中国对儿童色情的刑法依据和理论研究较为不足。为了更好地保护未成年人，美国从 20 世纪 70 年代就开始重视对儿童色情的刑法规制，逐渐区分"儿童色情"与"淫秽"、禁止持有儿童色情材料和禁止虚拟儿童色情内容等。为了更好地与国际趋势接轨，全面保护未成年人，中国应当全面了解国际上不同国家包括美国规制儿童色情的做法，并结合当下互联网国际发展趋势和中国国情，从刑法上对儿童色情进行专门界定以区分儿童色情和淫秽，将儿童色情的相关行为入罪，禁止网络虚拟儿童色情，加大对儿童色情的刑事处罚力度。

关键词： 儿童色情　未成年人　互联网　美国

一　中国互联网儿童色情规制困境

在保护未成年人方面，儿童色情问题亟须得到解决。近几年来，儿童色

---

* 周书环，天津大学新媒体与传播学院副教授。

情产业在中国犹如野草般疯长。2020年3月，有媒体调查发现，大量国内网站存在儿童色情传播乱象，如"芽苗论坛"注册有860多万会员，另一家网站总用户数有256万人次，每三四分钟就有新会员注册。① 全国两会代表委员近五年每年都在座谈会上发布《"女童保护"性侵儿童案例统计及儿童防性侵教育调查报告》，多次提到儿童色情问题的严重性。2021年的报告指出，性侵儿童（18岁以下）案例有223起，受害人数达569人。由于这只是媒体公开报道案件的统计数据，可能仅为实际发生案例的冰山一角。② 不少媒体揭露儿童色情网站已形成产业链，呼吁推动立法。但相关部门受到取证难、认定难和执法难等多重现实困境的制约，儿童色情传播屡禁不止，儿童色情产业泛滥。③

上述儿童色情的泛滥与规制困境一定程度上是由中国儿童色情的法律规制不足造成的。第一，没有定义"儿童色情"。中国《刑法》第367条对"淫秽物品"进行了定义，但没有提到儿童色情。在新闻出版署1988年颁布的《关于认定淫秽及色情出版物的暂行规定》对"淫秽出版物"的定义中，包含了"少年儿童色情"这一类别，与国际上界定的"儿童色情"中"未成年人"范围一致。但没有对"少年儿童色情"进行具体定义，导致"儿童色情"的规制没有法律依据。第二，中国"儿童色情"属于淫秽类别，这意味着成年人的色情和未成年人色情都适用有关"淫秽"的法律，两者的处罚力度相差不大，不利于对未成年人进行专门保护。第三，中国对儿童色情的法律规定范围比较狭窄，比如对持有儿童色情材料的行为还没有相应规定，对于如何规制网络上的虚拟儿童色情材料也有待发展。

不仅如此，目前学者对中国儿童色情的研究不足，不利于推动有关儿童

---

① 《国内版"N号房"乱象调查：八百余万注册会员，存大量儿童不雅影像》，新浪网，https：//finance. sina. cn/2020-03-28/detail-iimxxsth2222174. d. html。
② 《"女童保护"2021年性侵儿童案例统计及儿童防性侵教育调查报告》，北京众一公益基金会，https：//www. all-in-one. org. cn/newsinfo/2475704. html。
③ 《揭儿童色情内容交易：色情网站屡禁不止 监管困难》，正义网，http：//news. jcrb. com/yzfzrp/20170824/201708/t20170825_ 1791041. html。

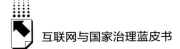
色情治理的司法实践。一方面，这些研究或着眼于分析中国儿童性法律的缺陷及其原因，缺少对如何规制的探讨，① 或在儿童受虐待救济中提到他国对性侵儿童行为的法律规制，没有提及儿童色情②；另一方面，不少研究者仅介绍他国儿童色情的规制情形，较少结合中国国情。比如有学者介绍了美国保护未成年人免受网络色情作品危害的立法，但着重点是成年人色情。③ 还有人对美国网络儿童色情的物品持有罪和美国青少年色情问题及法律规制分别进行过探讨，也没有考察中国的相关情况。④ 此外，虽有少量研究者结合他国经验及网络环境对中国规制儿童色情提出了建议，但仅从网络儿童色情角度，缺少宏观视野；⑤ 或只论及了儿童色情制品的持有行为及立法探讨，没有涉及其他问题。⑥

综上所述，无论是基于实践还是理论，中国对儿童色情的规制都存在着不足，因而探讨儿童色情的规制问题刻不容缓。美国司法局认为儿童色情的危害极大，"这类材料的不断生产和分发刺激了更变态的需求，使儿童受害者受到持续骚扰或导致新的儿童被性虐待"⑦。很多国家也持有类似观点，因此，美国、德国、英国、加拿大、日本、荷兰等绝大多数国家，完全禁止制作、出版、贩卖、传播、持有儿童色情材料等行为。⑧ 目前国际上都将"儿童色情"中的"儿童"定义为 18 岁以下的任何人，为了更好地与国际对儿童色情规制的趋势接轨，本文也采用了"儿童色情"的术语，并以美

---

① 赵合俊：《儿童免受性侵害的权利——对中国儿童性法律的审视》，《法学研究》2004 年第 6 期。
② 杨志超：《中国儿童虐待救济法制的完善路径——基于构成要素的比较及法律特征的探析》，《青年研究》2018 年第 4 期。
③ 梁鹏、王兆同：《美国保护未成年人免受网络色情作品危害的立法与借鉴》，《中国青年研究》2006 年第 10 期。
④ 牛旭：《美国网络儿童色情物品持有罪的立法变革》，《当代青年研究》2016 年第 3 期。
⑤ 吴承栩、崔小倩：《网络儿童色情制品犯罪之刑法规制》，《云南大学学报》2013 年第 5 期。
⑥ 屠锦超、陈露：《非法持有网络儿童色情制品犯罪的立法探讨》，《少年儿童研究》2019 年第 4 期。
⑦ 《美国联邦淫秽法案》，美国司法局官网，https：//www. justice. gov/criminal‐ceos/citizens‐guide‐us‐federal‐law‐obscenity。
⑧ Akdeniz. Y.，*Internet Child Pornography and the Law：National and International Responses.* London：Routledge，2016：1‐20.

国为例，从传播技术发展的角度出发，对影响美国儿童色情法律的三个重要司法实践进行梳理，进而比较中国和美国的规制差异。最后，本文结合中国语境，从儿童色情的刑法规制角度，对更好地保护中国未成年人提出建设性意见。

二　美国互联网儿童色情的规制与发展

美国对儿童色情的法律规制最早可追溯到 20 世纪 70 年代中期，当时许多国家也面临着"儿童性虐待和儿童色情的双重问题"。① 1977 年，美国国会通过了第一部关于儿童色情的立法，即《保护儿童免受性剥削法案》（Protection of Children Against Sexual Exploitation Act）。该法案的起草者认为他们在处理儿童色情问题时应受淫秽法的约束。换而言之，判断材料是否属于儿童色情，首先要判断内容是否淫秽。直到 1982 年，纽约诉费伯案（New York v. Ferber）清除了这个障碍，将儿童色情与成人色情中的"淫秽"分开，该案成了儿童色情的先例判决。

（一）传统传播时代：开始单独规制儿童色情

20 世纪 80 年代，有关儿童色情的案件主要发生在传统的性用品店。1982 年，被告保罗·费伯（Paul Ferber）作为纽约曼哈顿区一家性用品店的老板，因向一名卧底警察出售描绘年轻男孩自慰的电影被指控传播淫秽和不雅的性表演，依据纽约州的淫秽法，费伯被初审法院判决有罪。费伯不服，认为儿童色情材料应受到米勒准则的约束，他售卖的电影只是色情，并没有达到米勒准则规定的淫秽程度。

随后，案件上诉到联邦最高法院，法院提出，"保障未成年人的身心健康"是一项"引人注目的"国家利益，而且作为虐待未成年人的永久记录，

---

① Adler. A., "The Perverse Law of Child Pornography," *Columbia Law Review*, 2001, 101（2）：209–273.

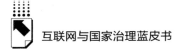

儿童色情材料的分发继续循环本身会伤害参与其中的未成年人。最终，联邦最高法院维持了下级法院的判决，裁定纽约州的淫秽法没有违反宪法，国家保护未成年人免受性伤害的利益远远超过宪法第一修正案的任何利益。①

法院将儿童色情排除在宪法的保护范围之外，并区分了成人色情和儿童色情，认为即使色情内容没有达到淫秽程度，但因为涉及未成年人的性内容，法律可以加以禁止，并不违宪。作为对费伯案的回应，美国国会以纽约法规为蓝本，迅速通过了1984年《儿童保护法》（Child Protection Act of 1984）。该法案主要修订了《美国法典》第18章（title 18 of the United States Code）有关儿童性剥削的部分。具体包括禁止分发有关未成年人性剥削的材料（即使该材料没有达到"淫秽"程度），从而大大扩展了儿童色情的范围，加重了对儿童色情犯罪行为的处罚。②

可以说，费伯案赋予了各州管理儿童色情内容方面更大的自由，无论儿童色情材料是否达到淫秽标准，他们都可以禁止其分发、生产和销售。然而，进入20世纪80年代，伴随着有线电视、卫星电视和录像机的普及，个人在家持有儿童色情材料的行为也逐渐受到广泛关注。

（二）录像传播时代：公民隐私权与未成年人利益之间的博弈

到了20世纪90年代，随着录像技术的发展与普及，公民可以在家观看一些录像带视频，公民在家中持有各类淫秽材料或儿童色情材料的行为更加普遍。一般而言，在美国宪法第四修正案规定的隐私权下，公民在家中持有各类淫秽材料或儿童色情材料的行为是受保护的。③ 1990年，在俄亥俄州诉奥斯本案（Ohio v. Osborne）中，法院裁定，俄亥俄州保护未成年人的强烈利益超过了当事人奥斯本在家中持有儿童色情材料的隐私权。④ 在该案中，

---

① Ferber v. New York. 458 U. S. 747（1982）：758.

② Public Law. 98-292 98th Congress（1984）.

③ Siry. L. , *Regulation of Sexualized Speech in Europe and US Regulation of U. S and Europe*, London：Hart Publishing, 2016.

④ Ohio v. Osborne. 495 U. S. 103（1990）. at 139-140.

法院扩大了儿童色情法律的适用范围，不仅仅将分发或生产儿童色情材料的行为定为犯罪，还将持有行为定罪。

该案的经过如下：俄亥俄州警方根据搜查令，在奥斯本家中发现了四张摆着露骨性姿势的 14 岁男孩的裸体照片。奥斯本被判违反了俄亥俄州的法令，该州法令禁止任何人拥有或观看"任何非其子女的未成年人处于裸体状态的材料或表演"①。之后案件上诉到联邦最高法院，1990 年 4 月 19 日，法院以 6 比 3 裁决通过各州可以对持有儿童色情材料的行为定罪。不过由于程序不当，案件被发回重审。

在奥斯本案中，联邦最高法院认为，儿童色情材料会对未成年人带来负面影响，因此在家观看色情内容需要区分儿童色情和成人色情。具体来说包括，首先，法院延续了费伯案的主张，认为儿童色情材料能够永久性地记录受害者被虐待的行为，使受害未成年人继续受到伤害，并使其在今后数年内都受到困扰。其次，有证据表明恋童癖者利用儿童色情材料来引诱未成年人，国家通过禁止持有行为，可以达到鼓励销毁儿童色情材料的合法目的。进而，法院得出了这样的结论，即惩罚持有行为会导致需求减少，进而降低生产。

在奥斯本案之后，有关持有儿童色情行为的联邦诉讼显著增加，在所有儿童色情的犯罪类型中占了近一半，且对该项行为的刑事处罚也在不断加重。② 1990 年，美国联邦法律对持有儿童色情材料者处以最高 10 年的监禁。2003 年，法定最高刑期达到 20 年。③ 无论是费伯案还是奥斯本案，美国对未成年人利益的强烈关切都超过了公民个体的利益。此外，这两个案件中儿童色情材料实质涉及的是真实参与性行为的未成年人。然而，21 世纪随着互联网的迅速发展，电脑合成图像及网上虚拟儿童色情泛滥，导致美国对这一新的问题产生了诸多争论。

---

① Ohio Criminal Code. S3907. 323 （A）（3）.
② Hessick. C. B., *Refining Child Pornography Law*：*Crime*，*Language*，*and Social Consequences*. Michigan：University of Michigan Press, 2016.
③ 18 U. S. C. § 2252.

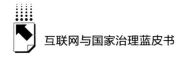

（三）互联网时代：虚拟儿童色情禁止与否的争议

随着互联网技术的创新，由电脑生成图像产生的虚拟儿童色情的材料也愈发泛滥。1996 年，美国国会通过了《防止儿童色情法案》（Child Pornography Prevention Act，以下简称"CPPA 法案"），这项法案扩大了联邦对儿童色情的禁止范围，从真实儿童扩大到仿真儿童。根据这项法律，即使儿童色情材料没有涉及真实儿童，也必须被禁止，因为它"煽动了儿童性骚扰者、恋童癖者的欲望"[①]。

然而，2002 年，在阿什克罗夫特诉言论自由联盟案（Ashcroft v. Free Speech Coal）中，联邦最高法院以 6 : 3 通过，认定 CPPA 法案中"看似未成年人（appears to be, of a minor）"和"传达未成年人展示性行为的效果（conveys the impression）"等有关虚拟儿童色情的规定过于宽泛和模糊，从而宣布这部分违宪。[②] 在法庭辩论中，政府坚持 CPPA 法案是必要的，因为恋童癖者和儿童性虐待者经常使用虚拟儿童色情材料来引诱儿童。此外，由于很难区分真实儿童图像和计算机合成图像，而它们都在同一个市场中经常交易，这两种图像都必须被禁止。

与政府不同，法院反对禁止虚拟儿童色情，原因在于，第一，因为虚拟儿童色情言论并没有直接导致紧迫性的违法行为，仅仅因言论有鼓励非法行为的倾向，不足以成为禁止这类表达的理由。第二，虚拟儿童色情制品与未成年人的真实性行为没有"内在联系"。第三，这项法律不仅禁止传播有关真实未成年人的儿童色情材料，而且还试图对一切青少年与性联系在一起的言论内容定罪。在该案中，美国取消了禁止"虚拟儿童色情"的法律，如果一张有关性的图片里没有真实的未成年人，那么它就不是儿童色情。

但是，此案之后，2003 年，美国通过了《禁止儿童性虐待的起诉救济及其他手段法》（Prosecutorial Remedies and Other Tools to End the Exploitation

---

① Child Pornography Prevention Act of 1996. 121 (10) (B).

② Ashcroft v. Free Speech Coal. 535 U. S. 234 (2002).

of Children Today Act，以下简称"PROTECT 法案"），该法案旨在防止虐待儿童，包括禁止虚拟儿童色情。法案把致使 CPPA 违宪的词语做了更改，并提出了判断标准。虽然争议颇多，不过，从目前《美国法典》第 2256 条第 8 项对"儿童色情"的定义可知，虚拟儿童色情即"计算机生成的有关未成年人性行为的图像或画面"在美国受到法律禁止。①

总体而言，为了更好地保护未成年人，美国对儿童色情的规制十分细致，既将儿童色情作为不同于淫秽的类别单独规制，同时也对持有行为和虚拟儿童色情材料定罪，而且将儿童色情的相关法案写入《美国法典》第 18 篇"犯罪与刑事诉讼"涉及未成年人性剥削中。从美国对儿童色情规制的历史发展来看，美国最开始没有从刑法上单独规制儿童色情，与中国一样，放在淫秽类别里统一规制。然而，随着儿童色情问题的泛滥，美国才对这一问题逐渐重视，将儿童色情问题认为是对未成年人的性剥削。

为了更好地"保障未成年人的身心健康"，美国在费伯案中将儿童色情从淫秽类别中剥离出来，全面禁止所有儿童色情材料。20 世纪 90 年代，随着录像技术的普及，为了更好地保护未成年人，美国法院认为，儿童色情材料的持有行为会成为虐待未成年人的永久记录，对他们造成持续伤害。因此，建立了奥斯本案的先例，将公民个体的隐私权利益置于未成年人利益之下，对持有儿童色情材料的行为定罪。进入 21 世纪，互联网的发展促进了电脑合成图片技术的发展，进而产生了虚拟儿童色情，美国在司法实践和相关法律的立与废的争议中，最终也禁止了虚拟儿童色情。理由是这类材料会刺激恋童癖者、儿童性骚扰者的欲望。这些判例和法案均是基于保护未成年人的利益而产生的，后来逐渐编撰到《美国法典》的刑事篇中。

三　中美儿童色情规制比较

与美国一样，中国对未成年人的年龄规定在 18 周岁以下。为了保护未

---

① 18 U. S. C. § 2256.

成年人生理、情感和心理健康，中国也禁止儿童色情。然而，与美国相比，中国对儿童色情的法律规制相对模糊。

首先，美国在刑法层面分开规制淫秽和儿童色情，并对"儿童色情"进行了明确定义。而中国法律将儿童色情纳入淫秽范围内，对儿童色情的规定主要来自有关"淫秽"的不同效力的法律，包括刑法及其司法解释、行政规定、治安管理处罚法和有关未成年人保护的专门性法律等。中国对"淫秽出版物"的定义包括了儿童色情，即具体描写少年儿童的性行为。可见，中国将儿童色情纳入"淫秽"类别，受刑法上有关"淫秽"犯罪的统一规制。反观美国，为了更好地保护儿童身心健康，美国对儿童色情进行了定义，并有单独的法律规制。

此外，美国对"儿童色情"的定义限制在有关未成年人性行为的视觉描绘。与美国仅禁止儿童色情的视觉描绘不同，中国理论上既禁止视觉描绘，还禁止文字、声音等描绘。但中国缺少对"儿童色情"的定义，以至于实践中尤其是互联网出现的儿童色情新类型都无法可依，因此很难找到相应的法律依据进行惩处。

其次，中国对儿童色情的规制相对简单，且用语模糊。如前所述，美国在1982年就从刑法上区分了儿童色情和淫秽，联邦和各州纷纷建立了规制儿童色情的刑事法律，对儿童色情进行了单独定义，并将进口、生产、持有、销售、分发及接收儿童色情等行为均入罪，甚至区分了有关12周岁以下未成年人儿童色情的行为，对这类行为处以罚款和20年以下有期徒刑。

相比之下，中国对儿童色情的法律规定繁杂且笼统。最高人民法院联合最高人民检察院先后于2004年和2010年发布了两部《关于办理利用互联网、移动通讯终端、声讯台制作、复制、出版、贩卖、传播淫秽电子信息刑事案件具体应用法律若干问题的解释》（以下分别简称《解释一》和《解释二》）。2017年10月两高又发布了《关于利用网络云盘制作、复制、贩卖、传播淫秽电子信息牟利行为定罪量刑问题的批复》。这些解释和批复禁止通过利用互联网、移动通讯终端、网络云盘制作、复制、出版、贩卖、传播具体描绘未成年人性行为的淫秽电子信息的行为，以及明知是该内容还提供网站链接的行为。

然而，上述规定存在模糊之处。第一，年龄界定不清。《解释一》第 6 条规定的是含有不满 18 周岁未成年人性行为的淫秽电子信息，而《解释二》第 1 条和第 2 条的对象是不满 14 周岁未成年人，且《解释二》第 13 条还规定，以前发布的司法解释与该解释不一致的，以该解释为准。这意味着有关 14~18 周岁未成年人性行为的淫秽电子信息被排除在外。第二，没有对儿童色情的犯罪行为和范围进行界定。上述解释要求按照刑法相关规定处罚，然而《刑法》第 152 条、第 363 条至 367 条规定了走私、制作、贩卖、传播淫秽物品的罪行及其处罚方式，对持有、接收等行为和虚拟儿童色情均没有明确规定。第三，其他法律如《治安管理处罚法》乃至保护未成年人的专门性法律均未提及儿童色情，仅仅以淫秽物品来概括。

最后，中国对儿童色情的惩罚力度不如美国。在美国，有关儿童色情的指控可能会被联邦和州法院起诉，并受到严厉的刑事处罚。例如，初犯违反了联邦法律对儿童色情第 2251 条所列任何一项行为，包括传播、接收、交换或展示儿童色情的行为，将面临罚款和法定最低 15 年、最高 30 年的监禁。如果罪犯有两次前科或者是发生了法律规定的严重犯罪行为，将被处以罚款并监禁 35 年或以上。致人死亡者，可能面临终身监禁。

在美国，只要儿童色情犯罪主体有上述行为就构成犯罪。而在中国，与儿童色情相关的传播销售等行为既可能构成犯罪，也可能仅是治安违法行为。刑法中有关儿童色情的犯罪属于结果犯，需要达到一定数量或具有其他严重情节的才能构成犯罪，基于刑法的谦抑性原理，行为必须达到一定的社会危害性才构成犯罪，否则只是构成治安违法行为。也因如此，根据《解释二》和《刑法》第 364 条第 1 款传播淫秽物品罪规定，如没有牟利目的，中国对儿童色情相关行为的最高刑事处罚是 2 年。如有牟利目的，情节特别严重的，依据《刑法》第 363 条第 1 款传播（制作、复制等）淫秽物品牟利罪规定，处 10 年以上有期徒刑或者无期徒刑，并处罚金或没收财产。此外，《解释二》对传播未满 14 周岁未成年人的淫秽物品的行为，仅按照传播淫秽物品罪来处罚，这意味着最高刑期只有 2 年，刑期明显过低。

从这些法律及解释可看出，中国儿童色情与成年人淫秽内容一样，适用犯罪目的、数量大小、违法所得、犯罪情节等同样的标准，处罚力度一样。甚至如果没有达到刑法规定的"情节严重"，则只受治安管理处罚法的违法处罚。而美国即便公民只是在家摆放了 4 张少年（非子女）的裸体照，没有产生社会危害，也会被认定为刑事犯罪。因此，与美国相比，在规制儿童色情上，中国刑法对未成年人的保护力度还不够。

四　未来中国互联网儿童色情规制建议

随着互联网信息的泛滥，保护未成年人愈发必要。加强对儿童色情的规制，不仅是为了更好地保护未成年人，而且也逐渐成为中国目前亟须解决的重要议题。除了正在修订的《未成年人保护法》和《预防未成年人犯罪法》，2017 年 1 月 6 日，国务院法制办公室发布《未成年人网络保护条例（送审稿）》，也在面向社会公开征求意见，有媒体呼吁尽快推动该条例的发布实施。在最近两年的女童保护全国两会代表委员座谈会上，儿童色情的问题越来越受到重视，一些专家和相关代表呼吁，为了防止未成年人被性侵，需要考虑儿童色情的治理，在《刑法》修正案和《未成年人保护法》修改中对其都应有所规定。基于维护国家利益和保护未成年人身心健康的考量，中国应借鉴美国规制儿童色情的经验，从刑法角度加强对儿童色情的规制，从四个角度着手。

第一，区分淫秽和儿童色情。如果对未成年人色情和其他淫秽内容都使用同样的法律和一样的惩罚，无疑会削弱对未成年人的保护力度，导致惩罚宽泛。例如，无论是传播儿童色情材料，还是其他淫秽内容，如果没有牟利目的，情节严重者，均构成"传播淫秽物品罪"，最高判 2 年的有期徒刑。如果对"生了病"的孩子仍然是在普通医院、由普通科室的医生、用和成年人一样的诊断方法、服用和成年人一样的药物，会给中国的少年司法改革带来严重的问题。① 因此，中国需要从刑法上对儿童色情和淫秽进行区分，进一步细化相关行为及其规制范围。

第二，明确定义"儿童色情"，将儿童色情相关行为及其惩罚通过刑法规定明晰化。首先，可以将"儿童色情"定义为"对一切关于未成年人性的描绘如文字、语音、视觉等"。美国将"儿童色情"定义为有关未成年人性的视觉描绘，诸如图片或影像，不包括声音或文字描绘。结合中国国情，在涉及未成年人这一主体时，不仅法律严令禁止与未成年人有关的性描绘，而且当下的社会公序良俗也不能容忍任何这类内容。因此，一切与未成年人性有关的内容及形式都应受到禁止，禁止与未成年人相关的文字色情、语音色情的传播交易等行为。其次，中国也有必要对进口、生产、持有、销售、分发及接收儿童色情等行为加以具体规定。尤其是对持有儿童色情材料的行为，互联网背景下儿童色情制品持有本身的社会危害性愈发显现。② 发生在美国的"奥斯本案"亦是如此，为了更好地保护未成年人，中国在刑法上应该明令禁止持有行为。

第三，考虑互联网发展语境，从刑法上禁止虚拟儿童色情。中国与美国可能因为禁止虚拟儿童色情导致违宪的情形不同，中国历来对色情相关的内容都持严令禁止的立场，且传统文化中有关性的表达比较节制，尤其在涉及对未成年人的保护方面，社会普遍难以容忍儿童色情的传播。中国禁止色情主要是因为其内容使人受到腐化和堕落的影响，以及对未成年人的身心健康有害。出于更好地保护未成年人的目的，防止现实中不法分子对真实的未成年人造成伤害，尤其在互联网环境下虚拟儿童色情传播泛滥的情形下，中国也应禁止虚拟儿童色情。

第四，加大对儿童色情相关行为的刑事处罚力度。与美国相比，中国对儿童色情相关行为的惩罚力度还不足。目前，中国有关儿童色情的违法行为如果没有达到情节严重的犯罪标准，则只受治安处罚，最高处以 15 日的拘留和

① 姚建龙：《未成年人法的困境与出路——论〈未成年人保护法〉与〈预防未成年人犯罪法〉的修改》，《青年研究》2019 年第 1 期。
② 廖兴存：《法益保护原则视阈下儿童色情制品持有入罪论》，《当代青年研究》2018 年第 4 期。

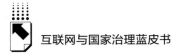

3000 元的罚款。如果达到了犯罪标准，则法院按照《刑法》第 363 条第 1 款和第 364 条第 1 款有关淫秽物品罪行的规定定罪量刑。在涉及传播未成年人性内容的行为时，就算从重处罚，最高刑期也只有 2 年。此外，美国有关儿童色情的犯罪主体只要实施了传播、制作等行为或者持有儿童色情材料，即构成犯罪。而中国刑法规制需要达到一定数量或者严重情节，才能构成犯罪。因此，为了更好地保护未成年人的身心健康权，应将儿童色情的犯罪主体作为行为犯，提高对相关行为的惩罚力度，与有关淫秽物品的犯罪处罚进行区分。而且在司法实践中，有些法院仅在判定传播淫秽物品罪之后提一句从重处罚，比如"杨 M、刘 M 明知是具有描绘不满十八周岁的未成年人性行为的淫秽电子信息而在自己所有、管理的网站上传播并提供直接链接，依法应从重处罚"①。而有些法院在定罪处罚时甚至忽略了当事人有关儿童色情行为的情节。②

本文以美国为比较对象，探讨了传播技术发展下美国规制儿童色情的三个重要司法实践及相关法律，包括区分儿童色情和淫秽，将持有儿童色情材料的行为、传播虚拟儿童色情材料的行为等入罪。结合中国当下儿童色情泛滥及其法律规制匮乏的具体情形，考量到中国当下的社会道德水平和互联网技术的发展，本文从刑法角度提出了四条具体建议：区分淫秽和儿童色情，将儿童色情相关行为尤其是持有儿童色情材料通过法律入罪，禁止虚拟儿童色情，加大对儿童色情违法行为的刑事处罚力度。与美国相比，中国将来在儿童色情规制的法律细节上可能有些许区别，比如除了视觉描绘，对其他形式的儿童色情表达都加以禁止。本文对中国儿童色情持全面禁止的立场，颇有严刑重罚之嫌。这是为了更好地保护未成年人，而且也是国际趋势所在。

---

① 北京市第二中级人民法院刑事判决书（2015）二中刑终字第 351 号。
② 河南省商水县人民法院刑事判决书（2018）豫 1623 刑初 224 号。

B.12

新冠疫情下政务新媒体的传播效果分析：
以广东省2021年政务微信为对象[*]

林功成　黄千恂[**]

摘　要： 作为移动互联时代我国电子政务服务体系的有机组成部分，政务微信承担着传播政务信息、回应社会关切、满足公众信息需求等重要任务。疫情进一步彰显政务新媒体在精准防控和精准服务上的作用。新冠疫情期间，各地各级政务微信发布各类信息，设置疫情议程，搭建起疫情信息传播系统的主干道。就此，本文主要针对政务微信进行调研，以广东省政务微信公众号为研究对象，对各账号在本次疫情过程中的政务传播活动进行梳理，分析它们在公共卫生事件中各账号政务传播的响应、议题与定位概况，尝试探讨政务新媒体在重大突发公共卫生事件中的传播规律与问题并提出对策建议。

关键词： 政务微信　政务新媒体　新冠疫情

一　研究背景

在现代社会，政务传播在纷繁庞杂的信息环境中所起的作用愈发突出。

---

* 本文系广东省舆情大数据分析与仿真重点实验室、广州大数据与公共传播研究基地的系列成果之一。
** 林功成，中山大学传播与设计学院副教授；黄千恂，中山大学传播与设计学院硕士研究生。

195

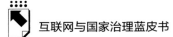

为更好履行社会公共管理职能，政府需要切实推进政务沟通，加强官民互动。政务微信等政务新媒体成为政府加强官民双向沟通的重要桥梁。于2020年突袭而至并延续至今的新冠疫情是一次典型的突发公共卫生事件，政府基于自身使命与价值信念，致力于在疫情防控阶段稳定公众情绪，规避社会危机，维系社会秩序，保障人民生命财产安全。疫情进一步彰显政务新媒体在精准防控和精准服务上的作用。2021年5月底，新一轮新冠疫情在广州暴发。不过，与2020年疫情初发时相比，广东省政务新媒体在危机应对上更具针对性，其文章紧跟省内疫情防控态势变化同步调整议题强度。在疫情防控关键期，省内各大政务微信面向广大人民群众，守正创新，多层次、高密度发布权威信息，及时回应社会关切；在疫情平息后，则迅速将信息议题转移到社会生活上来，合理分配信息资源，体现了疫情科学精准防控的工作要求。

二　文献综述

（一）政务微信研究现状

政务微信是政府依托微信公共平台，向公众提供信息公开、政务互动、实时管理和公共服务的一种电子政务手段，是目前微信公众号的一种特殊类型。[①] 自广州市白云区政府应急管理办公室于2012年率先开通全国第一个政务微信——"广州应急—白云"以来，中国政务微信数量呈现迅猛增长态势。作为移动互联时代我国电子政务服务体系的有机组成部分，政务微信承担着传播政务信息、回应社会关切、满足公众信息需求等重要任务。目前

---

① 王芳、张璐阳：《中国政务微信的功能定位及公众利用情况调查研究》，《电子政务》2014年第10期；陈超贤：《政务微信发展的现状、问题及对策》，《中共青岛市委党校·青岛行政学院学报》2013年第4期；蒋天民、胡新平：《政务微信的发展现状、问题分析及展望》，《现代情报》2014年第10期；郑磊、吕文增、王栋：《上海市政务微信发展报告：从发布走向服务》，《电子政务》2015年第2期。

学界对于政务微信的研究成果较为丰厚，主要从功能定位、存在问题、传播策略等方向对政务微信传播活动展开探索。

在传播功能研究方面，学界普遍认同政务微信具有发布信息、政民互动和便民服务等功能。[①] 大量学者指出政务微信具有推动政民沟通模式进化、提升政务信息传播的精准有效性、促进政治社会化等积极功能，[②] 并探索政务微信在提升政府舆情引导能力、促进多元治理主体政治参与、推动社会治理创新等层面的积极作用。[③] 还有研究认为，不能片面强调政务微信的积极正向作用而忽视对其负向功能的批判。例如，在媒介整合功能、去"隔层"化对话功能、社会管理功能及经济功能等"正功能"外，政务微信也会出现象征服务性环境、潜功能显性化以及传播失效等"负功能"。[④] 此外，有研究指出政务微信还存在定位混乱、自说自话、山寨政务微信抢占认证等问题。[⑤] 在与用户互动方面，政务微信也存在"身体在场"时间不足、焦点设置出现偏差、情感共享程度不高、重发布轻服务的信息导向亟须转型等问题。[⑥] 因此，相当多的研究认为，政务微信应该优化传播策略，在精准定位下强化推送内容的个性化与原创性，丰富信息发布形式，保持节奏适当的推

① 李汉卿：《技术吸纳政治：自媒体时代政务微信的功能与限度——以"上海发布"为例》，《江西财经大学学报》2019年第2期；朱友红：《刍议政务微信的功能与定位》，《山西师大学报》（社会科学版）2013年第S3期；王勇、王冠男：《政务微信的功能及要求》，《现代视听》2014年第1期。

② 姚玉芹、田园：《试析政务微信的传播价值》，《现代传播》（中国传媒大学学报）2015年第10期；王少辉、高业庭：《基于微信平台的电子化公共服务模式创新研究——以"武汉交警"政务微信为例》，《电子政务》2014年第8期。

③ 毛斌、刘进军、刘书明：《新常态下政务微信的优化路径研究》，《情报杂志》2016年第8期；郭泽德：《政务微信助力社会治理创新——以"上海发布"为例》，《电子政务》2014年第4期；董立人、郭林涛：《提高政务微信质量 提升应急管理水平》，《决策探索》（下半月）2013年第8期。

④ 张志安、徐晓蕾：《政务微信的社会功能及提升对策》，《新闻与写作》2015年第9期。

⑤ 陈超贤：《政务微信发展的现状、问题及对策》，《中共青岛市委党校·青岛行政学院学报》2013年第4期；金婷：《浅析政务新媒体的发展现状、存在问题及对策建议》，《电子政务》2015年第8期。

⑥ 朱颖、丁洁：《互动仪式链视角下政务微信与用户的互动研究》，《新闻大学》2016年第4期；朱燕丹、靖鸣：《政务微信存在的问题与对策》，《新闻与写作》2016年第9期。

送频率，加强微信认证管理。[①] 传播策略的优化不拘囿于平台自身的更新发展，学界还日益强调关注用户需求，扩大公众参与，加强政民互动。政务微信的账号设计和运营管理，应从政府部门的自身视角出发转向从用户视角出发，注重用户反馈、紧扣用户习惯，以用户体验和用户需求为导向进行优化设计。[②]

（二）新冠疫情下政务新媒体传播活动研究

新冠疫情是新中国成立以来在我国发生的传播速度最快、感染范围最广、防控难度最大的一次重大突发公共卫生事件。[③] 疫情期间，政府作为社会公共事务管理机构，肩负着维护社会稳定、保障人民生命财产利益的重任。政务新媒体矩阵凭借即时性、交互性的特点，在突发公共卫生事件中发挥着有效传播信息、引导舆论、教育大众、塑造政府形象等重大作用。

已有研究主要从政务新媒体在新冠疫情中的传播活动进行阐述思辨。如郭淼和马威将疫情中政务新媒体的媒介角色呈现分为疫情前期的预警者角色，疫情中期的沟通者、动员者、监督者、引导者角色以及疫情后期的形象塑造者、反思者角色。[④] 还存在一部分研究选择具体平台的"两微账号"进行探析。如张薇分析梳理《人民日报》、新华社、央视新闻三大央媒在其官方微博和微信公众号中与疫情防控相关的帖子，提炼出突发公共卫生事件中政务新媒体网络舆情应对的话语对策，即从政府、受众和媒体三个视角，设

---

① 王玥、郑磊：《中国政务微信研究：特性、内容与互动》，《电子政务》2014 年第 1 期；蒋天民、胡新平：《政务微信的发展现状、问题分析及展望》，《现代情报》2014 年第 10 期；李宗富、张向先：《政务微信公众号服务质量的关键影响因素识别与分析》，《图书情报工作》2016 年第 14 期。

② 郑磊、吕文增、王栋：《上海市政务微信发展报告：从发布走向服务》，《电子政务》2015 年第 2 期；宋之杰、巫翠玉、石蕊：《政务微信公众号用户采纳研究》，《电子政务》2015 年第 3 期；阳翼、宋鹤：《政务微信受众的"使用与满足"研究》，《现代传播》（中国传媒大学学报）2015 年第 4 期；吕文增、石开元、郑磊：《政务微信传播方式与效果研究》，《电子政务》2017 年第 1 期。

③ 《国家卫健委主任马晓伟：新冠肺炎是新中国成立以来重大突发公共卫生事件》，央视网，http://m.news.cctv.com/2020/02/28/ARTINeuqczf2e8jhditob5Ws200228.shtml。

④ 郭淼、马威：《突发公共卫生事件中政务新媒体的角色》，《青年记者》2020 年第 24 期。

置架构、选择架构、整合架构，提升危机应对话语水平。① 牛雨蕾等则对"健康中国"官方微信公众号与微博账号疫情不同阶段信息发布量、各种类信息发布量、影响力情况等信息内容进行分析。② 此外，对政务微博在新冠疫情防控舆论引导中的协同效应③、新冠疫情公共危机事件中政务短视频公众使用影响因素④等研究也较为热烈。

新冠疫情期间，各地各级政务微信发布各类信息，设置疫情议程，搭建起疫情信息传播系统的主干道，是政务新媒体在突发公共卫生事件中进行政务传播的"主力军"之一。但目前学界针对新冠疫情中政务微信信息传播的研究较为缺乏，相关研究主要是以某一特定政务微信为研究对象，如"珠海发布""南京发布"等，探究其在新冠疫情中的信息发布情况、功能作用、现存不足及完善措施。彭兰分析了新冠疫情下政务微信"珠海发布"在新闻时态、以人为本、舆情引导、受众参与方面的信息发布情况及影响，指出突发性公共卫生事件中的政务微信更应注重发挥主导作用，注重新闻时态，以人为本，提高受众的参与度和互动度，发布关键帖引导舆论，要坚持受众本位的发布理念，彰显政府责任。⑤ 张卉等考察了"南京发布"疫情相关报道的话语内容、话语形式和话语主体，指出突发公共卫生事件中"南京发布"建构负责、高效、坦诚、亲民的政府形象的作用。⑥ 除了对某一特定政务微信的研究外，还有少量研究对多个政务微信进行探索，比如李月对9个国家中心城市"城市发布"官方微信公众号在疫情防控期间发布的

---

① 张薇：《突发公共卫生事件与政务新媒体舆情应对话语研究——以新冠肺炎疫情事件为例》，《江海学刊》2020年第2期。

② 牛雨蕾、崔婧晨、潘雨晴、谢明珠、吕墨涵、史宇晖：《新冠肺炎疫情期间"健康中国"政务新媒体发布信息的内容分析》，《中国健康教育》2021年第5期。

③ 邓喆、孟庆国、黄子懿、康卓栋、刘相君：《"和声共振"：政务微博在重大疫情防控中的舆论引导协同研究》，《情报科学》2020年第8期。

④ 汤志伟、赵迪、罗伊晗：《公共危机事件中政务短视频公众使用的实证研究——基于新冠肺炎疫情》，《电子政务》2020年第8期。

⑤ 彭兰：《新冠疫情中政务微信的信息发布——以"珠海发布"为例》，《新闻前哨》2020年第4期。

⑥ 张卉、陈新仁、张秀芹：《突发公共卫生事件中的政府形象建构——以政务微信"南京发布"为例》，《浙江外国语学院学报》2021年第3期。

公共政策进行主题挖掘，探索主题发布强度、关注度和认同度的演化趋势，并比较了政府主题发布强度与公众认知之间的差异。① 冯春和李佳欣对疫情下重庆 38 个区县的顶层政务微信公众号进行研究，提出重庆部分区县政务微信影响力低的原因和提升重庆区县政务微信影响力的对策。② 不过，相关研究以案例分析为主，鲜有研究对新冠疫情防控背景下省市政务微信进行整体性的探索与剖析。基于此，本文以广东省 2021 年政务微信为研究对象，研究其在新冠疫情防控背景下的传播活动，并提出相关对策建议。

三 研究方法与数据分析

（一）广东省政务微信战"疫"宣传的整体情况

当前，政府主要通过三种途径发布疫情相关数据：一是各级卫健委官网，如国家卫生健康委员会官网每日公示全国新增、累计确诊病例和新增治愈出院病例等疫情最新数据；二是各级政府微信公众号，如中国政府网微信公众号每日发布疫情相关数据；三是地方政府数据开放平台。本文主要针对政务微信进行调研，以广东省政务微信公众号为研究对象，对各账号在本次疫情过程中的政务传播活动进行梳理，分析它们在公共卫生事件中各账号政务传播的响应、议题与定位概况，尝试探讨政务新媒体在重大突发公共卫生事件中的传播规律与问题并提出对策建议。研究共抓取了广东省内 1550 个活跃的区县以上行政部门的政务微信公众号及其在 2021 年 1 月至 10 月所推送的文章，对其阅读量、点赞量、在看量、推送时间、推送内容等进行了采集。

---

① 李月：《突发公共卫生事件中公共政策主题演化研究——以国家中心城市官方微信为例》，《情报杂志》2020 年第 9 期。
② 冯春、李佳欣：《重大疫情下提升重庆区县政务微信影响力策略》，《新闻传播》2020 年第 23 期。

　　我们以标题中包含"疫情""新冠""新型冠状""抗疫""防疫""战疫""口罩""隔离""核酸""阳性""病例"等词语的文章作为样本，数据采集时段为2021年1月1日至10月31日。根据这一抽样框，研究共从1550个政务微信中检索到47422篇疫情相关文章。据统计，广东省政务微信公众号每月疫情相关文章数量为5991篇（1月）、3159篇（2月）、2355篇（3月）、2213篇（4月）、3965篇（5月）、12087篇（6月）、3750篇（7月）、6494篇（8月）、3898篇（9月）、3510篇（10月）。2021年疫情相关文章发布数量在4月最低，为2213篇，在6月则达到了12087篇的峰值，平均每月发布4742篇（见图1）。

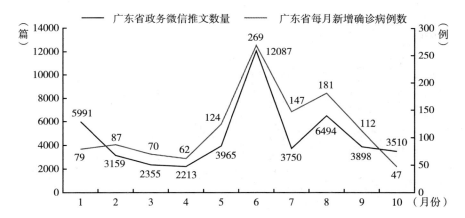

图1　2021年1~10月广东省政务微信推文数量及广东省每月新增确诊病例数

　　我们将推文数量与广东省每月新增病例数进行了相关分析，确诊病例信息来自广东省卫生健康委员会官方网站。根据检验，广东省政务微信推文数量与广东省每月新增确诊病例数呈现高度的相关性（r=0.868，p<0.001）。在过去的一年里，广东省常态化防控形势总体较为稳定，但由于人口流动较大、对外交流较多，仍持续面临着疫情输入和疫情反弹风险。2021年5月底至6月下旬，广东省广州、深圳等地出现本土确诊病例，广东省每月新增确诊病例数于6月达到峰值。在全省各项防控措施推进下，疫情形势在6月后又趋于缓和、向好发展。疫情期间，广东省政务微信响应迅速，紧跟省内

疫情防控形势，在疫情紧张期间提高了信息的供给量，及时有效地满足了人民的关切与需求。

对疫情相关文章进行统计后发现，平均每个政务微信公众号发布推文31篇。其中，疫情相关文章发布量前十的微信公众号为"健康广东"（713篇）、"龙湖科普"（546篇）、"广州政府网"（468篇）、"滨海宝安"（432篇）、"健康汕尾"（428篇）、"深圳卫健委"（427）篇、"广州市12320卫生热线"（424篇）、"惠东发布"（423篇）、"兴宁卫健"（411篇）、"广州海珠发布"（407篇）（见图2）。

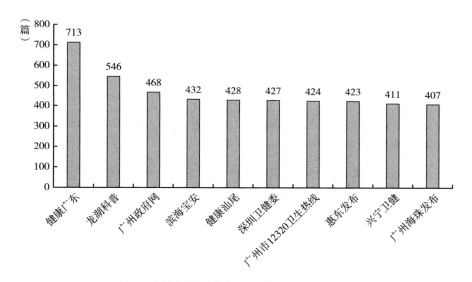

图2　疫情相关文章发布量前十的微信公众号

点赞、在看、评论、转发是微信用户与政务微信公众号主要的互动方式，能够作为反映政务微信推文传播效果和影响力的重要指标。统计发现，广东省2021年政务微信疫情相关文章的平均阅读量为7923，平均点赞数为35，平均在看数为25。疫情相关文章中，阅读量为10万+的热门文章共计1204篇。其中，"深圳卫健委"（343篇）、"中山发布"（94篇）、"中国广州发布"（67篇）、"广东共青团"（62篇）、"佛山发布"（57篇）、"i深圳"（52篇）、"广东发布"（52篇）、"珠海发布"（38篇）、"东莞疾控"

（32篇）、"广东卫生信息"（26篇）推送的高阅读量疫情相关文章数量位列前十。点赞数最高的前十篇疫情相关文章为《疫情中的真实东莞》（7874）、《广州市荔湾区疫情防控最新情况》（7173）、《湛江禁毒故事（四百八十三）‖防疫禁毒不松懈，禁毒人始终走在基层一线》（6426）、《疫情中的真实广州》（6272）、《深圳人：周末不出门，除了做核酸和拿外卖》（6226）、《揪出病毒！核酸检测大揭秘，看完不敢催报告》（6100）、《湛江禁毒故事（四百八十八）‖三管齐下，疫情也阻挡不了禁毒人前进的步伐》（6086）、《本土确诊+53！疫情会不会大规模暴发？钟南山最新判断！》（5913）、《官宣！白云区全员核酸检测结果全部为阴性》（5904）、《最新！中山发布疫情防控通告》（5702）（见表1）。

表1　点赞数最高的前十篇疫情相关文章

政务微信	发布时间	文章标题	阅读数	点赞数	在看数
广东共青团	2021/6/22 23:06	疫情中的真实东莞	100001	7874	5549
广州荔湾发布	2021/5/26 8:33	广州市荔湾区疫情防控最新情况	100001	7173	8070
湛江禁毒	2021/6/21 21:44	湛江禁毒故事（四百八十三）‖防疫禁毒不松懈,禁毒人始终走在基层一线	13336	6426	6901
广东共青团	2021/6/14 23:13	疫情中的真实广州	100001	6272	3877
深圳卫健委	2021/6/20 12:20	深圳人:周末不出门,除了做核酸和拿外卖	100001	6226	4008
深圳卫健委	2021/6/23 19:52	揪出病毒！核酸检测大揭秘,看完不敢催报告	100001	6100	3542
湛江禁毒	2021/6/24 15:58	湛江禁毒故事（四百八十八）‖三管齐下,疫情也阻挡不了禁毒人前进的步伐	15572	6086	6420
广东禁毒	2021/8/1 17:30	本土确诊+53！疫情会不会大规模暴发？钟南山最新判断！	100001	5913	6657
广州白云发布	2021/6/8 4:09	官宣！白云区全员核酸检测结果全部为阴性	100001	5904	2859
中山发布	2021/6/5 16:28	最新！中山发布疫情防控通告	100001	5702	3788

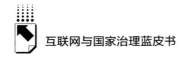
（二）政务微信的高阅读量推文内容分布

继 2020 年新冠疫情发生以来，本年度省内政务微信的热门文章（10万+，共计5190篇）也基本与疫情相关。各地陆续出现散发性疫情，省内政务微信通过持续设置疫情防控议程，依据省内防控情况动态调整议题强度；信息发布以图文结合为主，信息议题以"疫情通报"为主。其中，"深圳卫健委"（1017篇）、"广东共青团"（928篇）、"中山发布"（266篇）、"i 深圳"（214篇）、"广东省教育考试院"（184篇）、"广东发布"（177篇）、"佛山发布"（135篇）、"珠海发布"（124篇）、"中国广州发布"（118篇）、"佛山市公安局"（115篇）等公众号占据了10万+热文榜的前十位。就城市来看，"深圳"作为一个城市样本，在10万+推文中的显示度最高，本年度共有1672篇10万+文章来自深圳市内政务微信公众号（占比32%），这使得"深圳"成为年度热词。

我们对5190篇10万+文章的标题进行了词云分析。分析表明，各类别中排名居前的热词包括四个类型。第一，与事件相关的名词，如核酸（418次）、疫情（378次）、病例（350次）、疫苗（304次）、感染者（242次）等。第二，表示动作或行为的动词，如新增（454次）、检测（278次）、确诊（258次）、防控（248次）、提醒（203次）等。第三，地名相关热词，如深圳（665次）、广东（424次）、中山（301次）、广州（281次）、佛山（177次）等。第四，时间词，如最新（353次）、刚刚（66次）、今天（67次）、春节（66次）、明天（39次）等。这些最常出现在文章标题中的词语，基本都与省内主要城市或新冠疫情息息相关，且在时态上往往让人感到较为急促，也吸引了读者的注意。

进一步的文本分析发现，省内政务微信在疫情中发挥了意见领袖作用，这些10万+推文具有以下特点：专注个体叙事，展示各地抗疫群像；亲民化传播，拉近与公众的距离；运用专家形象，注重科普沟通；通告及时，第一时间快速反应。为了把握本年度热文的词群特征，我们针对本年度的10万+推文（共计5190篇）进行了文本分析，采用了共词分析的思路。共词分析主要是利用文本集中词语或名词短语共同出现的情况，以确定该文本集中各主题之间的关系。研究利用分词工具，对5190篇文章标题进行分析并进行清洗，得到频次最高的45个关键词；根据文章标题，将清洗过后的前45个高频词进行共词矩阵转换（见表2）。

表2 标题高频词共词矩阵（仅列部分）

	广东	广州	深圳	最新	疫情	病例	确诊	中山	新增	提醒	核酸
广州	34										
深圳	16	25									
最新	62	55	30								
疫情	30	89	50	75							
病例	34	49	198	12	29						
确诊	38	40	110	13	11	184					
中山	24	4	1	61	20	6	7				
新增	54	38	189	10	18	141	160	12			
提醒	48	19	20	42	25	11	6	31	10		
核酸	31	48	60	41	18	31	16	31	26	20	
检测	19	35	22	28	14	16	7	25	14	14	261

在表2矩阵中，可以看到关系紧密的词团，例如，"深圳"和"病例"、"新增"、"确诊"等词语共同出现在一个文章标题中的次数较多。我们对这些词语进行分层聚类，揭示这些词语之间的亲疏关系，进而分析它们所代表的主题的结构变化。研究发现，矩阵中数据间离散程度较大，适合进一步的词团探测和话题聚类。根据共词矩阵数据对微信文本进行模块度计算，我们进一步绘制了基于45个高频词的语义网络（见图3），并可发现存在四类与地域有关的词团，分别是广州（高频词如"通告""防控""指挥部"等）、深圳（高频词如"输入""境外""病例"等）、佛山（高频词如"全员""检测""核酸"等）以及珠三角其他城市（高频词如"提醒""轨迹""紧急"等）。2021年5~6月，广州疫情从突发到扩散再到全面控制，疫情自始至终都限制在广东省内。除了暴发地广州，只外溢到省内的佛山、湛江

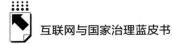

和茂名等地。通过全省各地的通力合作，疫情的影响、传播范围都尽可能降至最小。因此，四个主题的高频词具有一定的差异性，例如，"广州"词群更多地与疫情通报、防控措施有关，而"深圳"词群则较强调来自境外的输入性疫情，重点在防疫措施及科普教育，"佛山"词群则与"广州"词群的联系较为紧密，显示出广佛一体化、疫情防控区域化的特点，也基本反映了当时各地所面临的不同形势。

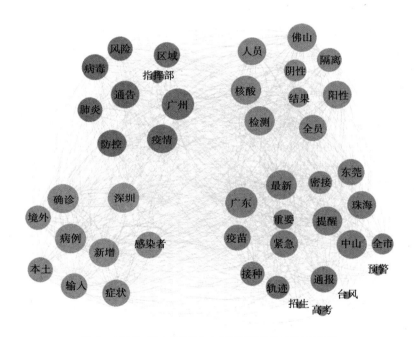

图3　10万+推文标题中高频词所形成的语义网络

四　对策建议

基于对广东省2021年政务微信战"疫"宣传整体情况及省内政务微信高阅读量推文内容分布的分析，我们提出以下对策建议。

（一）快速回应，引导网络舆情

突发公共卫生事件裹挟而来的信息洪流充斥于公众的视野，信息过载、关注失焦等问题影响着公众的判断与思考。政府掌握着与公众利益切身相关的信息资源，政务微信应力争在第一时间传递讯息、回应事件、引导舆论，及时公示疫情相关通告，发布疫情防控措施，解读防疫战疫政策，破除疫情相关谣言，保障公众知情权。作为政府开展舆情工作的前沿阵地，基于大数据等新型技术手段对网络舆情的有效检测，政务微信通过发布官方权威信息、迅速回应公众舆论，减少群众在面临未知与不确定环境时易生成的恐慌无助心理和非理性行为，遏制网络谣言的扩散和信息瘟疫的蔓延，有效控制新冠疫情事件下的网络舆情。

（二）响应群众需求，实现亲民化传播

在疫情防控特殊时期，政务微信需坚持以人民为中心的传播思想，将有关疫情信息全面透明化公开以满足公众对信息的高度渴求，把握群众的心理、需求、特点与关注点，以群众的意见与评价为参考准绳，发布符合受众需求的高质量推文，同时尝试打造确诊病例及轨迹查询、核酸检测事宜查询、出入省要求查询等惠民便民服务。基于自身定位，条件适宜的政务微信可开发自定义菜单供群众自助查询疫情相关信息，通过咨询数据库的完善和关键词回复功能的优化提高工作效率，满足群众信息需求，切实发挥政务微信为民服务、为民所用的价值。依托自身特性，政务微信可进一步完善新型政民互动方式，利用反馈机制响应群众需求，如在推文信息留言区与公众沟通互动，为公众答疑解惑，关怀疏导民众情绪以增强用户黏性、引导公共舆论。改善居高临下的"官本位"姿态，在适当情境下使用通俗易懂、平易近人的语言回应民众，拉近官民距离，提高政府亲和力，实现亲民化传播。

（三）高密度传达信息，持续设置议程

结合本地疫情防控特点和形势，密集传达各类疫情信息，全方面持续设

置防疫议程。政务微信按时发布新冠肺炎新增病例数、累计病例数、出院病例数等疫情数据，及时为公众提供客观准确的疫情讯息；持续推送疫情防控措施和民生保障政策等内容，提高公众关注度，铸造全民抗疫、全民战疫凝聚力；对疫情相关知识进行科普教育，通过专家背书等形式引导公众树立正确的防范意识、进行科学抗疫，维系社会生活的安全有序；宣传赞扬抗疫时期医务人员等英雄个体的事迹与精神，在个体叙事中遵循人本思想，注重将英雄人物塑造成有血有肉、饱满立体的个体，通过真情实感的传递在人民群众中形成情感共振，并展现普通民众抗疫群像，以强烈的感染力激发民众战胜疫情的信心与士气。广东省各政务微信皆需紧跟本地疫情发展趋势和防控态势调整议题强度，合理分配信息资源。在信息内容发布方面保持缓急有度，通过议题的设置调节公众对疫情的风险感知与危机意识，使民众在适度紧张下积极采取自我防护措施，又不至于过度恐慌，维系社会心态与社会生活的健康稳定。

B.13

计算宣传的模式迭代：
从2016年美国大选到2022年俄乌冲突

刘 洋*

摘 要： 2016年的美国总统大选和2022年的俄乌冲突中均发现了大量计算宣传的痕迹，多方涉事主体通过大数据精准传播、虚假信息扩散、社交机器人自动化传播、虚拟现实等手段开展了密集的信息干预和情感操纵。本研究对比了两个事件中计算宣传的具体手段与方式，总结了智能化时代计算宣传的基本模式和迭代规律。2016年美国大选，大数据用户分析模型和自动化算法分发相结合的计算宣传模式初具雏形，实施效果获得经验证据的支持。2022年俄乌冲突中，以数据驱动的智能传播为新特点的舆论战将计算宣传的必要性和影响力充分凸显出来，计算宣传的模式发生迭代，走向体系化、武器化、自动化。计算宣传的模式迭代正从底层机制和经验证据上回应智能传播时代到来传播技术和传播范式的演进趋势。

关键词： 计算宣传 社交机器人 算法 俄乌冲突 美国大选

计算宣传（computational propaganda），最早由欧美学者于2016年提出，是指利用网络平台尤其是社交媒体，使用大数据、算法、自动化等方式故意

---

* 刘洋，中山大学传播与设计学院副教授、中山大学互联网与治理中心研究员、中山大学粤港澳发展研究院研究员。

传播误导性信息以操纵公共舆论的活动。[①] 计算宣传是源于二战时期的舆论战、心理战、信息战等在社交媒体、人工智能等数字技术快速衍变时代的变体，是传统宣传对抗的进化形式。舆论战侧重于话语争夺和立场对抗，心理战侧重于改变信念和瓦解斗志，信息战侧重于基础设施和情报控制。计算宣传既是三者的有机融合，也是三者的进化变体；既强调网络基础设施如媒体平台的操控，也注重信息干扰如虚假新闻的传播；既以心理倾向转化为重要目标，又以潜移默化为长远战略。

随着社交媒体和互联网平台以及人工智能的进步，计算宣传变得愈加广泛而精准，手段和渠道更丰富，方式和机制更隐蔽，对信息环境和意识形态安全构成严重威胁。2016 年的美国总统大选和 2022 年的俄乌冲突中均发现了大量计算宣传的痕迹，多方涉事主体通过大数据精准传播、虚假信息扩散、社交机器人自动化传播、虚拟现实等手段开展了密集的信息干预和情感操纵。本文试图考察和对比两个事件中计算宣传的具体手段与方式，总结智能化时代计算宣传的基本模式和迭代规律。

一　计算宣传：概念界定与经验证据

由于网络信息技术快速迭代，相关传播手段和途径不断更新，目前国内外新闻传播和信息研究领域关于"计算宣传"的概念界定仍在持续拓展。相关研究多分散在舆论、宣传和政治传播、认知心理学等交叉领域。结合舆论战、心理战、信息战等领域的相关概念，计算宣传可更详尽地界定为在网络环境中利用大数据、算法操纵、机器人等自动化手段开展的信息误导、心理操控、环境塑造等旨在通过影响感知、识别、记忆、判断、推理等进而影响人们认知、态度与行为的传播活动。

[①] Woolley S. C., Howard P. N., "Political Communication, Computational Propaganda, and Autonomous Agents: Introduction," *International Journal of Communication*, 2016（10）: 4882-4890.

（一）计算宣传的机制与影响

国内学者系统总结了计算宣传的机制、策略和影响。[①] 机制上，计算宣传主要依赖"内容＋技术＋渠道"的组合，围绕一些可能引发冲突、分歧或骚乱的争议性话题，以自动化算法、社交机器人、人工智能、大数据传播等核心技术为指导，通过流量集中、影响广泛的平台媒体开展传播，从而达到转移注意力、引导舆论话题、制造社会共识、激发集体行动等目的。策略上，计算宣传一般采用传播谣言、伪造流量、煽动仇恨、制造热点、开展动员等手段，也包括付费广告、搜索引擎优化、人群精准推送等方式，具有自动化、大规模、隐蔽性的特点。影响上，计算宣传可能通过伪造活动产生虚假民意，通过虚假宣传污染信息环境，通过煽动情绪进而撕裂民意，通过信息武器化介入政治进程等。

社交机器人是计算宣传大规模实现的最主要手段，其主要应用场景包括政治选举、社会动员、政治干扰等。[②] 社交机器人是指借助算法技术批量注册和自动运营的社交媒体账号，能够自动生成和快速复制内容，传播有倾向的、有目的的信息以试图影响舆论。它既可以模仿个体用户传递新闻和信息，也可进行恶意活动，如发送垃圾信息、发布骚扰信息和仇恨言论等。在社交媒体平台中社交机器人生成的内容比比皆是，社交媒体正在变为"人＋社交机器人"共生的生态。[③]

虚假信息的传播是计算宣传不同于传统宣传的关键特征。传统宣传一般基于事实基础或选择性的部分事实展开传播，通过巧妙设置议程、隐含偏见或者设置特定解释方式等，以达到影响公众认知的效果。而计算宣传则通常有意制造错误信息、虚假信息，并通过自动化算法对目标

---

① 罗昕、张梦：《西方计算宣传的运作机制与全球治理》，《新闻记者》2019年第10期；罗昕：《计算宣传：人工智能时代的公共舆论新形态》，《人民论坛·学术前沿》2020年第15期。

② 张洪忠、段泽宁、杨慧芸：《政治机器人在社交媒体空间的舆论干预分析》，《新闻界》2019年第9期。

③ 张洪忠、段泽宁、韩秀：《异类还是共生：社交媒体中的社交机器人研究路径探讨》，《新闻界》2019年第2期。

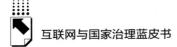

人群开展精准推送，从而实现混淆公众视听、恶意引导舆论和搅乱政治秩序的目的。计算宣传基于大数据对人群心理特征的识别、对目标群体的精准定位、对信息形态的自动模拟等，使得虚假信息的传播速度和范围远超严肃新闻。

算法使用是计算宣传和社交媒体机器人的技术核心。与传统的由人为控制的宣传相比，计算宣传的核心在于自动化算法技术的使用，具有隐匿性、自动化、精准化的特征。计算宣传中算法的使用体现在数据收集、信息生产和分发等全流程中。对于目标用户而言，他们看到的只是一个个帖子，很难分辨是否是有组织的宣传行为，往往因为其产生的"声量泡沫"而误认为是"主流民意"，让普罗大众迅速"跟风""搭车"，让决策者和精英阶层产生误判。在算法推荐机制下产生的传播"同温层"，因为其过滤气泡效应、信息茧房效应，已受到学界和业界广泛关注。

（二）全球范围开展计算宣传的经验证据

美国大选、英国脱欧公投、叙利亚冲突、巴西选举、墨西哥选举、乌克兰危机等多项政治事件中均有计算宣传的痕迹。牛津大学的学者针对巴西 2014 年总统大选、前总统罗塞夫遭弹劾，以及 2016 年里约热内卢的市政选举三场政治事件进行分析，均发现计算宣传发挥了操纵舆论的作用。[1] 一项关于英国脱欧的研究发现[2]，一个包含大约 13000 个机器人账户的僵尸网络发布了有关英国退欧的推文，其中大多数机器人账户在投票后不久就从推特（Twitter）上消失了。

境外社交平台上针对中国形象的计算宣传也有多项研究揭示了相关证据。牛津大学的两名学者考察了推特上逾百万条与中国和中国政治相关的标签和帖文，发现了大量针对中国的计算宣传，旨在传播攻击或对抗中国政府

---

[1] Wooley S., Howard P., *Computational Propaganda Worldwide：Executive Summary*, Oxford, UK：Computational Propaganda Project. 2017.

[2] Bastos M. T., Mercea D., "The Brexit Botnet and User-generated Hyperpartisan News," *Social Science Computer Review*, 2019, 37（1）：38-54.

的虚假信息和机器人账户非常突出。① 国内学者的一项研究也发现②，在推特上对中国政体、人权状况的批评言论中，包括香港、台湾、澳门和新疆在内的主权议题以及民主和人权等政治议题，均有一定的自动化操纵的痕迹，是社交机器人制造的虚假意见气候。另外，有关中国的讨论话题下有相当比例的人类用户受到过机器人的影响，有10%的人类用户曾转发了社交机器人的推文。一项关于香港"修例风波"的研究发现③，大量社交机器人扩散《纽约时报》对此事的报道，支持修例运动的关键词在机器人的用户名和推文中高频出现。

我国研究者开展的一项关于新冠疫情推文的研究发现④，推特上11.6%的与疫情相关的内容由社交机器人发布。在中国新冠疫苗接种的议题中⑤，依托推特这个社交媒体平台，社交机器人不仅仅是一个单向的内容输出渠道和传播中介，还呈现出了立体化的三维参与模式。一项研究还揭示⑥，公开可用数据集样本中的大多数已知机器人都在发布有关COVID-19的推文，这些机器人是在2011年至2019年之间发现的，是在大流行之前发现的，最初是为非COVID-19目的而设计的，它们过往的活动包括商业推广、转发政治候选人竞选阵营的信息以及传播指向恶意内容的链接等。

卡内基梅隆大学的研究者揭示，在2020年上半年新冠大流行初期，推特上与COVID-19相关的推文有45%的来自疑似机器人账户，这些推文传

① Bolsover G., Howard P., "Chinese Computational Propaganda: Automation, Algorithms and the Manipulation of Information about Chinese Politics on Twitter and Weibo," *Information, Communication & Society*. 2019, 22 (14): 2063-2080.

② 师文、陈昌凤：《分布与互动模式：社交机器人操纵 Twitter 上的中国议题研究》，《国际新闻界》2020年第5期。

③ 师文、陈昌凤：《社交机器人在新闻扩散中的角色和行为模式研究——基于〈纽约时报〉"修例"风波报道在 Twitter 上扩散的分析》，《新闻与传播研究》2020年第5期。

④ 师文、陈昌凤：《议题凸显与关联构建：Twitter 社交机器人对新冠疫情讨论的建构》，《现代传播》（中国传媒大学学报）2020年第10期。

⑤ 陈昌凤、袁雨晴：《社交机器人的"计算宣传"特征和模式研究——以中国新冠疫苗的议题参与为例》，《新闻与写作》2021年第11期。

⑥ Rawi A., Shukla V., "Bots As Active News Promoters: A Digital Analysis of COVID-19 Tweets," *Information*, 2020, 11 (10): 461.

播了逾百项关于新冠病毒的不实言论。Twitter 则以假阳性检测算法为由反驳了这一说法。在对 4300 万条与 COVID-19 相关的推文的分析中①，发现机器人除了转发来自党派新闻网站的链接外，还在推动一些阴谋论，例如暗示该病毒是在武汉实验室制造的，或者是一种生物武器。另有研究发现②，相当一部分机器人账户寄生在极右翼媒体和名人账户上，选择性地放大他们的声音。印第安纳大学的研究团队在 2020 年的人工智能促进协会会议上发表的研究结果表明，机器人绝大多数传播有关 COVID-19 的错误信息，而不是准确的内容；低可信度域的链接中有 20%～30% 的被机器人分享。

二　2022 年俄乌冲突中的计算宣传

俄乌冲突爆发以来，西方对俄开展了一场有计划且目标明确的大规模舆论战，其目的是破坏俄罗斯国内局势稳定，在乌克兰和西方国家社会中大量煽动仇俄反俄情绪，迫使俄与国际社会全面"脱钩"，以实现西方的政治经济利益最大化。俄罗斯、乌克兰两大直接涉事方都在开展着不同程度的舆论战，但涉及范围已经远远超出俄乌双方，中国作为非直接涉事主体也被裹挟其中。冲突已经不仅仅是两个国家、两支军队之间的战争，表现出极强的混合战争属性。意识形态宣传与灌输、信息网络技术对抗和其他软实力因素等共同影响的舆论战，成为计算宣传的重要模式。

（一）充分预热的舆论铺垫

早在俄乌冲突爆发前的多年，美国就已系统部署针对俄罗斯的信息战争，先入为主，占据主动。

首先，提前进行舆论预热，构建俄罗斯作为"敌人"的刻板印象。随着

---

① Ferrara E. ，"What Types of COVID-19 Conspiracies Are Populated by Twitter Bots?" *First Monday*，2020，25（6）：1-25.

② Xu W. T. ，Sasahara K. ，"Characterizing the Roles of Bots on Twitter During the COVID-19 Infodemic," *Journal of Computational Social Science*，2022（5）：591-609.

乌克兰危机的爆发，西方于2014年开始积极构建俄罗斯的敌人形象，"克里姆林宫之手"被频繁提及，普京被称为"数字战争巫师""全球民主的新威胁"。

其次，传播子虚乌有或未经证实的消息，使俄罗斯陷入极大的战略被动。经常在没有证据的情况下，就世界上发生的事件不断指责俄罗斯。俄乌冲突尚未正式爆发前，美国总统拜登和美国情报部门曾公开宣称，有可靠情报显示俄罗斯将于2月16日入侵乌克兰。中国专业人士称此举为"神棍算卦式指控"。在开战前先指控俄罗斯要动武，如果俄罗斯不动，美国可以宣称威慑成功，如果俄罗斯动手，美国则可称预言成功。无论何种结果，美国先发制人，都占据了舆论战中的战略主动权。

最后，利用前期已构筑的舆论惯性，倚仗系统性的、负面的舆论势能，实施密集的认知干预，从道德制高点开展全面的舆论俯冲，掌握战争的定义权和叙事的主动权。围绕战争的定义、政治诉求的正义性，俄罗斯方面的叙事是"反纳粹、反种族迫害"，乌克兰方面的叙事是"反侵略、反压迫"。美国利用自身强大的话语资源将俄乌冲突定义为俄罗斯针对乌克兰的主权侵略战争，俄罗斯因而失去道德优势。

（二）软硬兼施的舆论围攻

在形象抹黑、话语攻击等软对抗的同时，美国还联合欧洲利用强大的线上线下媒体矩阵对俄媒进行全方位封锁，限制其国际发声，造成双方话语权失衡。冲突发生后很短时间内，针对俄罗斯的网络攻击便密集展开。

自莫斯科时间2月24日下午5点起，今日俄罗斯电视台的网站便持续受到分布式拒绝服务攻击，俄方称大约27%的攻击发起地址位于美国。2月26日俄罗斯政府网站也受到持续攻击，网页频繁崩溃，俄罗斯国家杜马网站、联邦委员会网站当天都短暂出现网页无法打开的情况。随后国际黑客组织"匿名者"（Anonymous）① 在社交媒体上承认这一事件系其所为。

---

① "匿名者"是一个体系松散但规模庞大的国际性黑客组织，因发动多次大规模网络战争而闻名，攻击对象包括美国政府、山达基教会和"伊斯兰国"组织。2012年，《时代》杂志将"匿名者"评为世界上"最具影响力的100人"之一。

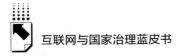

以美国为首的西方社会对俄罗斯媒体平台的封锁更是严苛。美国和欧洲几乎所有主流的社交平台，比如 YouTube、Facebook、Instagram 和 Twitter 等都先后宣布封杀俄罗斯最强大的外宣平台"今日俄罗斯"（Russia Today，简称 RT）和俄罗斯卫星通讯社及其下属机构。2 月 24 日，俄乌冲突爆发的第一时间，Facebook 即对俄罗斯新闻社官方账号实行了为期 90 天的限制。26 日 Google 宣布已将 RT 和其他俄罗斯支持的频道除名。28 日，Facebook 和 Instagram 的母公司 Meta 宣布将限制欧盟国家访问"今日俄罗斯"与俄罗斯卫星通讯社；Facebook 甚至首次调整了仇恨言论限制政策，允许俄罗斯周边国家的 Facebook 和照片墙用户发布针对俄、白俄领导人的死亡诅咒，针对俄平民和士兵的暴力言论，以及赞扬极端组织"亚速营"的言论。Twitter 随即也开始对"今日俄罗斯"与俄罗斯卫星通讯社进行特殊标注，并持续删除俄方关于俄乌冲突的表述，还对算法进行了调整，以限制俄罗斯政府的讲话在全球网络的传播。从传统媒体到新媒体平台，俄乌双方的话语权都形成了失衡态势，国际上更难听到"来自俄罗斯的声音"，从而影响民众的事实研判和价值取向。

（三）移动短视频时代的视觉谣言

由于 TikTok 的深度卷入，2022 年的俄乌冲突也被称为"wartok"。据阿拉伯半岛电视台中文网报道，这场移动短视频社交时代的数字战争吸引了全世界人群的围观。在俄乌冲突发生后的第一周，带有"#Ukraine"标签的视频共生成 171 亿浏览量，日均观看量 13 亿；带有"#Украина"标签的视频，包括俄语、乌克兰语等在内的西里尔字母乌克兰语，浏览量同样高达164 亿。

不同于 Facebook 和 Instagram 对激进画面分享的限制，TikTok 对内容的审核相对宽松，也不同于 YouTube 长视频拍摄和编辑对相关技能和时间的要求，TiTok 的内容发布更加快速和便捷，且扩散到其他平台的速度极快。从战场外的亲人告别到如何驾驶被俘的俄罗斯坦克，TikTok 上的视频内容深刻改变了冲突的进程。TikTok 平台上大量的直播视频被称为"战时生活的蒙太奇"，而大量难辨真假的信息涌入，人们因而"从无休止的可怕图像和视频积累中获得了令人困惑的认识"。

关于俄乌冲突的虚假新闻包括但不限于乌军歼灭了车臣部队、基辅失守、乌克兰总统泽连斯基逃离首都、乌克兰士兵与女儿挥泪告别上阵应战等。俄军过去的各种排练演习镜头被当成俄军的行动在网络大肆传播，其他国家的战争视频也被张冠李戴安在乌克兰战场上，乌克兰自己的防空导弹击中民房，也被说成是俄军空袭。

乌克兰王牌飞行员"基辅幽灵"击落俄军战机视频，实则是电脑游戏画面的截图。驻守蛇岛的乌克兰士兵阵亡，俄罗斯随后发布证据称驻岛士兵系集体投降，仍存活。莫斯科发生反战游行，后被辟谣是移花接木。俄国家杜马主席在 2 月 26 日亲自登上网络社交平台，称援引可靠消息乌克兰总统泽连斯基已在一天前逃离基辅，相当数量的亲俄账号则借此造势，质问临阵脱逃的总统有何资格领导国家。

一则标题为"乌克兰父亲泪别女儿，随后准备与俄军作战"的视频在中国网络流传甚广。该视频称某男子要离开自己的女儿去抗击俄军，但事实却是乌东地区的亲俄人士遵从当地政府的疏散安排将妻女送往俄罗斯安全区域，转身准备投入与乌克兰军队的战斗。

一个被推特认定为"媒体和新闻公司"的推特账号"EMPR. MEDIA"于 3 月 6 日发布了一张极具冲击力的儿童受伤的图片，呼吁在乌克兰设置禁飞区。后经核实，BBC 早在 2018 年 1 月 6 日报道叙利亚战争时就使用了这张照片，图源是欧洲新闻图片社（EPA），提高亮度后这张图摇身一变成了"轰炸中受伤的乌克兰儿童"。以色列某频道的新闻播放了一段视频称其显示了乌克兰遭破坏的场面，后被揭露视频出自电影《星球大战》。

虚假新闻的治理在移动短视频社交时代面临更大挑战。视频谣言相比文本谣言，表现形式更加多元，视频辟谣比新闻辟谣面临更高技术挑战，辟谣成本大大增加。虚假信息在移动短视频社交平台上的传播速度与传统社交网络平台相比，也已量级倍增。由于各类谣言和虚假新闻广泛传播，网络平台上的所谓"事实"似是而非、真假难辨，关于俄乌冲突的真相正在消失。

（四）机器人、算法和人工智能的深度介入

国外某研究团队跟踪研究了 2022 年 2 月 17 日至 3 月 3 日推特平台上涉俄乌的推文①，共收集了由 230 万个账户生成的 870 万条原创推文。当上述团队在 3 月 15 日重新查看收集的数据时，发现 10.4% 的推文和 13.5% 的用户账户不再可用。对前述"消失"的账户和推文的内容进行考察后发现，在数量上占显著优势的内容为呼吁停止伤害乌克兰儿童、号召以比特币等加密货币的形式对乌克兰捐款等，显示出一致性的"亲乌"立场。据此，高度怀疑这些事后被删除的账号和内容是有规模的、意图明显的、由机器人账号开展的反俄宣传。

美国政府积极借助社交媒体上核心意见领袖的影响力向民众散布对己方有利的信息。据美国《华盛顿邮报》报道，2022 年 3 月 10 日下午，30 名在短视频平台 TikTok 活跃的头部网红通过视频会议接收了来自白宫的"最高指示"——"正确"介绍俄乌局势和美国、北约的对俄政策。白宫方面证实了这一消息，并称上述指示不局限于 TikTok，还包括 YouTube 和推特等社交平台。

社交媒体用户构建此类人工智能引擎和机器学习模型的门槛很低，用来创建"深度造假"的工具在网络上很容易获取。在脸书和推特上就曾出现过经 Deepfake 换脸技术处理过的视频，结合声纹处理技术，以乌克兰总统泽连斯基或俄罗斯总统普京的形象，发布部分骇人听闻的言论，并引起大量的传播。通过一款名为"wombo"的应用程序，可以借助 AI 技术将声音与图片中的角色自动对上口型，据此可捏造任意内容与普京匹配，造成普京发表讲话的效果，最终实现效果可以假乱真。数据分析、机器学习和人工智能等技术正在重塑用户与信息环境的连接方式。

---

① Pohl J. S., Seiler M. V., Assenmacher D., Grimme C. A., " Twitter Streaming Dataset Collected Before and After the Onset of the War Between Russia and Ukraine in 2022," https：//ssrn. com/abstract＝4066543.

三　2016年美国大选中的计算宣传

2016年美国总统大选，共和党候选人特朗普击败民主党候选人希拉里。随后各种质疑特朗普选战公平性、真实性的民间猜想、新闻报道和法律调查层出不穷。最具代表性的两种言论分别指向特朗普团队雇佣商业公司非法获取个人信息和俄罗斯依托黑客开展网络攻击和信息操控。

《纽约时报》和《观察者报》根据知情人的爆料，称一家位于伦敦的、名为"剑桥分析"（Cambridge Analytica，简称 CA）的政治分析公司，在2016年竞选中受雇于特朗普团队，曾经违规获取了超过5000万 Facebook 用户的个人信息，并在未经用户同意的情况下，利用个人数据进行用户行为及心理分析。5000万名用户，接近当时 Facebook 的美国活跃用户总数的1/3、美国潜在选民人数的1/4。英国电视台 Channel 4 也发布有关 CA 首席执行官的视频，其夸耀 CA 公司在2016年美国大选中发挥的影响力："我们发起的网上拉票对美国总统特朗普2016年胜选起到了决定性作用"，"我们的宣传平均让特朗普的支持率提高了 3%，投票动员让不在籍投票的数量多了 2%"。

在2016年11月8日大选前一个月，黑客将数以千封计的希拉里个人邮件公之于众。其后的10月及12月，奥巴马政府称确信俄罗斯通过美方称之为"灰熊草原"（Grizzly Steppe）的行动干预2016年美国选举。美国国家情报总监与国土安全部共同指控俄罗斯黑客入侵民主党全国委员会并将其中文件泄露给维基解密，并指责俄罗斯方面付钱给社交媒体中的"网络喷子"以影响民意。

（一）人群心理画像，算法精准推送

CA 公司的核心技术为"心理图像分析"群体分类方法和"资料建模"预测人们行为的演算法，核心基础是庞大的数据库。简单地说，该公司要做的就是："在正确的时间、正确的渠道、正确的来源，对正确的目标受众提

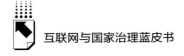
供正确的信息"。这一套数据加定向信息投放的流程，构成了特朗普"数字宣战计划"的最大依托。

CA 公司利用一款名为"this is your digital life"的应用收集 Facebook 用户数据，获取用户的个人信息、社交网络、情感和心理特征。除了伪装成 App 开发商，CA 公司还通过数据供货商如益博睿（Experian）、安客诚（Acxiom）、信息集团（Infogroup）等，购买各种个人资料。其目标信息主要包括个人的购物习惯、消费属性、度假地点、收入分配、个人爱好、社交圈子等，以与 CA 公司已掌握的投票习惯、政治偏好等数据进行配对。

CA 的心理分析、人格画像和信息定向推送的具体逻辑是环环相扣的。首先，基于"大五人格"模型对数据库中的个体开展心理画像（psychographics）。采用"OCEAN"计分法根据人格特质将群体根据五个维度进行分类，分别包括开放（open）、严谨（conscientious）、外向（extroverted）、亲和（agreeable）、神经质（neurotic）。

其次，针对不同群类，建立模型、写出算法进行测试，主要解决"说什么话、讲什么故事，能触发某类公众的行为动机"的问题。事件爆料人之一 Brittany Kaiser 后来出版的书籍《操弄：剑桥分析事件大揭秘》中揭示："像是那些神经质又内向的，他们对于以恐惧为核心的讯息，反应会很大，抓住这点之后，这群人谈论政治的方式，会完全不一样：他们不再讨论未来的政治该有什么愿景，而是一直想着，错的候选人当选之后，自己会有什么下场"，"面对一群情绪不稳定的人，投放吓人的讯息将会得到好很多的结果"。

最后，依据算法模型和测试结果开展真实世界中的信息定向投放。比如，对于"神经质"类型的选民，经过 CA 公司的算法推演，会被定向推送诸如"票投希拉里，美国就毁灭"一类恐惧导向、危言耸听的信息。书中提供的证据显示，CA 团队针对在 OCEAN 测试中表现出"高度神经质"的 30 万人群，确实以电子邮件推送了上述信息。

（二）大小数据结合，量身定制信息

除了大数据分析辅助的人格画像，CA 公司还结合了更加精准的小数据分析，对选民人群开展进一步细分，以量身定制动员策略。CA 公司用 Survey Monkey 等工具，在 16 个摇摆州进行电话和网络问卷调查。根据结果将选民分成特朗普方/希拉里方的"核心选民""投票动员对象""轻度支持者"。再以心理统计学配对不同的动员方式。对于核心特朗普选民，动员其深度参与，如捐款、参会、做义工，并按个性分类打造个人化的讯息。对于中度特朗普选民，即如果投票会投给特朗普但不一定会去投票现场的选民，则集中推送其关注的议题，测试什么样的讯息、谈论什么议题可以让他们出门投票。而对于轻度特朗普支持者，只投入极少量的资源，只用前述群体动员活动没有花完的"剩余的钱"对这部分人做动员工作。对于核心希拉里选民，基本不投入资源。对于中度希拉里选民，即如果参加投票便会投希拉里的选民，采用"阻止"策略（Deterrence strategy），如选民压制（voter suppression），借由阻止特定人群参加投票以影响选举结果。对于轻度希拉里支持者，采用抑制投票和劝服相结合的策略，如定向投送"打倒万恶希拉里"（Defeat Crooked Hillary）的信息。

　　针对摇摆州的可说服选民，CA 透过掌握的数据、实时解析系统，了解州、郡、城市、小区以至个人所重视的议题，让特朗普在全国巡回时，知道自己该说什么。还为特朗普的巡回竞选活动绘制目的地的"热点图"（heat map），以明暗色块显示其拜访的区域里，有多少选民能被说服、特朗普阵营该派谁跟当地对话，以及在当地应提及的议题。这些成了特朗普跑选区时安排访问顺序、制定内容计划的依据，让每一次特朗普的现身与谈话都达到最大效果。

　　除了对群体特征的研判，CA 公司还帮助特朗普团队实现了以微靶向（micro-targeting）策略为基础的、量体裁衣式的信息精准推送。在建立数据库、找出个体行为动机之后，据此制作相对应的讯息，对特定人群持续投放、持续微调讯息直到达成目标。CA 团队宣称，为特朗普投放了超过 5000 种不同的广告，每个广告都经过 1 万次反复修改，以达到最好效果。

　　特朗普团队在精准、定向推送信息的基础上，还对信息的传播效果开展跟踪研究并适时调整，依托"综合分析"（Synthesio）和"深红六角"

（Crimson Hexagon）等擅长品牌宣传和互联网数据营销的公司，利用"情绪分析平台"（sentiment analysis platforms）评估包括他本人发文在内的所有宣传推文的正负面效果。其团队会花钱投放影片和广告的各种版本，实时观察每个版本的绩效，了解观看者的数量、他们是否按了暂停、是否有看完整部影片、是否有点击影片链接了解更多、是否和他人分享内容、他们看完的感觉如何。如果宣传的反应不如预期，宣传团队就会调整广告的声音、色彩或是口号，看看是不是有所改善；最后，如果影片终于开始风行，他们就会再投入更多钱，让它在网络上广为流传，吸收新一波支持者和捐款。

四　计算宣传：发展趋势与模式迭代

通过对两个事件的分析发现，计算宣传的代表性模式，既包括传统信息战中使用的网络设施瘫痪、黑客攻击、通讯信号屏蔽、媒介平台封禁等"硬"策略，也包括现代智能传播时代使用算法、自动化技术、人工策划调控等开展的"软"传播。典型表现包括，利用大数据、人工智能、自动化社交机器人等前沿技术，操控和分发虚假信息、污染和混淆信息环境、蒙蔽或误导政治对手等一系列破坏网络信息环境和政治传播生态的活动。

从 2016 年美国大选到 2022 年俄乌冲突，计算宣传的模式和手段均发生了迭代，这种迭代正从底层机制和经验证据上回应智能传播时代到来传播技术和传播范式的演进趋势。有研究梳理了近几十年传播技术演进、传播范式的阶段性特征和舆论战模式的演化趋势。[1] 2000 年前自上而下、集中控制的大众传播范式，主要建立在传统大众媒体和 Web1.0 的网络传播基础上，这一阶段的舆论战中，国家力量和大型传统媒体强有力主导着信息传播的权力，自上而下的内容操控是压倒性策略。2000 年后，随着 Web2.0 和移动互联网的崛起，自下而上、开放性、分布式的信息传播占主导，这一阶段的舆论战中，内容操控不再是舆论干预的单一模式，多样化的宣传手段和方法开

---

[1]　方兴东、钟祥铭：《算法认知战：俄乌冲突下舆论战的新范式》，《传媒观察》2022 年第 4 期。

始应用，用户驱动的社交传播使得大规模动员成为可能。发生在这一阶段的 2016 年美国大选，大数据用户分析模型和自动化算法分发相结合的计算宣传模式初具雏形，实施效果获得经验证据的支持。2020 年之后，智能技术主导了大规模实时动态的大数据驱动的智能传播范式，信息与社会高度嵌合。发生在这一阶段的 2022 年俄乌冲突中，以数据驱动的智能传播为新特点的舆论战将计算宣传的必要性和影响力充分凸显出来，计算宣传的模式发生迭代，走向体系化、武器化、自动化。

首先，计算宣传体系化。在战略部署上软硬结合，一方面硬性封控，以美国和欧盟为代表的西方国家在发声渠道上，依靠其覆盖面广、渗透性强的全球媒体矩阵，对俄罗斯国家媒体进行了全方位的封锁打压，使己方舆论在国际传播上占据绝对优势；另一方面软性渗透，通过虚假信息传播、自动精准投送、泡沫流量制造、刻意情绪引导打出了一套组合拳，平台、算法、机器人部队某种程度上都成了一种战略资产。俄罗斯过往的信息战战略部署便一向不止于战时状态下的信息对抗，还非常注重和平时期的信息铺垫和心理干预，通过长期的、日常的信息渗透，造就一种适于传播利我观点的"姑息环境"（permissive environment）。①

其次，计算宣传武器化。作为前端舆论战的变体，当下时代的计算宣传有明确的战略目标和打击对象，有显著的影响力和强大的破坏力，以掌握叙事主动权为目标，实现了信息传播的武器化。俄罗斯过往的计算宣传便是融合了基于数据的个体分析和社交媒体上的信息行动，使得机器人部队与传播对象之间形成了更加深刻的社交关系，计算宣传因而更加个性化、武器化②。"武器化的叙事，可以作为明确的军事或地缘政治冲突的一部分在战

① Giles K. , "Handbook of Russian Information Warfare（Fellowship Monograph Series，No. 9）Research Division NATO Defense College，" https：//krypt3ia. files. wordpress. com/2016/12/fm_9. pdf.

② Howard P. , Ganesh B. , Liotsiou D. , Kelly J. , Francois C. , *The IRA, Social Media and Political Polarization in the United States, 2012-2018*, Computational Propaganda Research Project, Oxford University, 2018; Rosenbach E. , Mansted K. , "The Geopolitics of Information. Belfer Center，" https：//www. belfercenter. org/sites/default/files/2019-08/GeopoliticsInformation. pdf.

术上使用，也可以作为减少、中和和击败一个文明、国家或组织的一种战略手段。如果做得好，它将限制甚至消除武装部队实现政治和军事目标的人和需要。"

最后，计算宣传自动化。算法自动化对传统用户分析人工模式的迭代，使得信息传播更加批量化、规模化。传统人工模式虽更精细，但成本高、易察觉。从这个角度而言，2016年美国大选的计算宣传更加精准，2022年俄乌冲突中的计算宣传则更具规模，前者是主客体的关系，是选举战属性，后者则是不同涉事主体间的竞争，是信息战属性。通过人与机器的优化组合，机器作为前端，人作为后台，实现了计算宣传的全自动、流程化，未来计算宣传将可能以更加低成本和大规模的方式进行，精准传播和广泛传播可能并驾齐驱。

数字化社会的技术进步可能带来愈发激烈的信息战，认知干预和情感操纵变得更加隐性，进而引发人们关于"本体安全"（ontological security）的隐忧，① 这正是当前计算宣传大规模开展得以实施的社会基础。特朗普便是利用了美国社会的本体安全忧虑，其政治修辞回应了当时美国部分人群对经济下行、失业增加和移民激增的焦虑不安，以期通过"重回辉煌过往"的许诺增加社会的安全感知。②

计算宣传本质上是对信息环境的人为干预，从技术、内容、主体、对象等多个方面挑战信息环境的真实性、主体性、主导性、多样性、透明性。谣言和虚假信息对网络信息环境的污染、社交机器人的批量化信息生产、精准推送对信息暴露结果的改变，都是对信息环境的一种恶意调节和干预。在机器人账号、算法推送、虚假信息等的多重影响下，隐真示假、颠倒黑白、移花接木、张冠李戴等计算宣传的多种策略正深刻改变网络信息环境，所谓"真相"正在消失。计算宣传的模式迭代及其与智能传播环境的互动、互构，将是未来网络治理的难题之一。

---

① Bolton D. , "Targeting Ontological Security: Information Warfare in the Modern Age," *Political Psychology*, 2021, 42（1）: 127–142.

② Homolar A. , Scholz R. , "The Power of Trump-speak: Populist Crisis Narratives and Ontological Security," *Cambridge Review of International Affairs*, 2019, 32（3）: 344–364.

B.14

从网络问政到网络理政：
新时期网络空间治理回顾

钟海帆 *

摘　要：　本文回顾了互联网内容治理的历程，认为党和国家从互联网平台发展的早期开始，就充分认识到政府回应舆情的重要性，与新闻发言人体系同步，主动进行了网络问政。通过十多年的努力，取得了初步成效。随着科技的进步，中国各级政府从初期的网络问政走向了较为全面的网络理政。网络理政体现了国家治理体系和治理能力现代化的转型，促进了基层党委政府的媒体融合，突出解决实际问题的能力，纠正形式主义的倾向，推动社区共建共享，助力乡村振兴。文章对网络理政需要改进的地方也提出了一些建议。

关键词：　内容治理　网络问政　网络理政　网络舆论

从互联网引发社会舆情开始，党和国家就充分认识到政府回应舆情的重要性。与新闻发言人体系同步，主动进行了网络问政。通过十多年的努力，取得了初步成效。随着科技的进步，中国各级政府从初期的网络问政走向了较为全面的网络理政。

---

* 钟海帆，深圳市互联网行业联合会顾问、中山大学互联网与治理研究中心智库专家。

一　舆情应对与网络问政，是中国网络治理的起点之一

1999 年 5 月，以美国为首的北约部队袭击了中国驻南联盟大使馆，引起中国人的强烈抗议。为表达广大网友对这一野蛮行径的强烈愤慨，人民网开通了"强烈抗议北约暴行 BBS 论坛"。开通一个多月即在海内外产生了重大影响，同年 6 月 19 日更名为"强国论坛"。① 这是中国网民借助互联网表达民意的一个标志性事件。

21 世纪的第一个五年，互联网还是以门户网站、大型全国性论坛和地方论坛为主，网民已经形成了在新闻跟评和论坛话题上对时政发表意见，已经连续在全国形成了层出不穷的热点。党和政府对网络舆情总的态度是分类处理，及时回应。这就形成了中国特色的互联网内容治理的一个重要方面：借助互联网建构良好的党委政府和人民之间的沟通机制。

早期的网络问政主要是三个方面：一是网民介入公共治理，借网络问政府；二是党委政府领导主动到网站与网民沟通，借网络问政于民；三是党委政府建立专门机构监测收集网上舆情，快速应对处置。

网民"问政"主要是通过网上发帖进行的，内容包括投诉、揭露、曝光等，而在云南的"躲猫猫"事件中，网民成立调查团对舆情事件进行独立调查，被视为一次有象征意义的网民线下活动。

党委政府问政于民则是领导人通过网络平台或线下活动与网民直接沟通交流，在中央领导带动下，一时蔚然成风，其中广东省和深圳市负责人接见在网上发影响火爆帖子的网民、河南洛阳的 4 个网民以"网民"的身份当选该市人大代表或被推荐为政协委员等，成为标志性事件。

相应地，各级新闻网站纷纷建立了网络问政的平台，各级党委政府设立专门机关专事收集研判舆情，并建立了直报负责人的工作机制。这些机制，

---

① 杜晓燕：《网络论坛传递"正能量"的引导机制——以人民网"强国论坛"为例》，《唯实》2014 年第 3 期。

确保舆情事件第一时间得到发现和及时处置。

这种对网络舆情的态度，为中国特色网络内容治理奠定了良好的基础，因为这个治理体系一开始就站在了道义的制高点。

后来，博客出现，以个人名义介入舆论的方式成为流行方式，并形成了一些个人品牌，但由于还限于桌面电脑的方式而并不突出。微博和微信出现后，中国也与世界同步进入了社交网络时代，舆论市场出现了过热甚至失控的危险。当时的监管能力跟不上互联网应用快速发展的速度，网络内容也暴露出一些问题，反映在早期的网络问政工作中。例如，网络舆情容易受到少数人的操控。在全面实施实名制之前，网上的舆情处于过热状态，一些人匿名在网上制造热点的成本很低，而应对起来又面临复杂的情况。同时，如果党委政府解决问题的能力没有跟上的话，应对工作就可能流于形式。

二 分类处置舆情，是中国网络内容治理的重要特点

党的十八大以来，习近平总书记对互联网治理做出了一系列重要指示，包括顺应信息化、数字化、网络化、智能化发展趋势，科学认识网络传播规律、网络安全、核心技术、社会治理模式转变，建设网络强国和网络空间命运共同体等。

在习近平总书记亲自领导下，党的十八大以来我国逐步形成了互联网治理体系，体现在网络内容上主要是对内容进行分类处理。

第一，及时处置违法内容。党的十八大以来，国家出台了一系列法律法规，对违法违规行为加大了监管力度，多部门联动，互联网业界和网民配合，取得了初步成效，网络空间开始清朗。

2021年，全国网信系统进一步加大执法力度，依法查处各类违法违规案件，取得显著成效。据统计，"全国网信系统全年共依法约谈网站平台5654家，警告4445家，罚款处罚401家，暂停功能或更新3008家，下架移动应用程序1007款，会同电信主管部门取消网站许可或备案、关闭违法网

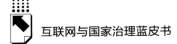

站 17456 家，移送相关案件线索 4728 件"①。开展了针对违规采编发布、互联网用户账号运营乱象、"饭圈"乱象、流量造假、黑公关、网络水军、历史虚无主义、算法乱用、未成年人网络环境专项整治、弹窗新闻信息突出问题、网站账号运营不规范、网上文娱及热点排行乱象等"清朗"系列专项行动，查处一批传播各类违法违规有害信息、存在违法违规行为的平台和账号以及移动应用程序。对互联网内容的监管也与时俱进地扩展到数据安全和个人信息保护上，2021 年全国网信系统开展了数据安全、个人信息保护等领域执法。针对滴滴企业版等 25 款移动应用程序、"美原油""链工宝""快输入法"等移动应用程序存在严重违法违规收集使用个人信息问题，依法通知下架相关应用，并进行整改。②

在全球新冠疫情肆虐的情况下，中国风景独好，我们减少了大量的病亡，生活和工作有序，这其中，有序的网络环境是一个重要因素。在疫情、突发灾难、战争、暴乱等情形中，无序的网络舆论环境将火上加油。不实信息满天飞，人心不统一，在互联网的"信息茧房"中演变成冲突对立，这是我们在许多国家可以看到的情形，美国尤其严重。经历了疫情，很多国家和地区都认识到加强互联网内容监管的重要性，修订法律法规。

第二，各级党委政府调动各种资源，及时调查回应舆情，主流媒体及其数字终端成为主导的信息源。早期的网络问政，虽然也强调"及时"，但并未与行政资源紧密结合，真正解决问题的能力不足，导致回应成为一种套路。同时，几乎铺天盖地的网络反腐，伴随着很多未经核实的信息，与党委政府调查和处理的能力形成反差，也有损我党长期执政的公信力。

党的十八大以后，我们不仅重视网上舆情的发现，更重视从"线下"解决实际问题。截至 2021 年 5 月，中央纪委共立案调查审查省部级领导干部 392 人、厅局级干部 2.2 万余人、县处级干部 17 万余人、乡科级干部

① 《中央网信办：2021 年全国网信系统全年共依法约谈网站平台 5654 家》，中工网，https：//www.workercn.cn/c/2022-01-28/6861467.shtml。

② 王思北：《2021 年全国网信系统共依法约谈网站平台 5654 家》，新浪网，https：//cj.sina.com.cn/articles/view/1076684233/402ce5c902001tndq。

61.6 万人。及时主动有力地查处腐败分子，在实体中就解决了广大人民群众担心的权力滥用的问题，网上一有舆情，立即展开调查并有实质性地处理。这一举措，赢得了网民的信任，也使网民珍惜发言权，不再随意发布未经核实的信息。

2022 年发生在江苏省对徐州市的"丰县生育八孩女子"舆情的处置，是一个教科书式的案例。首先，这个舆情源于网民。视频发于春节期间，视频传播后有关部门并没有进行简单化的删除处理，而是积极展开回应。1 月 27 日，在丰县进行扶贫直播的网民意外地发现了被铁链锁住的女人，视频被发到网上。令人发指的画面立即引发全国网民的震动，纷纷围观，其热度甚至一度超过对冬奥会的关注。随后，针对基层政府的回应，许多网民参与了调查，提供了很多新线索，引发更多的讨论。事件的全程热度一直很高，参与讨论的有法律界、传播界和大量普通网民。其次，调查过程也是一个纠错的过程。事件发生后，基层部门进行了四次通报。第一次通报称此事件不存在拐卖行为，后被证实是错误的；第二次通报增加了一些细节，承认结婚登记时没有核实身份信息，并为加锁链做了解释，仍然坚持没有发现拐卖行为；第三次通报对被害人的真实身份做了核实，但还是以"走失"为结论；到了 2 月 10 日的第四次通报，徐州调查组确认存在拐卖妇女，认为涉嫌拐卖妇女罪、非法拘禁罪，三人被采取刑事强制措施。但是，网民并未停止质问，又继续提出了诸多质疑。2 月 17 日，事件上升到升级层次。根据央视新闻客户端 2 月 23 日报道，"江苏省委省政府成立调查组，进行全面深入调查。调查人员不仅在江苏省内开展调查，还赴云南、河南等相关省份开展调查，其间共走访群众 4600 余人次、调阅档案材料 1000 余份"①。2 月 2 日，江苏省联合调查组发布了翔实的调查报告，内容涵盖了网民提出的所有疑问，形成权威的、一锤定音的结论。

第三，对失职干部的处理是严厉的。在调查基础上，江苏省委对舆情涉

---

① 《江苏省委省政府调查组发布"丰县生育八孩女子"事件调查处理情况通报》，新华每日电讯网，http://www.news.cn/mrdx/2022-02-24/c_1310486938.htm。

及的各种失职渎职领导干部做出开除党籍、撤职免职、警告等处理，包括曾经在那里工作过的干部，共达 17 名，处理的范围和力度是空前的。调查报告表示："我们将深刻汲取教训，进一步加强基层组织建设和社会治理，加强干部作风建设，教育广大党员、干部始终坚持人民至上，站稳人民立场、厚植人民情怀，增强法治意识，切实维护群众合法权益。"① 体现了以人民为中心的思想。

第四，对舆情应对不准确的党委政府行为也列入处理。自从新闻发言人队伍建立以来，为了鼓励主动积极回应，纪检监察部门甚少对发布不准确信息的官员做出处理，这次对宣传口的干部给予其党内严重警告处分，免职处理，理由是"违反工作纪律，工作不负责任，发布信息不实的情况通报，造成严重不良影响"。通报称，江苏全省已部署专项行动，全面深入排查整治侵害妇女儿童等群体权益问题，依法严厉打击拐卖妇女儿童和收买被拐卖的妇女儿童等违法犯罪行为，切实维护、保障好人民群众权益。②

三　数字中国建设新形势下的网络理政

党的十八大以来，我国提出了数字化发展的目标。信息基础设施规模全球领先，信息技术产业取得重要突破，数字经济实现跨越式发展，数字政府建设步伐加快，信息惠民便民水平大幅提高，网络扶贫成效显著，数字化技术在新冠肺炎疫情防控中发挥重要作用。2021 年 12 月 27 日，作为"十四五"规划的一部分，国家发改委发布了《"十四五"国家信息化规划》，提出要打造数字经济新优势，加快数字社会建设新步伐，提升数字政府服务新水平，营造数字化发展新生态。

在新的形势下，党委政府与社会、网民的关系也发生了重大变化。以前

---

① 《"丰县生育八孩女子"事件十三问》，新华每日电讯网，http：//www.news.cn/mrdx/2022-02/24/c_ 1310486933.htm。

② 《江苏省委省政府调查组发布"丰县生育八孩女子"事件调查处理情况通报》，新华每日电讯网，http：//www.news.cn/mrdx/2022-02/24/c_ 1310486938.htm。

的问答式、回应式的网络问政将逐步走向主动的网络理政。党委政府在数字信息环境下，将依托数字信息技术提供服务、科学决策和精准管理。

（一）从"问政"到"理政"，体现了国家治理体系和治理能力现代化的转型

早期的网络问政，一直有一个扯不清的事情：舆情应对究竟是以宣传系统为主，还是以处置事件的政府部门为主？虽然在许多个案可以看到两者的整合，但从体系上看，两个系统还是存在不同分工，在整合上有一些不理想。政府系统也建立很多网站和移动应用，目的是信息公开和电子政务。由于互联网互动性的特点，也建立了投诉渠道。这就把群众通过电子方式投诉和表达诉求分成了两摊，一个属于政府部门，一个属于宣传系统。

全国建立统一的网络安全和信息化委员会后，情况有了本质性的变化。因为网络安全和信息化委员会的规格高，各级领导亲自抓，对于统筹网络安全和信息化工作具有重要意义。因为无论党委政府的数字终端谁在运营，群众都会当成"数字政府"的一部分。政府在数字终端提供公共服务，为群众办事，可提高整体可信度，从而信赖政府的数字终端发布的新闻和信息。

新中国成立伊始，我们的政府就一直是坚持"人民政府"。新的数字化手段给政府赋能，使政府具备了更加全面的为民服务的能力。

互联网的发展初期强调的是数据的"分布式"，即全网是由无数独立的小终端构成的。"分布式"曾经被互联网业界认为是互联网的根本特征，从而使社会越来越不需要大政府，越来越依赖自治。但是，大数据、云计算的出现使数据的中央处理能力大大加强，改变了这个分散趋势。这对于以人民为中心的政府是个重大利好，使党委政府更及时准确地了解群众的需求，更好地掌握最完整社会舆情的全貌，对社会进行"数字式治理"，提高了效率，减少了浪费。互联网信息与资源交换的平台化与社会普遍信息化、数字化支持下的大量"自媒体"内容，形成了海量的关于社会公共事务和社会生活的内容数据；而移动终端用户既是数据使用者又是数据贡献者，规模庞

大、种类繁多的个人化大数据资源由此生成。① 云计算进行大规模信息处理，通过网络统一组织和灵活调用各种信息资源，形成共享的资源池，实现大规模计算的信息处理方式，提高公共服务的效率，让人民群众有实实在在的获得感。

新冠肺炎疫情发生后，中国取得了抗疫的巨大成就，坚持"动态清零"。能够做到这一点，前提是我们已经形成了全国性和省市级的基础数据，有超强的运算能力，有由国有企业维护的电信基础设施，有通过市场形成的普及性和便捷的民营互联网大企业应用，近年来各地又通过智慧城市建设整合了部门之间的数据，还有就是广大用户的积极配合，才使健康码的快速研发推广成为可能。这个过程，起源于地方的探索，然后上升到国家层面，才形成全国统一、互通又各有特色的局面。例如，浙江依靠阿里云的优势，在全国率先尝试，而贵州则利用"云上贵州"大数据。有了健康码，14 亿人都可以通过智能手机调取二维码或条形码，红黄绿三种颜色提示持码人的不同风险状态，从而使防控工作精准化，避免资源浪费，维持整体社会运行。

打造高效精准的智能办政务服务。深圳市政府近年来利用数据科技，成立政务服务数据管理局，积极探索政务服务新模式，整合全市政务信息资源，消除"信息孤岛"，在提供公共服务方面实现了无人干预自动审批，公众需要跑腿找政府的诸多事项，如毕业生落户、高龄津贴申领、各种证照申办实现了"秒批""秒办"，"秒报秒批一体化""免证办"即报即批、即批即得。2021 年，深圳基于大数据分析应用推动政策补贴直通车改革，利用"i 深圳"数字平台，实现政务服务手机端"一网通办"，让深圳市民"一屏智享生活、一号走遍深圳"。目前，"i 深圳"已接入 3 个中直单位、44 个市级单位、10 个区、19 个国企单位的 8000 余项服务，累计下载量2210 万。②

---

① 宋建武、黄淼：《媒体智能化应用：现状、趋势及路径构建》，《新闻与写作》2018 年第 4 期。
② 黄子芸：《"智慧"让生活更美好》，《深圳特区报》2022 年 5 月 3 日。

过去各地的市民热线电话和网络舆情是分割的，由不同的部门管理，资源分散，效率不高。成都市依托 12345 市长公开电话、市长信箱系统，搭建集市长公开电话、网络信箱、短信、微信、移动客户端的"五位一体"受理体系和市、区（市）县、乡镇（街道）三级办理体系，成为统一的诉求受理平台、业务办理平台、数据共享平台、行政效能投诉平台，实现多元化受理、分层级办理、全过程监督、大数据分析。① 市民反映问题、提出意见只上一张网、只打一个电话，把网络舆情处理和热线电话处理统筹起来，大大提高了效率。正如复旦发展研究院网络理政中心副主任沈国麟教授所言："网络理政即运用互联网进行治国理政，主要是指国家和社会通过互联网，实现公共事务有效治理、公共利益全面增进的活动与过程。"②

（二）促进基层党委政府的媒体融合

习近平总书记明确提出，要扎实抓好县级融媒体中心建设，更好引导群众、服务群众。县级单位是国家政权承上启下的关键环节，关系党的声音能否进入千家万户，关系经济、民生、稳定的国家运行，因此，县级媒体非常重要。但是，长期以来，县级单位基本上没有公开发行的报纸，广播电视和互联网新闻单位大多是省市媒体的分频道。互联网技术为县级单位直接面向受众创造了机会，近年来，各地加大县级融媒体中心建设，整合县域内报纸、广播电视、网站及报道组、新媒体等新闻机构和媒体平台，办成新型的具有综合功能的媒体，既有新闻媒体的属性与功能，也有多方位、多领域、多终端、多样化服务群众、服务社会的能力。通过优化流程，整合各种媒介资源和生产要素，实现信息内容、技术应用、平台终端、管理手段的融通，更好地为基层服务。县级融媒体不仅是网络内容建设的平台，还是推动电子商务在乡村应用的阵地，在帮助乡村销售农产品、促使农民脱贫、推动乡村

---

① 阳菲菲：《成都 12345 一部热线电话温暖一座城》，川观新闻，https：//cbgc. scol. com. cn/news/1092077。

② 《中国网络理政十大卓越案例公布，为什么是这十个上榜》，澎湃新闻，https：//www. thepaper. cn/newsDetail_ forward_ 16025228。

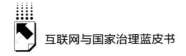
振兴方面发挥重要作用。

浙江省湖州市安吉县安吉新闻集团打造的融媒体项目就是一个很好的例子。该集团研发了"爱安吉"App，把20多个政务部门的资讯集中起来，内容囊括新闻报道、社会治理、便民服务等多种功能，一年举办100多场直播活动，涵盖县域内各类活动。建立资讯"中央厨房"，整合"声屏报网、线上线下"资源，形成"统一策划、统一采集、分类编辑、分平台推送"的新闻采编流程。建立融媒体新闻中心、广告事业中心、媒体服务中心，在编委会统筹下运营。该集团介入基层智慧城市建设，参与公共应急指挥、社区综合治理、旅游服务，向基层提供丰富的便民服务，包括餐饮、维修和社区交流。

（三）克服形式主义，解决实际问题

过去的网络问政经常存在的问题是摆花架子、博宣传，但对老百姓来说不管用。新的网络理政则采用"互联网+政务服务"的思路，以管用的工作机制综合的力量切实解决群众急难愁盼的问题。

2018年7月，国务院印发《关于加快推进全国一体化在线政务服务平台建设的指导意见》，就深入推进"互联网+政务服务"，加快建设全国一体化在线政务服务平台，全面推进政务服务"一网通办"作出部署。[①] 2021年7月，上海市印发《"一网通办"统一预约服务工作方案》，开始加强线下服务规范化精准化建设，规范本市政务服务中心预约服务，推动政务服务整体联动、全流程在线，推进市、区、街镇基本预约服务全覆盖，以标准化手段优化政务服务资源配置、规范服务流程。[②]

根据新华社的报道，一家民企打算新设一家企业，但企业负责人却因为疫情而被困在外地。按照防疫隔离的要求，将要耽搁很长时间。这个负责人获悉"一网通办"上推出了"远程身份核验"服务，只要在手机端登录办

---

① 《国务院印发〈关于加快推进全国一体化在线政务服务平台建设的指导意见〉》，《电子政务》2018年第9期。

② 陶振：《政务服务"一网通办"何以可能？——以上海为例》，《兰州学刊》2019年第11期。

事系统，就可通过人脸识别等生物验证方式完成身份校验，进而办理后续事项。该负责人通过这个方式完成了远程身份识别，四天后就可以领新的执照了。新华社的报道称："该远程核验系统上线后短短3个月，就服务了浦东新区近8000家企业约2万人次。"

而仅在2020年，成都各级政府负责人通过互动平台签批回应诉求58047件，解决企业反映的问题4000余个、市民反映的问题5万余个。①

2022年新冠疫情在中国出现反复，个别地方政府出现防疫措施层层加码，影响群众日常就医需求，并不符合国家层面的要求。部分省市出现孕妇流产、无核酸报告或医院消毒导致病人死亡事件。针对这些舆情，国家卫健委多次强调，疫情防控期间，各级医疗机构不得以任何理由，特别是没有核酸检测结果为由推诿、拒绝患者。在国家卫健委的督促下，情况发生了改变。

2022年3月，深圳市再次遭遇新冠疫情，南山区西丽街道茶光村被列为"封控区"，影响了一个小店主。在深圳卫健委微信公众号3月15日发布的一则推文下的评论区，这个店主以"Antsmoving"的匿名表达了自己的无助："我今晚真的崩溃了！"留言反映自己上有老下有小，封控使他没有收入，要离开深圳了。写下了一条反映自己诉求的留言。这个发于凌晨两点的留言，几分钟后就获得了"深小卫"运营人员的回应——"南山区想和您联系，可否提供电话。"更令这位网友没想到的是，当日南山区委相关人员和网友所在社区的党委，就上门进一步了解诉求，并送上关心慰问，并为解决他的问题希望他为社区防疫人员提供早餐。凌晨两点的一个留言，是很难被关注到的，但不仅被看到了，而且实实在在地给解决了。平台不在大小，网络问政不是作秀，关键通过网络理政，及时解决群众反映的问题。这一事感动了很多深圳网友。

（四）社区共建共享

治理体系和治理能力现代化的一个重要方面，就是社会的共建共享共

---

① 阳菲菲：《成都12345一部热线电话温暖一座城》，川观新闻，https：//cbgc. scol. com. cn/news/1092077。

治,尤其是基层的共建共享共治。这是 55 年前依靠群众、化解矛盾的"枫桥经验"在新时代的体现。近年来,各地贯彻落实、大胆创新,利用互联网手段,使"枫桥经验"内涵不断丰富、形式更加多样。

上海市宝山区建立了智能化交流平台"社区通",将全区 557 个居委会和行政村全部联通。辖区内的环境卫生、邻里纠纷、治安防控、物业管理等问题都可以在这里反映,大家的事大家商量着办。[①] 根据澎湃新闻的报道,该区通过以移动互联网为载体、以居村党组织为核心,使政府和社会资源与群众需求对接,让基层群众从"不知情""不领情"转变为积极参与。运行近五年来,宝山区 575 个居村全部上线,吸引了 50 万余户家庭 80.6 万余名居村民实名加入。[②] 其内容主要有以下几个方面。

通过"线上议事厅"让群众广泛参与直接参与、讨论、决定和管理社区公共事务。例如,社区居民在议事厅中提出公共场地的改造建议,引发 300 多位居民投票支持,居民在线上热烈讨论,引起党委政府负责人重视,牵头居委、物业和业委会开展线下调研,了解实际情况,最终采纳了建议。公共场所铲除了卫生死角,新装了健身器材,添置了座椅,种上了花,成为干净整洁的健身点。

设立"人民信箱"问计于民。居民有建议可以直接向党委政府提出。几年来,群众向邮箱提的意见建议数十万条。例如有居民通过"人民信箱"反映由于被三个杆体占用人行道过窄的问题,建议将三根杆体迁移,还路于民。但三根杆体都在正常使用,均由各自权属单位管理,迁移难度很大。居委收到诉求后与多个部门协调,解决了问题。

"社区民心项目"让公众有序参与。一些涉及群众切身利益的问题,决策前通过社区通听取公众的意见。比如,社区计划开通一个地下转门,以方

---

① 翟云:《整体政府视角下政府治理模式变革研究——以浙、粤、苏、沪等省级"互联网+政务服务"为例》,《电子政务》2019 年第 10 期。

② 单颖文:《办好"百姓小事"! 宝山"社区通"入选中国网络理政十大卓越案例》,澎湃新闻,https://m.thepaper.cn/baijiahao_ 16049650;阳菲菲:《成都 12345 一部热线电话温暖一座城》,川观新闻,https://cbgc.scol.com.cn/news/1092077。

便社区居民步行去地铁站。居委会、业委会和物业联合通过"社区通"通报，既可以直接通过网络发表意见，也可以到业委会的接待地点当面提意见。又如，社区活动项目怎样安排？通过"居民打钩"，在网上投票，居委会根据投票情况确定居民真正需要的社区项目重点推进。居民区党总支每年的"我为群众办实事"实践活动，以"居民打钩"的形式收集居民的实际需求，经居民们在线投票，选出年度项目并落实。

（五）助力乡村振兴

虽然中国的互联网普及率在国际上名列前茅，但发展并不平衡。城市的互联网应用已经到了精耕细作的水平，东部发达的乡村也发展得很好，但还有很多贫困地区没有搭上信息化的快车。腾讯公司在 2015 年推出的"为村"平台（Wecounty），作为面向中国广大乡村及社区推出的智慧乡村信息服务平台，在精准扶贫，推动基层党建、社会治理与乡村振兴等方面填补了一些空白。

这个项目是应用程序、微信公众号和大数据平台三者相加的智慧综合体系，提供"村务党务""家乡好物"等多项乡村服务，兼具联系村委村友、查看乡村动态等多项社交功能。

腾讯公益发布的"为村开放平台"将这种连接方式概括为三类：第一类是用社交工具实现情感连接、信息连接，以任务设定和案例指引相结合的方式；第二类是通过汇聚来自社会各界愿意为村奉献的专业企业和个人专家，并按条件开放给已经掌握并可熟练运用移动互联网工具的村庄，因地制宜地进行资源的连接和匹配；第三类是社区营造工作坊，即为村团队每个季度都会举办一次社区营造主题的工作坊，整合优质且具有实战意义的课程，提供沟通、财务、商业谈判、项目管理等课程，而腾讯基金会每个季度都会拿出 100 万元为村创投基金，提供给在商战中胜出的村庄，而为村创投基金最终将开放众筹，让人人都能为自己看好的村庄助力。①

---

① 《"互联网+乡村"最新探索，腾讯公益发布"为村开放平台"》，中国网信网，www. cac. gov. cn/2015-08/19/c_ 1116309907. htm。

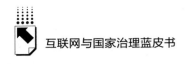

四 问题与思考

技术进步从来都是双刃剑，一方面可以给政府、社会和个人赋能，一方面又让使用者产生依赖，从而产生风险，尤其是高科技用于对人员的管理方面。科技手段越高、效率越高，所要承担的风险就越大。其主要的风险在于以下几个方面。

网络安全。2021年12月和2022年1月，西安遭遇疫情反弹，它的防疫一码通曾经两次技术故障，尤其是第一次技术故障，给防疫工作带来巨大的麻烦，一切有赖于技术来实现的秩序都没有现成的预案可以解决，如果基层干部不能实事求是地处理问题，将给突发事件处置工作带来额外的压力。虽然主要原因是瞬间流量太大，但也源于当前互联网底层框架的性质：数据流通需要通过一个中心服务器进行转接、分发，这种中心化的形式，对于服务器承载能力有极高的要求。

过度使用。一些基层单位出于懒政，不是严格地按照中央部门的指引运用技术对人的限制，而是采取一刀切的办法，层层加码。例如，一度一些省市县要求出入公共场所除了需要绿码外，还加上接种疫苗的要求。出发点也许是好的，但违反了中央部门有关疫苗自愿的大原则。

没有灵活处理的预案。国内多地出现健康码"时空伴随"的现象。为了发现密切接触者，电信部门利用与确诊者号码在同一时空网格同时出现的电话号码，去寻找电话持有者，使该电话持有者的健康码变成黄码。如果空间范围大一点，就会导致为数不少的"误伤者"，造成不必要的麻烦和工作成本。一刀切地在住宅区和医院执行健康码出入而没有应急预案，可能导致生命与健康的损失。

个人信息保护。抗击新冠疫情以来，广大人民群众与党委政府同心同德，共同抗疫。当无一遗漏地采集个人信息的技术成为可能并予以实施的时候，中国的广大群众出于对党和政府的高度信任，毫不犹豫地为公众利益让渡自己的个人信息，这同时也形成一些风险。对此，中央网信办从一开始就意识到了这个问题并以正式文件的方式提出了指导性意见，要求涉及采集个人信息时必须本着"最小必要"的原则，任何单位和个人未经被收集者同意，不得公开姓名、年龄、身份证号码、电话等个人信息，因联防联控工作需要，且经过脱敏处理的除外。[①] 但是在 2020 年 12 月，四川还是发生了未被脱敏的个人信息被散布到网上，对个人造成伤害，事情虽然很快得到制止，但作为一种风险将长期存在。

数字鸿沟。对于技术的运用的考虑，总是针对大多数"正常人"的，但社会上的人并不是一个平均数的概念。其中，为数不少的老年人与年轻人就有着数字鸿沟，例如没有功能齐全的手机或不会操作等，技术的设计者很难将这些少数人考虑进去。如果我们采取强力推进、"一刀切"的方式进行，就会导致很多老人出行自由受到限制。

要从根本上解决这类问题，关键还是要贯彻以人民为中心的指导思想，而不是单方面考虑行政效率。要以人为本，在出台涉及众多人群的工作方案时，一定要考虑周全，将各种极端情况及应对方式做到预案中。技术方案实施之前，必须提前安民告示，做好充分的解释，取得公众支持；方案实施过程中，不能盲信技术，还必须配合投入足够的人力，发挥社会资源力量，让更多的志愿者参与其中，随时解决技术导致的阻碍。在技术上，要随时根据实际问题对方案进行改进。在网络安全方面，可研究利用区块链新技术，通过分布式节点的结构，打造去中心化网络，直接在节点与节点之间相互传输。

① 《加强疫情防控常态化下的个人信息保护》，《第一财经日报》2020 年 12 月 14 日。

B.15
志愿服务视角下互联网企业参与
基层治理的逻辑与路径研究

宋 煜*

摘　要： 随着互联网企业大量涉足"社区团购"，并在新冠疫情暴发后出现诸多问题，让互联网企业参与基层治理的问题日益受到社会公众的关注。本文从互联网企业参与志愿服务的视角，对相关研究成果和现状进行分析，包括了平台搭建、技术赋能和服务供给三种状态。在此基础上，本文提出了企业参与基础治理的三个逻辑，即践行社会责任、推动团队建设和加强市场创新，并针对当前的突出问题提出了具体的建议。

关键词： 志愿服务　互联网企业　基层社会治理

近年来，互联网经济的发展如火如荼。我国在多个领域诞生了估值动辄百亿市值的互联网企业，在一定程度上扩大了国家在互联网行业的发言权，同时，一些中小型互联网企业的蓬勃发展，也代表了国家科技创新能力的不断增强，推动了互联网产业，特别是数字经济向纵深发展。

互联网企业是国家信息化基础设施的重要建设者，也是经济社会发展的参与主体之一，在实践中也已经起到了信息枢纽或平台的作用，出现了包括"腾讯公益周""阿里人人三小时"等一系列服务品牌，对我国公益慈善事

---

* 宋煜，中国社会科学院社会学研究所助理研究员、中国社会科学院社会学研究所社区信息化研究中心成员。

业的发展产生了重大的影响。但是，社会公众对互联网企业践行社会责任的期望也越来越大，要求也越来越高，反思的声音也越来越多。以往通过捐钱捐物来承担企业社会责任的方式，已经难以满足社会公众对互联网头部企业的期望，也难以满足新时代我国公益慈善服务的要求，更难以满足企业对参与公益慈善事业的预期。2016 年以来，一些互联网头部企业利用其在大数据、产业链、资金流和社交性等方面的优势，纷纷涉足"社区团购"等领域，形成了一大批社区团购品牌，特别是 2020 年新冠疫情发生后更是迅猛发展，对基层社会治理产生了深远的影响和冲击。① 另外，随着"智慧社区""未来社区""现代社区"等概念的不断深化，互联网技术的应用不断地嵌入基层社会治理体系之中，其背后的互联网服务企业所发挥的支撑效用也日益凸显，对提升基层社会治理的社会化、法治化、智能化和专业化水平发挥了关键性作用。

在这一背景下，互联网企业为什么要参与基层社会治理？参与的逻辑是什么？本文力图从志愿服务的视角来分析和回答这一问题。志愿服务作为一种社会普遍认可的社会服务行为，在基层社会治理中被广泛应用，已经成为新时期社会动员的重要手段，更是推动社会治理体系和治理能力现代化的有力抓手。在这一过程中，互联网企业为何参与，又是如何发挥作用，就成为一个值得持续研究的课题。

一　研究背景

志愿服务是人类社会文明进步的体现，也是个人与组织之间实现团结互助、奉献爱心、服务社会和学习进步的重要方式，也体现出社会大众对美好生活与和平发展的追求。近年来，党和政府高度重视志愿服务事业，多次在中央和政府文件中予以强调，如在《中共中央关于制定国民经济和社会发

---

① 赵宇翔、李春茂、刘季昀：《垄断语境下社区团购的治理》，《中国价格监管与反垄断》2021 年第 1 期。

展第十四个五年规划和 2035 年远景目标的建议》中要求 "健全志愿服务体系，广泛开展志愿服务关爱行动"。近年来，习近平总书记在视察城乡社区时都会与志愿者见面交流，对志愿服务事业做出重要指示，提出明确要求，特别强调要推动志愿者在社区治理中有更多作为。2021 年 4 月出台的《中共中央国务院关于加强基层治理体系和治理能力现代化建设的意见》中提出 "基层治理是国家治理的基石，统筹推进乡镇（街道）和城乡社区治理，是实现国家治理体系和治理能力现代化的基础工程"。同时，要 "完善社会力量参与基层治理激励政策，创新社区与社会组织、社会工作者、社区志愿者、社会慈善资源的联动机制"。志愿服务在疫情防控常态化、应急救灾援助以及国家重大活动和大型赛会等方面发挥着重要作用。通过响应重大事件同时深入参与社区基层治理和常态化服务，志愿服务已逐步融入我国政治、经济、社会、文化、生态文明建设等方方面面。这一背景下，互联网企业通过多种方式参与基层治理就势在必行，通过发挥其优势，不断拓展服务领域，不断创新组织形式，也能够获得更多的政策激励和社会认可。

互联网企业是一个十分宽泛的概念，不同的研究问题往往所界定的 "互联网企业" 也有所区别。如 "平台企业" 强调利用互联网建立平台并开展运营保障其信息服务，"服务企业" 则强调通过互联网软硬件设施提供服务的价值。当然，这种区分本身也仅仅是强调了企业自身的某一突出商业价值，而所有被称为 "互联网企业" 的其实都具有平台性质和服务价值，这是与 "互联网+" 实体经济类型企业有所不同的。因此，本文所说的互联网企业，均指的是在互联网上建立平台，且主要是利用互联网提供信息服务的企业。由于大量的用户是互联网企业自身价值的重要体现，许多互联网服务往往涉及现实生活服务，如交通出行、网络购物、物流运输等，无形中致力于解决某一社会问题，实际上已经参与了社会治理，因此，互联网企业的参与也是必要的。

在实践中，互联网企业从服务类型上看，主要包括了信息发布、搜索和聚合服务、社交互动和分享服务、游戏娱乐服务和商务交易服务等，但这种类型划分往往很难对一些互联网头部企业进行定义，后者往往利用其综合力量，形成完备的产业链，实现从供应、销售、宣传、物流等全过程的服务，甚至导致了天然的垄断。2020年，互联网平台反垄断议题成为社会各界的焦点话题，对互联网企业特别是头部企业的反垄断出现了重大的政策变化，在立法和执法行动上不断出台强化监管的信号。2020年初公布的《〈反垄断法〉修订草案（公开征求意见稿）》首次增设了互联网经营者市场支配地位认定依据的规定。同年，党中央多次对互联网平台反垄断提出要求，强调要强化反垄断和防止资本无序扩张，这也传递出国家层面整治互联网平台乱象的信号，意味着中国互联网行业加强监管已经时不待我。2021年，全国人大通过了《中华人民共和国数据安全法》《中华人民共和国个人信息保护法》，从数据要素安全和个人信息保护的角度进一步为互联网企业发展提供了法律保障和政策指导，回应了社会关切，也有效地提升了国家治理体系和治理能力现代化的水平。[①] 从这个角度来看，互联网企业参与社会治理是存在现实迫切性的。

在学术研究层面，互联网企业参与社会治理作为一个新课题已有一些成果。一些学者分别从企业责任[②]、社会基础[③]、技术治理[④]、社会治理创新[⑤]等方面进行了探讨。但对互联网企业参与基层社会治理的关注度并不多，大多是从政府主导的社区信息化建设[⑥]，或从科学、技术与社会（STS）融合发展的角度来进行探讨，从互联网企业自身挖掘其潜在逻辑和路径的并不多。2021年以来，随着互联网企业涉足"社区团购"，特别是新冠疫情发生带来的市场爆炸性增长，以及随之出现的诸多问题，针对企业参与基层社会

---

① 张志安、李辉：《2020年中国互联网治理发展研究报告》，载张志安、卢家银主编《互联网与国家治理发展报告（2021）》，社会科学文献出版社，2021，第1~32页。

② 朱文忠、尚亚博：《我国平台企业社会责任及其治理研究——基于文献分析视角》，《管理评论》2020年第6期。

③ 张茂元：《技术红利共享——互联网平台发展的社会基础》，《社会学研究》2021年第5期。

④ 彭亚平：《照看社会：技术治理的思想素描》，《社会学研究》2020年第6期。

⑤ 李友梅：《中国现代化新征程与社会治理再转型》，《社会学研究》2021年第2期。

⑥ 宋煜：《社区治理视角下的智慧社区的理论与实践研究》，《电子政务》2015年第6期。

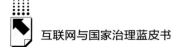
治理的相关研究不断出现。主要包括两类观点：一种观点是充分认可疫情期间互联网企业利用技术优势，在重大突发公共卫生事件的应对和公共治理关键时刻，支撑了政府科学决策和社会稳定运行，也为社会治理提供了新思维、新方法、新经验，有力推动了国家治理数字化转型;[1] 另一种观点认为互联网企业参与社会治理具有重要价值，助推了社会治理模式创新，但由于在认识、设施、制度等方面的不完备，且并未形成机制上的规范，互联网企业参与社会治理缺乏依据，难以充分发挥互联网平台企业在社会治理中的作用。[2] 此外，有学者认为，互联网企业参与社会治理的过程存在诸多安全隐患，如互联网企业在传播领域占据明显优势造成了传播时空问题，或者是由政府信息化服务外包导致的"监管俘获"（capture of regulation）等问题。[3]从行业发展与监管的辩证性角度来看，上述观点均有其合理性，这也是互联网企业参与社会治理，特别是基层社会治理的两个面向。一方面，科技与社会的融合，特别是信息技术的应用创新与快速普及，已经极大地影响了社会治理发展。以互联网为代表的信息技术既是不可或缺的重要工具，也是社会治理创新的推动因素，促进了组织结构的多样化，实现了信息传播的便利化，为包括信息在内的社会资源的共享创造了可能。另一方面也增加了社会治理的难度，让信息选择成为必须时刻面临的问题，更引发了诸多的问题。[4] 对基层社会治理创新而言，挑战与机遇并存。

企业参与志愿服务是社会公益慈善领域的重要研究课题之一，多年来也一直受到关注。作为志愿服务的重要领域之一，传统的企业志愿服务（Corporate Volunteering，CV）指的是由企业提供资助和项目支持，鼓励并允许员工参加社区志愿服务活动，往往也被称为员工志愿服务（Employee

---

① 广东省社会科学界联合会、中山大学粤港澳发展研究院联合课题组：《互联网平台企业助力国家治理现代化研究》，《新经济》2020 年第 12 期。

② 黄金、李乃青：《互联网平台企业参与社会治理的价值、制约因素与对策建议》，《信息通信技术与政策》2018 年第 6 期。

③ 方兴东、严峰：《"健康码"背后的数字社会治理挑战研究》，《人民论坛·学术前沿》2020年第 16 期。

④ 宋煜：《基层社会治理的创新范式与关键要素》，《中国国情国力》2016 年第 2 期。

Volunteering，EV）。① 企业志愿服务的形式比较广泛，大多数情况与一般类型的志愿服务内容类似，如助老帮残、扶贫济困，或进行一些社区服务活动。② 近年来，随着对国内外企业志愿服务研究的逐步深入，倡导利用企业自身的专业优势开展志愿服务的形式逐渐受到更多关注和认可。

专业志愿服务是在传统志愿服务基础上进化的新型服务范式，是由有专业资格的人提供的、具有建议性质的，重点在于解决问题，其领域包括了法律服务、财会服务、审计服务、广告设计服务、科学研究服务、技术测量服务、市场/社会调查服务、管理及咨询服务、信息科技相关服务等方面。当从事专业服务的人员和社会专业人士看到非营利组织因为缺少专业人力资源而又无力购买专业服务，组织生存与发展面临重重困难时，他们中有人自愿而无偿地为非营利组织提供专业服务，扶持社会公共服务和社区发展，由此开创了专业志愿服务的全新机制。③ 互联网企业发挥自身技术与组织优势，开展专业性的志愿服务，无疑是具有广阔空间且大有可为的。另外，由于社会组织存在慈善不足、家长作风、业余性等问题，影响了志愿服务的功能和效益，出现了所谓的"志愿失灵"，而互联网企业的参与则能够提升专业性，推动多元主体联动机制建设，促进专业志愿服务，最终促进社会组织的创新实践，提升社会组织活力，为志愿服务发展带来机遇和生机。

二 发展现状

志愿服务作为一种行动与理念，具有工具与价值的双重属性。所谓"价值性"，是将志愿服务作为一种积极、健康、向上的价值意识，在社会生活中展现现代社会的文明与进步；"工具性"则体现在将志愿服务作为社

---

① 王忠平、陈和午、张永敢、李颖：《中国企业志愿服务发展报告》，载中国志愿服务联合会编著《中国志愿服务发展报告（2017）》，社会科学文献出版社，2017，第144~197页。

② 资料来源：笔者主笔的某企业志愿服务发展报告，2020年。

③ 翟雁、宋煜：《专业志愿服务项目评估指标体系研究》，载团中央青年志愿者行动指导中心、中央文明办二局编《学雷锋志愿服务重大理论和实践问题课题研究成果选编》，社会科学文献出版社，2021，第187~224页。

会治理的一种有效的方法，能够为公众提供服务，提升团队意识，培养参与能力，最终实现人的全面发展。[①] 实践表明，一些互联网企业积极推动员工参与志愿服务活动，将践行企业社会价值与企业员工的自身发展结合起来，取得了良好的效果。目前，互联网企业参与基层治理中常见的志愿服务行为主要包括三种类型，即搭建平台、技术赋能和服务供给。

（一）解决痛点难点，以技术力量搭建综合平台

在传统的志愿服务活动中，志愿者招募与项目匹配是难点也是痛点，而志愿者时长的记录则受到了互联网企业的高度关注。政府在志愿服务领域的投入还重点体现在对志愿服务的信息化支撑上。2016 年，国家提出的大数据战略和"互联网+"行动计划进入实施阶段。互联网技术的发展和社会治理模式的创新为志愿服务创造了一个实现跨界合作的机会，互联网企业也积极参与。2018 年，民政部印发《"互联网+社会组织（社会工作、志愿服务）"行动方案（2018～2020 年）》，启动实施与相关互联网企业、互联网平台的合作，推动"互联网+"在志愿服务等领域健康发展。按照工作计划和时间表，2020 年要基本建成志愿服务大数据资源库，实现相关部门间的志愿服务数据共享与汇聚，形成与互联网企业、平台共同推进志愿服务的长效机制。

2017 年，阿里巴巴在"95 公益周"期间，向社会发出"人人三小时，公益亿起来"的公益倡议，并建立了"人人三小时"公益平台。目前，"人人三小时"公益平台已经成为国内最大的公益平台之一，也成为互联网企业整合志愿服务项目与资源的重要品牌。对于线上线下的公益行为，经参与者主动发起、通过相关机构认证后，将成为用户的公益记录永久保存在自己的"公益账户"里，而项目成果和款项的使用去向等信息也被精确记录和查询。同时，"人人三小时"平台能够依据用户公益参与的不同深度，授予用户个人公益成长值，形成了志愿服务激励的重要机制。目前，志愿服务、

[①] 宋煜：《助推社区志愿服务发展的建议》，《中国国情国力》2017 年第 10 期。

公益捐赠、公益传播、"益起动"捐步、无偿献血、善因购买等 8 大类公益时参与场景已接入体系。[①] 除了头部企业的参与之外，还有大量的中小微互联网企业也参与其中，在志愿服务相关领域，如"时间银行""诚信兑换""应急服务"等方面建设各类综合性数据平台，力图解决志愿服务中的诸多问题。

（二）发挥行业优势，以专业能力缩小数字鸿沟

2016 年《中华人民共和国慈善法》和 2017 年《志愿服务条例》的颁布实施，让企业参与公益慈善事业和志愿服务活动的广度和深度都得到了制度保障。互联网企业特别是行业头部企业，都积极组织参与公益慈善事业，投身包括扶贫在内的各类志愿服务活动，接受政府、舆论和公众监督。

阿里巴巴乐橙青川志愿者项目是由阿里巴巴集团在汶川地震后参与扶贫过程中执行的项目。"5·12"地震后，阿里集团在经历了 2008 年、2009 年不间断的输血抢救行动之后，在青川的援建逐步聚焦通过"电子商务"促进当地经济发展上。结合青川县比较丰富的农产品资源，阿里集团志愿者们组织成立了"阿里之家"，通过数百名电商专业志愿者培训建立网商队伍，为青川网商带去更多个人业务提升能力及优化生活质量，变"输血"为"造血"，推动当地经济长久地可持续发展。11 年来，阿里乐橙青川志愿者超 1000 人，捐赠首批 2500 万元专项青川援建基金，志愿者补贴每年 8 万到 10 万元，志愿服务时间超 15000 小时，帮助网商数百名，关怀留守儿童超千人次，创立爱心午餐项目，帮助 5 所学校超百人次的孩子改善其午餐情况。

缩小城乡数字鸿沟，促进社会公平是许多互联网企业致力于解决的社会问题，其中，保障信息无障碍是基本的工作之一。目前，互联网企业及所组成的产品联盟主要着力于信息无障碍产品的规范标准制定和执行，如 2005

---

① 《让好事被记录好人有姓名！"人人 3 小时"平台全国首推"公益成长体系"》，小时新闻，https：//www.thehour.cn/news/425323.html。

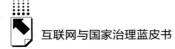
年成立的深圳市信息无障碍研究会，由腾讯、阿里巴巴集团、百度、蚂蚁金服、微软等知名企业或机构组成。联盟专注于将超过 40 款产品新型专业信息无障碍服务改造。2013 年，依托深圳市信息无障碍研究会，由腾讯、信息无障碍研究会、阿里巴巴集团、百度、微软（中国）共同发起成立了信息无障碍产品联盟（CPAP）。该联盟致力于加速我国信息无障碍环境建设的进程，着重推进中国互联网产品的信息无障碍化，进而让每个人都能够使用互联网产品的基本功能。[①] 2021 年，北京字节跳动公益基金会与多家机构联合发起助老公益项目"银杏家园"，在江西省赣州市兴国县启动首个站点，以 60 岁以上的留守、空巢、孤寡老年人为服务对象，主要解决老人就餐难题，以及日趋严重的"数字化鸿沟"和"反诈骗"等问题。[②]

（三）弘扬企业文化，以技术创新带动社会创新

在参与社会治理的过程中，互联网企业也试图通过发起或资助一些社会创新项目来推动市场的拓展。腾讯研究院在 2018 年 1 月的 T-Meet 大会上正式启动 Tech for Social Good（科技向善）项目，倡导用"科技向善"的理念，更好地用科技的力量助力人类的可持续发展，这其中也包括了诸多志愿服务项目。[③]

腾讯志愿者协会是由腾讯公司内部员工自发组织成立的。2006 年 7 月 31 日开展了第一个援助灾区衣物募捐活动。2006 年 10 月 12 日，随着腾讯慈善公益基金会的成立，志愿服务被纳入了公司整体公益范畴。2007 年，腾讯公益基金会设立了"员工志愿者项目"，常见的活动包括环保、助学、救灾、科普、动物保护、老人儿童关爱等。此外，关爱特殊人群，开展技术类公益服务，并鼓励员工利用腾讯的产品和技术优势设计项目，也成为重要

---

① 张一帆：《中国大中城市健康老龄化指数报告（2017~2018）》，社会科学文献出版社，2018，第 305~321 页。
② 《字节跳动公益基金会发起助老公益项目"银杏家园"》，环球网，https：//hope. huanqiu. com/article/45M67U9iCLF。
③ 《科技向善项目是什么》，腾讯研究院，https：//tisi. org/tech-for-good-introduction。

的内容。比如，企业倡导"有温度的技术"，每年的"创益 24 小时"中腾讯员工会聚集在一起 24 小时不睡觉，为公益脑暴一款新产品或新设计。腾讯志愿者协会技术公益分会的小伙伴，推动 App 的信息无障碍适配，让视障人士可以更好地读取屏幕内容。此外，也发明益行家"运动捐步"、QQ 邮箱"暖灯计划"、QQ 空间"老有所衣"等产品，不断尝试用自己的力量创造更多的社会价值。比如，腾讯区块链项目经理和腾讯志愿者核心成员带领"腾讯寻人团队"，将腾讯志愿者旗下的"404 寻亲广告""广点通寻人""电脑管家寻人""手机管家—小管寻人""优图寻人""微信小程序寻人"等 6 个公益寻人平台进行信息共享，增强了品牌公信力。

2020 年，新冠肺炎疫情的发生与疫情防控的常态化，让志愿者和志愿服务组织成为一支重要力量，更体现出了互联网企业与员工参与志愿服务的可行性和必要性。在党和政府的领导下，来自不同组织的志愿者在稳定社会心理、满足群众诉求、维护社会秩序、保障生活物资、宣传防控政策等方面发挥了有效作用，充分体现出"奉献、友爱、互助、进步"的志愿精神，与广大社区工作者、下沉干部、群团组织、社会组织一起，构筑起了疫情防控的坚固防线，并在力所能及的情况下有序推进复工复产，保障了经济社会的平稳发展。

在这一过程中，互联网企业发挥了积极的作用。"健康码"的原始模型来自腾讯公司几位年轻人的创意，用三天时间在腾讯微信上就完成了健康码的雏形设计，实现了个人认证与防控工作的互联互通，最终成为国民级抗疫必备品。① 面对来势汹汹的疫情，一些互联网企业员工发挥专业优势自发地组织起来，为奋战在一线的医务人员提供必备的物资供应和交通服务，充分体现了"奉献、友爱、互助、进步"的志愿服务精神，为疫情防控出力，为复工复产助力，获得了社会各界的高度认可和赞扬。因此，2020 年是互联网企业参与志愿服务事业发展的重要里程碑。

---

① 《疫情蔓延，科技公司的"武器"可以是一个二维码》，搜狐网，https：//www.sohu.com/a/374284665_ 114986。

三 参与逻辑

互联网企业参与基层治理所呈现的状态，源于自身所具有的特性。作为智力密集型的行业，互联网企业鼓励每个人要突破自我，需要的是协同而非管理，这与志愿者和志愿服务组织管理的理念是不谋而合的。志愿者参与志愿服务活动是有选择权利的，并不具有强制性，更需要满足志愿者在精神上的需求，进而形成人与人之间良性的社会关系，这也必然需要发挥个体与组织的主动性，共同协作实现其社会价值。另外，志愿服务是把公益慈善理念落到实处的重要形式，更强调行动力和执行力，对企业人才队伍建设大有裨益。实际上，许多互联网企业员工都在积极参与志愿服务活动，如积极开展助老助残服务，开发信息无障碍工具，或者在业余时间参与社区邻里互助和环境保护等活动，用自己的爱心关注社会的发展。因此，从企业自身视角出发，参与志愿服务甚至基层治理的逻辑主要有三个方面。

（一）基于企业社会责任的环境逻辑

志愿服务是履行企业社会责任（Corporate Social Responsibility，CSR）的重要组成部分，其与企业战略业务又是密切相关的。通过企业有组织的志愿服务达到舆论传播、社区融入等目的，已经成为诸多企业履行社会责任的战略选择，也是互联网企业成功运营的一个重要因素。企业通过开展志愿服务，让企业员工和企业文化展示在公众和媒体面前，其所带来的政府关注和社会信任，往往是包括捐款捐物等的公益慈善项目所难以达到的。

2007 年中国互联网大会上首次正式出现业界人士和政府关于"互联网企业社会责任"的声音。[①] 2016 年 4 月 19 日，习近平总书记在网络安全和信息化工作座谈会上的讲话中提出互联网企业要"坚持经济效益和社会效

---

① 《企业社会责任成 2007 年中国互联网大会主旋律》，中国文明网，http://www.god pp.gov.cn/wlwm_ 07/2007-09/28/content_ 11278064.htm。

益并重"①。因此可以说，互联网企业积极承担社会责任，不仅会让公众对企业的产品或服务更加信赖，还会帮助企业建立良好的整体品牌形象。在实践中，大多数互联网企业的志愿者或志愿组织主管部门都设在企业基金会或社会责任管理部门，这也说明参与志愿服务与基层治理的逻辑在于践行企业社会责任。

（二）基于员工能力建设的管理逻辑

互联网企业员工大多年轻并有着较高的学历。通过积极主动投身志愿服务活动，能够增强员工社会实践综合能力和社会责任感，增强员工对企业的认同感和归属感，增强员工与客户的互动和共情感。在企业有组织地开展员工志愿服务活动的过程中，能够有效地提高员工凝聚力，也在一定程度上会降低员工的流动性。

正如企业治理的主体是人一样，基层治理的过程就是发挥个人和社群的力量，实现基层社会的和谐发展、促进人的全面发展。互联网企业员工通过开展志愿服务活动，能够提升其参与公共事务的能力，提高公民综合素质，让更多的人能够科学、理性地参与社会治理，特别是具体处理实际问题。从长期看，员工志愿服务让大家更有机会体验到社会正能量，能够积极面对自身本职工作，持续关注企业的志愿服务，让志愿服务成为企业文化的重要体现，最终对创建企业的公益品牌大有裨益。

（三）基于市场拓展需要的创新逻辑

互联网企业一般都会将"创新"作为企业文化的关键词。许多企业通过参与基层治理和志愿服务，发现现实中的新问题并进而予以解决或减缓，能够进一步丰富其产品类型，挖掘更多的商业价值，这也是互联网企业的着力点之一。

随着基层治理中互联网应用的不断深化，互联网企业参与的广度和深度

---

① 习近平：《在网络安全和信息化工作座谈会上的讲话》，人民出版社，2016，第 23 页。

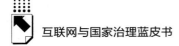
不断拓展，由于其灵活性更高、应用性更强，能够为公众提供更多个性化和高品质的服务，从而衍生或创造出更多的市场价值。一些互联网企业通过优化业务流程，提升工作效率，在提升基层治理智能化水平的同时也不断创造新的市场，为企业可持续发展提供了新的思路。

在笔者参与的一些调查中也发现①，企业员工普遍认为企业组织员工开展志愿者活动将产生积极作用，位列前三的选择是：传递正能量，通过身体力行影响更多的人参与志愿服务；有利于提高公司的品牌和社会责任形象；能增强员工的集体荣誉感，提高公司团队凝聚力。因此，互联网企业开展志愿服务的意义不仅仅是团队建设，也是提升企业品牌，实现个人价值的重要手段。

四 优化路径

当前，互联网企业参与社会治理，特别是志愿服务活动中也产生了诸多问题。首先是在企业内部的组织架构与管理体系建设、员工参与志愿服务激励机制、建立企业战略公益并发挥专业能力以及实现区域协同和社会影响力等方面，仍然存在认知差异，总体战略仍不清晰，导致企业鼓励员工参与志愿服务的支持体系仍待完善。其次是互联网企业对自身专业能力的认识仍然不足，大多仍然集中于传统的助老助残等服务，志愿服务项目开发缺乏与企业业务的紧密结合，无法有效发挥专业人才的力量，在社区开展志愿服务的经验严重不足，也导致参与的社会化和效果缺乏可持续性。最后是企业相关的组织和管理专业人才不足，难以获得专业的志愿服务理念与资源的有效支持，特别是对党和政府相关政策缺乏认识，对志愿者的社会价值评价和激励机制重视不够。针对以上问题，建议从四个方面开展工作。

一是要加强政策学习，突出社会协作意识。对党和政府志愿服务的相关政策要加强学习，做好互联网企业参与志愿服务事业的战略规划，做好志愿

---

① 资料来源：笔者主笔的某企业志愿服务发展报告，2020 年。

服务总体规划、实施、评估和提升工作，有所为有所不为，推动企业志愿服务团队与各类人民团体、群团组织和社会组织的协调合作，发挥好企业基金会和社会责任主管部门的积极作用，借助一切可以争取的外力支持，找准适合企业专业特点的志愿服务切入点，将志愿服务与提升企业社会效益结合起来。

二是要发挥专业优势，形成专业志愿团队。利用好互联网的优势，促进社会信息沟通的有效畅通，最大限度地推动信息资源的开发和利用，激发员工在志愿服务领域上的创造力，形成志愿服务品牌项目，如提高公众个人信息保护意识、促进数据资源依法合理开放等。在完善企业内部志愿服务体系的基础上，打造基于企业管理的志愿服务数字化平台，挖掘和培养一批志愿服务骨干人才，建立更专业的志愿服务团队，形成更具社会价值的志愿服务组织。

三是要提升管理水平，建立企业激励机制。主动构建完善的志愿服务管理体系，将志愿者、志愿服务项目和团队建设视为一个整体，在志愿者岗位开发、招募动员、培训赋能、认可激励等方面形成体系，建立员工志愿服务的管理档案，并与党和政府的激励机制形成对接，从而保障志愿者权益；建立企业员工志愿服务相关激励制度，如提供学习培训发展机会、出台志愿服务带薪假期、建立由企业配比捐赠制度、开展星级评定等，推动多部门协同创新。

四是要重视社会评价，讲好企业志愿故事。在充分了解、分析社会痛点问题的基础上，促进企业与政府、社会之间的有效沟通，并提出更具针对性的解决方案，及时跟踪社会评价和反馈，及时调整志愿服务的领域和方式，提高服务质量，增加服务效益；互联网企业要积极总结好的经验和做法，利用好信息传播优势，讲好企业志愿服务中的动人故事，让更多的合作伙伴融入其中，推进可持续社会价值创新，形成基于志愿精神的企业文化。

案 例 篇

Case Reports

B.16
网络主播演唱未授权歌曲的平台责任

——以麒麟童文化诉斗鱼案为例

彭桂兵　陈玺蔚*

摘　要： 网络直播服务平台侵权责任，主要来源于平台主播演艺活动中对作品的侵权演绎。实践中，法院在认定主播直播演唱未授权歌曲中的平台责任时，区分出平台服务方式和主播签约方式两种不同责任承担情形。平台服务方式下，平台作为网络服务提供者，对主播的直播行为无直接控制力，故而应适用一般注意义务。而在主播签约方式的情况下，网络直播平台与主播间构成劳动关系，应对网络主播直播中发生的侵权行为承担法律责任。通过分析主播与平台之间存在的不同法律关系，区分平台应当承担的不同侵权责任形式，能够更好地促进互联网络直播平台的健康有序发展。

---

* 彭桂兵，华东政法大学传播学院教授、华东政法大学传播法研究中心主任；陈玺蔚，华东政法大学传播学院硕士研究生。

关键词： 网络直播　平台责任　网络主播　侵权责任

一　问题的提出

　　网络直播是一种伴随着互联网技术的发展新兴的信息传播方式，通常网络主播在现场架设独立的信号采集设备，导入导播端，再通过网络上传至服务器，发布到网络供公众观看。[①] 网络直播通过音频、视频、图文等方式向观众传递实时发生的信息，实时性是其最大的特点。网络直播的参与主体包括网络直播平台、网络主播和网络直播节目的观看者。然而，随之而来的侵权案件越来越多，互联网络平台是否侵犯著作权人的著作权及平台责任承担引发了广大关注。

　　麒麟童文化诉斗鱼案系 2020 年度颇具典型意义的案件，该案对于平台责任的认定具有启示性意义，通过对比一审和二审判决，清晰呈现出注意义务的认定标准，为之后的主播侵权案件审判提供了很好的思路。原告北京麒麟童文化传播有限责任公司（以下简称"麒麟童公司"）是歌曲《小跳蛙》的著作权人。"斗鱼" App 网站是一家直播平台。被告武汉斗鱼网络科技有限公司（以下简称"斗鱼公司"）是该直播平台的运营商。[②] 2016 年11 月至 2019 年 8 月，包括"冯提莫"在内的 12 位网络主播，在斗鱼直播平台直播过程中演唱歌曲《小跳蛙》57 次、吹笛演奏 1 次、播放 1 次。原告以被告在未获得其授权、许可，未支付任何使用费的情况下，平台主播以营利为目的，并与在线观看粉丝实时互动，接受粉丝巨额打赏礼物，获得了巨大的经济利益；直播完毕后，其形成的相应直播视频仍在互联网上传播，供所有用户点击、浏览、播放、分享、下载，严重侵犯了麒麟童公司对歌曲依法享有的词曲著作权之表演权为由，将原告诉至法院。[③] 法院一审判决认

---

①　俞晓妍：《淘宝直播现状分析——以淘宝服装类直播为例》，《环球市场》2020 年第 1 期。
②　孙磊：《广播权语境下的网络直播侵权赔偿法律适用》，《中国版权》2021 年第 3 期。
③　郑斯亮：《主播擅用歌曲，斗鱼被判担责》，《中国知识产权报》2020 年 1 月 10 日。

为平台应根据其所承担的注意义务来承担侵权责任。[①] 而二审判决中区分了网络直播平台的不同服务方式，包括平台服务方式和主播签约方式。两种方式所承担的侵权责任有所不同。平台服务方式下，斗鱼平台作为网络服务提供者，对主播的直播行为无直接控制力，应当适用一般注意义务。而在主播签约方式的情况下，网络直播平台与主播间构成劳动关系，故而应对网络主播直播中发生的侵权行为承担法律责任。[②] 一审与二审判决的不同之处值得我们关注，在网络直播平台注意义务的认定以及责任承担上一审和二审判决采用了相异的处理方式。

在用户需求和技术创新的驱动下，短视频、网络直播等传播形式丰富、创作门槛低的互联网内容平台快速发展，知识产权纠纷频发，保护难度大。随着网络技术的发展，直播行业发展迅速，网络平台主播通过唱歌等才艺表演，在网络直播中活跃起来。然而主播在网络直播演艺过程中以盈利为目的并公开接受观众打赏，往往并未获得原歌曲著作权人的授权并支付相应报酬，涉嫌侵犯他人著作权。网络主播对作品演绎行为的侵权认定在司法实践中已有较为明确的法律认定和处理方式，但随着各类平台的发展，平台与主播之间的关系以及网络直播平台的法律责任却仍需要探讨界定。

二　主播直播演唱未授权歌曲侵犯权利类型

早期司法实践中着力于主播侵犯权利类型的认定，对主播在网络直播中演唱歌曲等表演行为侵犯的权利类型存在争议，有的认为侵犯了著作权中的"表演权"，有的认为侵犯了著作权中的"广播权"，也有的认为侵犯的是著作权中的"其他权利"。[③] 其中主要的争议点在于表演权的控制范围以及歌曲的传播方式。

---

① 北京互联网法院（2019）京 0491 民初 23408 号北京民事判决书。
② 北京知识产权法院（2020）京 73 民终 2905 号民事判决书。
③ 苏志甫：《从著作权法适用的角度谈对网络实时转播行为的规制》，《知识产权》2016 年第 8 期。

（一）表演权

表演权是著作权法中的一项独立财产性权利，《中华人民共和国著作权法》第 10 条第 9 项规定："表演权，即公开表演作品，以及用各种手段公开播送作品的表演的权利。"[1] 并非所有类型的作品权利人都享有表演权，作品是思想、思路、观念、创意的表达，而能够被表演的作品需要具有"流动的思想"。此外，《伯尔尼公约》将表演从两个角度进行划分：第一，从表演的主体看，可以分为机械表演和活表演；第二，从表演受众的距离看，可以分为近程表演和远程表演。[2] 而我国《著作权法》仅将表演划分成机械表演和活表演。有鉴于此，表演权本质上是公开传播作品的权利，其控制的也是公开传播作品的行为，具体包括：①公开表演作品，即通过自己演唱、朗诵作品等表演行为，向现场的观众公开传播作品的行为，是一种"活的表演"；②用各种手段公开播放作品的表演，即借助录音机、录像机等技术设备，向现场的观众公开传播表演活动的行为，是一种"机械表演"。[3]

无论是"活表演"还是"机械表演"，其控制的都是向"在现场的公众"传播作品的行为，而不控制向"不在传播发生地的公众"传播作品的行为。[4] 因此，表演权所能控制的范围仅限于受众能够"同时同地"于特定现场感受到的演员的表演，而网络直播不符合特定现场性，也不满足机械表演的录制条件。此二者因素，决定了网络直播不适用于表演权的控制范围。

（二）广播权

著作权法修改后，广播权已被定义为适用范围极广的非交互式远程传播

---

[1] 《著作权法》第 10 条第 9 项规定，表演权，即公开表演作品，以及用各种手段公开播送作品的表演的权利。

[2] 焦和平：《"机械表演权"的法源澄清与立法完善——兼论我国〈著作权法〉第三次修改》，《知识产权》2014 年第 4 期。

[3] 罗施福、李津津：《论网络直播中音乐演播的法律定性与责任主体》，《天津大学学报》（社会科学版）2021 年第 4 期。

[4] 张伟君：《广播权与表演权和信息网络传播权的关系辨析》，《苏州大学学报》（法学版）2020 年第 2 期。

权，其可以涵盖以任何非交互式的传输手段向不在现场的公众传播作品的行为，其中包括了对作品的表演的非交互式网络传播。如此来看，我国《著作权法》中广播权与表演权的关系和《伯尔尼公约》中"广播与相关权"与表演权的关系并不相同。为了避免表演权与广播权在规制范围上的重叠，表演权应被解释为单纯的现场传播权，只能规制面向现场公众的演员表演和机械表演，而不能规制任何向不在现场的公众传播作品表演的行为。故有学者认为，主播直播演唱歌曲应被归入"以有线或者无线方式公开传播……作品"范畴之内，应适用广播权而非表演权。① 此次《著作权法》的修改对广播权定义进行了很大幅度的调整，以避免继续适用"兜底权利"，解决了先前广播权定义过时所导致的一些问题。

（三）其他权利

《著作权法》第 10 条第 17 项规定的其他权利是一项兜底性权利。该项权利解决的是该条第 1 项至第 16 项中无法完全涵盖但又仍需保护的实体性权利。在司法实践当中，已有多起案件法院援引兜底性权利进行判决。该项权利的适用具有前提，需劣后于前 16 项权利行使。设置兜底性权利最主要的原因在于解决传播技术的前沿性问题，但是，如若不明确出何种权利可以纳入兜底权利范畴，司法审判人员会过度行使对案件的自由裁量权，从而引发案件判决过程和结果的不稳定性，最终会带来法律适用的不确定性。

本案中的传播途径为网络公开直播，法院判决认为："虽然通过网络技术实质呈现效果来决定权利类型的方式，能更好地顺应网络时代下新兴传播技术不断革新的发展趋势，不至于使得法律因技术的迭代而产生滞后性，但基于我国现有著作权法律体系已包含了对具体传播技术的考量，例如，对'幻灯片''放映机''有线''无线'等各种技术手段和传播渠道均进行了具体的规定。"此种情况下，如推翻现有立法体系，仅以实质呈现效果而不以传播途径进行考量，对表演权的解释作出例外的划归，将导致著作权中并

---

① 王迁：《论〈著作权法〉对"网播"的规制》，《现代法学》2022 年第 2 期。

列的多项权利类型发生重叠，造成体系的混乱，① 故本案应与实时转播、定时播放等其他网络直播行为在性质上保持一致，纳入《著作权法》第10条第17项规定的"其他权利"的控制范围。

无论是表演权、广播权还是其他权利，该区分并不影响被控侵权行为落入麒麟童公司著作权权利范围。网络直播行为属于网络新型传播行为，不应因法律规定滞后于技术的发展，以及存在理论观点的纷争，就放弃对权利人权益进行保护。此外，随着新型网络平台的发展，平台侵权责任认定越来越值得关注。

三　主播签约和平台服务两种视角下的侵权责任认定

一审、二审法院判决对平台侵权责任的认定标准有所不同，一审法院认为，鉴于涉案直播行为比普通用户分享行为呈现更强的营利性，存在更大的侵权可能性，且被告对直播内容有直接经济获益，应对侵权行为具备相匹配的认知能力和信息管理能力。因此，被告在应当意识到涉案直播行为存在构成侵权较大可能性的情况下，未采取与其获益相匹配的预防侵权措施，对涉案侵权行为主观上属于应知，构成侵权，应承担相应的民事责任，② 判决斗鱼公司向麒麟童公司赔偿经济损失3.74万元以及一定的合理开支1.2万元。但是在二审中，法院表示，在主播签约方式下，因斗鱼公司与签约主播系劳动关系或者具有特殊的收益分成约定，故斗鱼公司应当承担直接侵权的法律责任；而在平台服务方式下，斗鱼平台作为网络服务提供者，对主播的直播行为没有直接的控制力和决定权，应当适用一般注意义务。③ 麒麟童公司未证明斗鱼公司通过分享直播收益，直接获得了经济利益，斗鱼公司不应据此承担过高的注意义务。同时，被诉侵权行为发生时，距涉案作品发表时间已

---

① 北京互联网法院（2019）京0491民初23408号北京民事判决书。
② 北京互联网法院课题组：《北京互联网法院著作权典型案例及评析》，《中国版权》2021年第1期。
③ 侯伟：《12名主播擅唱歌曲斗鱼二审被判侵权》，《中国知识产权报》2021年10月22日。

过近十年，且涉案作品内容为儿童类歌曲，知名度和影响力有限，斗鱼公司对网络主播的侵权行为不具有明知或应知的过错，不应当承担间接侵权的法律责任。①

据此，本文将司法实践中对于网络平台和主播之间关系的认定大致分为两种：平台服务方式和主播签约方式。平台服务方式是指网络用户申请注册为平台主播，网络用户作为主播，对其直播的内容具有自主决定权，网络直播平台对主播的直播行为无直接控制力。在此情况下，网络直播平台的性质为网络直播技术服务提供者，要求网络直播平台承担侵权责任时，应当认定其具有"应知"或"明知"的过错，即知道或了解具体侵权事实或行为。② 而主播签约方式是指网络主播与网络直播平台签订劳动合同或者其他合作协议，网络主播接受网络平台的管理和安排，平台对主播的内容具有直接的控制权和决定权。③ 在此种情况下，根据网络直播平台对签约主播的分工以及网络主播参与内容选择的程度，网络直播平台的性质是网络直播内容提供者，④ 抑或与网络主播分工合作共同提供内容，网络直播平台均应当对网络主播直播中发生的侵权行为承担法律责任。

（一）主播签约方式下的过错侵权责任

网络主播个人与直播平台所属公司之间是劳动关系，还是劳务关系，抑或是包含经纪内容在内的混合型无名合同关系，根据案件实际情况的不同，司法实践中对该问题的认定也不同。国家网信办在 2016 年 11 月 4 日发布了《互联网直播服务管理规定》，并在第 13 条⑤指出，网络直播平台应当与网络主播签订服务协议，明确双方权利义务。该规定性质为部门规范性文件，

---

①　北京知识产权法院（2020）京 73 民终 2905 号民事判决书。
②　罗瑞芳、胡安琪：《网络直播的著作权侵权问题》，《天津日报》2021 年 10 月 21 日。
③　马晓明：《网络表演直播中的著作权侵权问题分析》，《中国版权》2019 年第 3 期。
④　张旻：《热闹的"网红"：网络直播平台发展中的问题及对策》，《中国记者》2016 年第 5 期。
⑤　《互联网直播服务管理规定》第 13 条规定，互联网直播服务提供者应当与互联网直播服务使用者签订服务协议，明确双方权利义务，要求其承诺遵守法律法规和平台公约。

并不是法律，它提到了主播与平台应签订服务协议，[①] 但是对于服务协议的性质到底是什么并没有进一步的阐明。

1. 主播签约方式下的劳动关系认定

在司法实践中，判断直播平台与主播之间是否存在主播签约劳动关系的主要判断因素，首先在于主播的直播活动是否受到平台公司的指令进行，是否具有极为明显的人格从属性、组织从属性，若直播工作属于合同约定规定的公司的业务范围，有些公司甚至还约定了主播每月的保底工资标准，司法实践中倾向于综合认定双方之间存在劳动关系。若平台和主播之间不存在主播签约劳动关系，则需要判断平台对于主播的控制以及主播日常的工作内容是否符合劳动关系所含的基本行为要素，若网络主播无须到平台公司所在地的办公场所上班，也无须遵守公司的规章制度，因而不受用人单位管理的约束，则不符合劳动关系从属性要件；[②] 或虽然平台对主播最低的直播时间及直播内容进行了约定，但这是由该行业的职业特点所决定的，在规定的时间范围内，主播可以自行决定直播的时长，以及合规的直播内容，则主播与平台的法律关系也不满足劳动关系的基本特征；此外，主播的报酬多少往往取决于粉丝"打赏"的金额，直播平台对于主播的直播收入干预较少或无法干预，往往不能从中直接盈利，这与劳动法传统意义上由用人单位直接给劳动者发工资完全不同，也很难构成劳动关系。从主播与平台所签订的民事合同来看，要关注平台是否有与主播订立劳动合同的意思表示，合同中是否包含约定主播需要遵守公司的人事规章制度等这种具有人身依附性的条款，同时还应明确支付给主播的款项性质，也就是说向主播所付的款项应为收益分配，而并非平台向其支付的"工资"。因此，判断平台和主播之间是否具有主播签约劳动关系，需要综合合同约定、工作内容、管理模式、工作时间和地点、劳动收益构成及分配等要素来统筹判断。

---

① 王立明、邵辉：《网络主播劳动者地位认定的困境、反思和出路》，《时代法学》2018 年第 5 期。

② 王立明、邵辉：《网络主播劳动者地位认定的困境、反思和出路》，《时代法学》2018 年第 5 期。

2. 主播签约方式下的侵权责任承担

在直播平台与主播是主播签约劳动关系的情形下，直播平台对于主播演艺及侵权行为的平台责任就不仅仅局限于"通知—删除"规则，而是需要借鉴《中华人民共和国民法典》第 1191 条的规定，用人单位的工作人员因执行工作任务造成他人损害的，由用人单位承担侵权责任，用人单位承担侵权责任后，可以向有故意或者重大过失的工作人员追偿，劳务派遣期间，被派遣的工作人员因执行工作任务造成他人损害的，由接受劳务派遣的用工单位承担侵权责任；劳务派遣单位有过错的，承担相应的责任。[①]在直播平台与主播签订劳动合同的情况下，主播演艺行为涉及侵权，直播平台此时负有更高的注意义务，则直播平台需要与主播共同承担过错侵权责任。平台和主播各自承担的侵权责任，可以按照主播侵权行为中其自身过错大小、直播平台对于主播的管理方式和收入分配方式等再次确认。若直播平台与主播之间并未签订劳动合同，双方仅仅为简单的平台服务关系，则直播平台应对主播的相应直播行为承担简单注意义务，即回归"通知—删除"的传统注意义务模式，此时网络直播提供平台无须对主播的侵权行为承担自身注意义务之外的侵权责任。如果权利人向直播平台发出通知要求其采取删除、屏蔽、断开链接等必要措施，平台不及时采取措施的，直播平台要对损害的扩大部分承担连带责任。如果管理者知道直播者侵权而不采取必要措施的，因帮助直播者实施了侵权行为，管理者应承担共同侵权责任。[②]

本案中，网络直播平台与签约主播约定，直播产生的音视频作品的知识产权归平台所有，同时平台从用户在线观看直播、回放直播视频时对网络主播的虚拟打赏中盈利。因此，斗鱼公司既是直播平台服务的提供者，也是直播平台上音视频作品的权利人和受益者，对其平台上的侵害著作权行为不应当仅限于承担"通知—删除"义务。斗鱼公司应当对直播及视频内容的合

---

① 章宁晓、张皓帆：《"民法典时代"的劳动关系与工会应对》，《工会理论研究》2021 年第 3 期。

② 马晓明：《网络表演直播中的著作权侵权问题分析》，《中国版权》2019 年第 3 期。

法性负有更高的注意义务;① 对平台上直播及视频的制作和传播中发生的侵权行为,除履行"通知—删除"义务外,还应当承担相应的赔偿责任。斗鱼平台与"冯提莫"等主播签订劳动合同后,"冯提莫"等主播需要接受斗鱼平台的安排和管理,网络主播在斗鱼平台直播过程中,未经许可使用涉案作品的行为侵害了麒麟童公司所享有的著作权,斗鱼直播平台应承担主播侵权的连带责任。因此,斗鱼直播平台在主播演唱侵权歌曲的直播行为存在较大构成侵权可能性的情况下,其未采取相应的预防侵权措施,对涉案侵权行为主观上属于应知,构成共同侵权。②

(二)平台服务方式下的平台过错侵权责任

网络直播平台与主播的服务方式的不同,导致网络直播平台对于主播直播行为及侵权行为的注意义务不同,其是否应该承担过错侵权责任及过错大小的确定也不同,平台的责任承担与平台对主播的管理责任及注意义务直接相关。③此外,平台是否在侵权行为中直接获得经济利益也影响着侵权责任的承担。

1. 平台服务方式下的平台注意义务认定

《中华人民共和国民法典》第 1194 条至 1197 条对网络服务提供者侵权责任的内容作了具体规定,明确了网络服务提供者承担侵权责任的法律标准。《信息网络传播权保护条例》和《关于审理侵害信息网络传播权民事纠纷规定》确立了当网络服务提供者针对侵权行为承担间接侵权责任的时候,负有的法定义务是注意义务而非事先审查义务。根据法律规定,网络服务提供者承担责任的归责原则是过错责任原则,没有过错是免除赔偿责任的前提条件。④

在适用过错责任原则对侵权责任进行认定时,判断网络服务提供者是否

---

① 《网络主播不得擅用他人音乐作品 法官以案释法诠释网络绝非法外之地》,《上海法治报》2019 年 9 月 10 日。

② 北京互联网法院著作权调研组:《2019 年北京互联网法院著作权典型案例及评析》,《中国版权》2021 年第 1 期。

③ 马晓明:《网络表演直播中的著作权侵权问题分析》,《中国版权》2019 年第 3 期。

④ 《山东省高级人民法院关于审理网络著作权侵权纠纷案件的指导意见(试行)》,百度百科,http://baike.baidu.com/view/17624353.html。

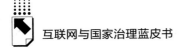
具有过错的关键在于确定网络服务提供者的注意义务，网络服务提供者知道或者应当知道网络用户利用其网络服务侵害他人民事权益，未采取必要措施的，与该网络用户承担连带责任。在不负有一般性事先审查义务的情况下，网络服务提供者注意义务的设定，一般应当考虑控制能力、直接获得经济利益、平台干预能力、合格通知义务等。

此外，网络平台传播的作品类型存在多种表现形式，如文字、图片、音乐、视频等，对于不同类型的作品，网络服务提供者进行侵权判定的难度不同，注意义务也有所不同。同时，对于国家版权局预警名单中的重点作品、大规模宣传或热播的影视剧和综艺节目等，网络服务提供者应当承担较高的注意义务。[①]

2. 平台服务方式下平台经济利益的认定

除注意义务的认定外，在平台服务方式下，平台是否承担责任与平台是否直接获得经济利益密切相关，《最高人民法院关于审理侵害信息网络传播权民事纠纷规定》第11条规定的直接获利，是指网络服务提供者从侵权人的直接侵权行为中获得的，并非网络服务提供者在直接侵权行为之外，通过实施著作权转让或许可使用等行为获得的经济利益。网络直播平台不应因《网络直播协议》，被认定为直接获得经济利益，亦不应当因此而承担过高的注意义务。网络直播的新兴传播方式必定会带来新的商业利益，带动经济发展和促进产业繁荣。著作权法的立法目的，是鼓励文学艺术科学作品的创作和传播，平衡各方市场参与主体的利益，促进社会主义文化和科学事业的发展与繁荣。[②] 如果由于新兴文化传播方式具有更强大的营利能力，即认为存在更大的侵权可能性，从而对于网络服务提供者苛以更高的义务，则违背了著作权法的平衡原则，有可能阻碍新技术和网络信息产业的发展。

3. 平台服务方式下的平台侵权责任承担

网络直播平台与主播在平台上签订的《网络直播协议》中约定了直播视频著作权转让或者专有授权使用，该约定不能认定为网络直播平台直接获

---

① 董京波、唐磊：《云计算服务商著作权间接侵权研究》，《云南民族大学学报》（哲学社会科学版）2021年第11期。

② 侯朝宣：《著作权法修改：促进文化繁荣》，《中国人大》2021年第2期。

得了经济利益。网络用户申请注册为斗鱼平台主播，对播出的内容拥有自主选择的权利，斗鱼平台作为网络服务提供者，对主播的直播行为无直接控制力，应当适用一般注意义务。麒麟童公司未提供证据证明网络主播在直播的过程中产生了直播收益，亦未证明斗鱼公司通过分享直播收益直接获得了经济利益，斗鱼公司不应据此承担过高的注意义务。同时，涉案作品于2009年发表，被诉侵权行为发生时，距涉案作品发表时间已过近十年，且涉案作品内容为儿童类歌曲，知名度和影响力有限。因此，综合考量涉案作品的知名度、网络主播侵权行为的明显程度、斗鱼公司没有在侵权行为中直接获得经济利益等因素，斗鱼公司对网络主播的侵权行为不具有明知或应知的过错，不应当承担间接侵权的法律责任。[①]

无独有偶，2017年，映客App也同样经历过直播过程中网络主播使用侵权歌曲引发的平台侵权纠纷。在该案中，法院审理认为映客公司未经录音制作者权利人许可，通过映客App将涉案歌曲存储于映客App中，供不特定的主播在直播时作为伴奏使用，侵害了原权利人对涉案歌曲享有的录音制作者权的复制权和信息网络传播权，应当承担赔偿损失的法律责任。[②] 而在赔偿经济损失的具体数额方面，法院考量涉案歌曲及其演唱者的知名度、所侵害的权利类型、涉案歌曲的传播范围、映客公司的主观过错等因素，酌情予以确定。该案与斗鱼案中的不同之处在于，映客App案中，法院认定平台侵犯了权利人的复制权和信息网络传播权，从而承担侵权责任。另外，该案未区分出平台与主播间的关系，且在裁判时未明确主播是否侵权以及主播的责任承担范围，因此麒麟童文化诉斗鱼案为往后的主播直播演唱侵权歌曲侵权案件赋上了极为经典的参考意义。

四 强化平台与主播间的权利义务建议

《互联网直播服务管理规定》第13条规定了平台方和主播权利义务的

---

① 侯伟：《12名主播擅唱歌曲 斗鱼二审被判侵权》，《中国知识产权报》2021年10月22日。
② 北京市朝阳区人民法院（2017）京0105民初78018号民事判决书。

具体内容，强化主播和平台双方的权利义务能够更大程度上减少侵权风险。我们分别从平台方和主播的权利义务角度出发，提出如下建议。

（一）加强平台权利保障

1. 保障平台方的自主选择权

从平台方角度而言，可以在合同中明确排除本合同双方当事人劳动关系的适用，从而排除主播方的任意解除权。同时，双方可以在合同中约定主播的工作时间及工作地点可自行决定，且平台无须为主播缴纳社会保险等，以便体现双方并非隶属管理的关系。

2. 平台鼓励直播者演唱原创歌曲

当存在平台中的歌曲不能够满足主播的个人需求时，平台可以鼓励主播演唱自己独立创作的歌曲，或者委托工作室进行创作，此时，平台可以减少自身侵权的风险，与此同时，这些歌曲应当符合商业许可。

（二）落实平台责任和义务

从平台方义务角度来看，应当明确界定平台与主播之间的关系以及向主播确认歌曲的合法使用来落实自身的责任和义务。

1. 明确界定平台与主播之间的关系

通常情况下，我国网络平台与网络主播之间排除劳务、劳动关系，但又会对主播进行管理、监督、考察、评判、奖励、处罚，甚至对直播的事宜享有"最终决定权"。以斗鱼平台为例，斗鱼平台提供的格式条款中明确约定了"你方与我方不构成任何劳动法律层面的雇佣、劳动、劳务关系，我方无需向你方支付社会保险金和福利"①排除自身与主播间的劳动关系，以规避平台过多的审查注意义务。然而，在该协议中同时约定了"未经我方事先书面同意，你方不得在第三方竞争平台上从事任何与解说相关的行为（包括但不限于：视频直播互动、同步推流、发布解说视频或其余类似行

---

① 《斗鱼直播协议》，斗鱼，https：//www.douyu.com/cms/ptgz/202008/06/16150.shtml。

为）"等内容，平台方一边在排除与主播间劳动关系的同时，一边在对主播的直播行为进行规制，未清晰界定双方的身份关系。因此，平台协议约定可以借鉴 Twitch 平台的经验，在 Twitch 平台协议中，平台方和主播方的身份清晰并且可分割。例如，Twitch 协议中约定"关于流媒体直播和预录音像作品，一旦从 Twitch 服务中删除该用户内容，或关闭您的账户，您在此授予的权利即告终止，但以下情况除外：（a）您作为 Twitch 服务的一部分与他人共享，且他人复制或存储了用户内容的部分内容（如制作剪辑）；（b）Twitch 将其用于宣传目的；以及（c）从备份和其他系统中删除所需的合理时间"①。一方面主播仅取得平台运营和宣传所必需的非独占授权并约定授权用途，另一方面设置了明确的取消授权方式。②

平台在享有更多的权利的同时意味着要承担更多的义务以及解决更多的侵权问题，平台方在面对主播直播歌曲时，应当尽可能地克制自身的干预权限，保证主播能够在法律政策框架内自由地进行创作。

2. 向主播确认歌曲的合法使用

平台可以参照 Twitch 事前向享有歌曲版权的权利人购买供主播使用的曲库授权。在取得合法授权的情况下，在该平台范围内对曲库内歌曲的使用是正当合理的。因此，平台方可以主动告知主播相应的曲库授权以及曲库内歌曲的清单，以减少侵权风险。

（三）提高主播自身权利

从主播的权利角度出发，主播可以通过对平台方提供的不合理条款进行修订以及使用公共领域内的音乐作品等方式提高自身的权利。

1. 对平台方提供的不合理条款进行修订

如上所述，通常情况下，平台方提供拟定的格式条款，此时主播可以通

---

① 《网络直播配乐合规指南——从麒麟童诉斗鱼案说起》，腾讯网，https：//new. qq. com/rain/a/20200705A0IL2800。

② 《网络直播配乐合规指南——从麒麟童诉斗鱼案说起》，腾讯网，https：//new. qq. com/rain/a/20200705A0IL2800。

过与平台协商等方式排除对自己不利的条款。例如，主播可以主动与平台方签订劳动合同，双方形成稳定的雇佣关系，此时，平台方不能引用避风港原则。避风港原则适用的前提是平台方对侵权行为不知情。当有证据表明主播与平台间存在劳动等身份隶属关系或主播受到平台的指示选择播送的内容的情况下，"不知情"这一前提将不再适用。因此，平台时常通过在协议中排除适用劳动关系以主张主观不知情而排除己方责任，但此时主播可以对平台方提供的不合理条款进行修订。

2. 使用公共领域内的音乐作品

我国《著作权法》对于著作财产权的保护期限规定为作者终生及其死后 50 年。[①] 对于超过保护期的作品，任何人在不侵害作者署名权、修改权、保护作品完整权的前提下都可以自由使用。[②] 除了超出保护期限的音乐作品外，仍然有诸多秉承着知识共享理念的现代的作曲家，他们在创作后选择放弃部分专有权利，并将其贡献到共有领域。对于此类音乐作品，主播可以在了解其知识共享所使用的协议的基础上对其进行使用。

（四）规范主播相关义务

"主播"在一定程度上可以被认为是在直播平台中诞生出的"公众人物"。主播通过平台展示个人形象，传递自身所了解的信息，累积受众，扮演着大众传播媒介的角色。2020 年 4 月 21 日颁布的《北京市高级人民法院关于侵害知识产权及不正当竞争案件确定损害赔偿的指导意见及法定赔偿的裁判标准》中明确规定，[③] 主播人员未经许可在网络直播中播放或演唱涉案音乐作品，根据主播人员的知名度、直播间在线观看人数、直播间点赞及打赏量、平台知名度等因素，比照在线播放、现场表演的基本赔偿标准，酌情

---

① 任玉翠：《论民间文学艺术作品的版权保护》，《浙江社会科学》2007 年第 4 期。
② 吴雨阳：《当谈论古籍简体时，我们在谈论什么》，《新华日报》2020 年 4 月 10 日。
③ 《"酌情赔偿"让主播播放或演唱歌曲不再任性》，百度网，https：//baijiahao.baidu.com/s? id＝1664681676425505663&wfr＝spider&for＝pc。

确定赔偿数额。① 因此，主播在直播的过程中，尽可能避免演唱未授权歌曲，提高自身对平台的注意义务的责任承担，同时也要提升自己的个人专业素养。

五 结语

疫情时代网络直播行业面临着机遇与挑战。网络直播在带来诸多便利的同时也存在潜在隐患和风险。主播在享受直播带来的经济利益的同时也应增强法律意识，助力网络直播行业有序发展。主播对著作权人作品进行演绎，需明确平台责任，设立合法有序的相关法规政策及行业规则。以直播为主营业务的网络平台企业，在享有其签约主播直播时所获得的商业利益的同时，还应为主播未经授权播放他人音乐的行为承担相应的侵权赔偿责任。在区分出平台运营模式后，有利于明确不同平台运作模式下的责任承担方式，更有利于知识产权的保护，而知识产权的保护不能仅仅从法律制度出发，同样也需要全社会共同努力，从而网络直播活动中的音乐作品著作权才能得到有效的保护。

---

① 房清江：《推进分餐制还得打好持久战》，《江淮法治》2020 年第 8 期。

B.17
基于互联网社群运营的媒体
参与基层治理研究[*]

——以《南方都市报》"莲莲子"为例

吴怿 王莹[**]

摘　要： 基于移动互联网和社交媒体的发展，互联网社群已经成为目前互联网上最常见的组织形式。依托主流媒体的功能延伸，互联网社群不仅作为松散的居民沟通交流的组织，而且成长为政府基层治理与社区居民上传下达、互通有无的主要平台，在社区居民的日常生活中发挥着重要作用。在这个意义上，互联网社群已经成为社会治理的多元主体之一。本文通过《南方都市报》与深圳市莲花街道打造的互联网社群治理载体"莲莲子"，分析了主流媒体参与城市基层治理的功能延伸，并探讨了利用现代科技手段互联网社群进行城市基层治理的可能性和有益之处。

关键词： 互联网社群　基层治理　主流媒体

截至 2021 年 12 月，中国网民规模达 10.32 亿，互联网普及率达 73.0%。中国手机网民规模达 7.88 亿，网民通过手机接入互联网的比例高达 98.3%。[①] 互联网已经成为信息传播、意见表达、交流沟通的重要场域。

[*]　本研究是第69批博士后面上资助项目（2021M690173）的阶段性成果。
[**]　吴怿，中山大学传播与设计学院博士后；王莹，《南方都市报》编委。
① 中国互联网络信息中心：《第 49 次中国互联网络发展状况统计报告》，http：//www.cnnic.cn/hlwfzyj/hlwxzbg/hlwtjbg/202202/P020220407403488048001.pdf。

互联网社群诞生于互联网起步之时，移动互联网的普及以及社交媒体的诞生使其功能更加丰富。发展至今，互联网社群从线上延伸到线下，使得它不仅是"虚拟社群"，更是可能成为政府基层治理的有效手段。此外，主流媒体转型，利用其自身专业性运营互联网社群，辅助政府基层治理，是一种创新模式，更是现代化基层治理的有益尝试。

一 传播与社群的发展

社群，指的是群成员有着相近的文化和历史背景，基于共同的特征和性质，进行情感和思想交流，亲密的传播和沟通、广泛的参与和共享行为的群体。自人类诞生之日起，社群便存在。社群的产生和兴起与传播行为有着紧密的联系，在英文中，社群（community）和传播（communication）拥有相同的词根。社群是人们基于社会关系建立的群体集合，而传播的实质是社会关系互动，人们通过传播维持社会关系并建立新的社会关系。①

传播对社群的构建和发展起到了重要的推动作用，体现在媒介技术的进步以及文化传播的影响方面。② 麦克卢汉的媒介理论认为，传播技术的变化推动了社会的发展，更改变了人与人之间的关系。在原始社会，口语是主要的传播方式，因此限制了人们只能生活在部落状态，保持近距离的密切关系。文字和印刷媒介发明后，人们从"耳朵的社会"转到了"眼睛的社会"，由于突破了物理界限，人与人之间的关系开始疏远，部落社会开始解体。电子传播媒介尤其是电视的发明和使用再次改变了传播模式，它将遥远的距离感觉大大缩小，人类开始在更大的范围"重新部落化"，整个世界变成了"地球村"，世界上的国家和社会都是地球村的一个部分。③ 文化传播则促进了社群的维系和加强，社群成员之间分享共同或相似的文化，增强了对内的身份认同。

---

① 郭庆光：《传播学教程》，中国人民大学出版社，1999，第5~6页。
② 金韶、倪宁：《"社群经济"的传播特征和商业模式》，《现代传播》2016年第4期。
③ 〔加〕麦克卢汉：《理解媒介：论人的延伸》，何道宽译，译林出版社，2011。

二 互联网社群的定义和发展

社群伴随着人类社会的诞生而产生，而互联网社群的诞生则是伴随着传播技术的发展。互联网上的社群最早被称为"虚拟社群"（virtual community），这一概念由社会学家瑞格尔德（Howard Rheingold）在1993年提出。他指出，虚拟社群是指从互联网中发展出来的一种社会集合体（social aggregation），它的发生来自虚拟空间（cyberspace）上有足够的人，以足够多的人文情感，进行足够长时间的公开讨论，从而在网络空间中形成个人关系网络。因此，虚拟社群是指通过互联网连接起来的突破地域限制的人们彼此交流沟通、分享信息与知识，形成相近兴趣爱好和情感共鸣的特殊关系网络。[①]

琼斯（Steven Jones）延续瑞格尔德的思想，认为新闻群组、电子公告栏，以及其他形式的计算机中介传播形式的涌现，重新塑造了社群的意义，参与者参与其中并以重建社会纽带为目的。虚拟社区是一种计算机中介传播群组的类型，也是一种新型社区，"虚拟社区是虚拟社群赖以存在的网络空间，是虚拟社群赖以存在的前提条件"[②]。随着技术的发展，"虚拟社群"的说法逐渐被"在线社群"（online communities）、"网络社群"（network communities）或者"互联网社群"（internet communities）所取代。

贝姆（Nancy Baym）将促进互联网社群形成和发展的因素归结为空间感、共享性实践、共享性资源和社会支持、共享性身份认同、人际关系这五大要素。其中，共享性资源和社会支持指的是人们在社群中的资源互助和交换。社群成员之间的资源共享和社会支持实质上构建了公共资源的补给库，让社群从简单兴趣共同体转化为更稳定的利益共同体。共享性实践是指社群

---

① Rheingold H., *The Virtual Community*, *Revised Edition*: *Homesteading on the Electronic Frontier*, Mit press, 2000.

② Jones S., *Cybersociety*: *Computer-mediated Communication and Community*, Sage Publications, Inc, 1998.

成员共享的行为，体现了社群成员共同的核心文化价值和情感逻辑。共享性身份认同是指社群成员在社群中的身份，包括自己在社群中的位置以及对社群整体人设的共识。①

媒介技术的变革迭代是促使互联网社群产生和发展的最重要因素。互联网的出现，使信息传播突破了时间和空间的限制，人们实现了自由广泛的关系连接，并且使人的自由连接和兴趣聚合变得简单。而移动互联网的产生，更是在互联网的基础上，实现了随时随地的互动。移动互联网进一步增强了社交的真实感和信任感，例如微信上基于熟人社会的社群，即是将线下的社群社会搬到互联网上。而在移动端采用实名认证等技术，也更容易使线上的社群延伸到线下。移动互联网拓宽了弱关系网络，将线上互动和线下生活融为一体。文化方面，互联网社群的成员大多因为共同的兴趣和信息需求聚合在一起，并构建了多元的社会认同形态，社群成员持续互动，产生共同文化心理。依据互联网的发展历史，典型的互联网社群主要有电子公告栏（BBS）、留言板、讨论区、新闻组、即时通讯（QQ、MSN 等）、博客、微博客、社交网站（SNS）等。

三　互联网社群的功能

（一）社群经济

互联网社群已经参与到社会的方方面面，其中，由此催生的"社群经济"是许多研究聚焦的方向。金韶、倪宁研究了基于微信平台的社群经济，例如由罗振宇创立的自媒体"罗辑思维"和《创业家》杂志所推出的"黑马会"社群平台。这些案例都是通过运营微信社群，进行产品服务和商业模式的创新，形成了"媒体—社群—活动—创新项目"的联动效应。他们认为，移动互联网推动了"社群经济"的兴起和发展，同时，互联网社群

---

① Baym N. K. , *The Emergence of On-line Community*, Sage Publications, Inc, 2006：35-68.

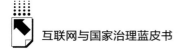

用户具有较强的聚合力和裂变性，注重情感价值的传播，形成了自组织的传播和协作机制。①

（二）社会治理

互联网社群以新型主体的身份连接起了线上虚拟空间以及线下现实空间，作为一种社会主体，互联网社群越来越广泛地参与到社会公共事务中。卡斯特提出，网络社会的崛起将对社会治理产生新的影响。② 在这方面，研究多关注互联网社群通过参与公共事务从而参与到社会治理领域中。例如李振锋、张弛研究了虚拟社群在旧城更新中，参与城市社区治理的实践。在旧城更新治理过程中，社区居民自发组建了以博客为载体的虚拟社群。社群成员围绕着这一事件发表博文，进行信息交换和讨论互动。作者提出，应当加强社区治理的科技应用，使社区治理参与路径多样化，并认为应当应用现代科技的手段，提高社区治理的水平。③

四　案例分析:《南方都市报》"莲莲子"

在融媒体转型时代，主流媒体的角色事实上被信息传播的技术变革赋予了更多现实可能。传统意义上，媒体通过新闻报道实现公共政策和公共信息的受众端抵达，在城市治理的实现路径上，其核心功能是信息传播。而《南方都市报》在深圳以社区新闻—公众号代运营—搭建成体系的基层社交媒体社群的尝试，在现实中为媒体参与城市和基层的现代化治理提供了新的角色可能。

---

① 金韶、倪宁:《"社群经济"的传播特征和商业模式》，《现代传播》2016 年第 4 期。
② 〔美〕曼纽尔·卡斯特:《网络社会的崛起》，夏铸九、王志弘等译，社会科学文献出版社，2006，第 334~342 页。
③ 李振锋、张弛:《城市社区治理中的虚拟社群参与——基于对城市更新中虚拟社群的考察》，《治理研究》2020 年第 4 期，第 77~87 页。

（一）幸福"莲"线：主流媒体参与基层治理新模式

《南方都市报》深圳新闻部设立 23 年，在深圳具有多年深耕的广泛动员性和传播影响力。2020 年 7 月，《南方都市报》与深圳市福田区莲花街道通过深度碰撞，合作推出幸福"莲"线项目，以媒体为主要链接枢纽，搭建基于街道社区层面的信息传播、社区线下活动和线上社群运营为融合立体范式的新型媒体+项目。

该项目上线两年以来，依托媒体的公共内容生产专业性、融合传播创新性和社群运营的交互性，成功成为莲花街道办及辖区内各社区充分联系和动员社区公众的重要自建渠道与公众链接器。

1. 关注基层治理抵达的"最后五十米"

基层治理的一大难点，往往在于社区单元的公共性政策和服务，在城市化的钢筋水泥生活样态中，很难实质性抵达信息、政策和服务希望覆盖的"最后五十米"。

幸福"莲"线项目以一个拟人化的街道公共 IP"莲莲子"为纽带，通过借助关系民生服务的政策宣传、围绕社区居民设计的线下活动等多种多样的形式，实现对辖区内每一位居民的"有用性"链接。

在一年多的实际运营中，依托"幸福'莲'线"微信公众号，在莲花街道办内打造出莲莲子 1 号、莲莲子 2 号和莲莲子 3 号（企业微信）三个 IP 性质的社区线上服务接口。实现组建辖区居民社群 180 个，各种针对辖区具体居民的信息发布、公共政策传达的宣传有效性用户可覆盖人数约 10 万人并仍在不断持续性增长。

一方面，通过社区居民群持续引流、新功能群建立等推广渠道，截至目前"幸福'莲'线"微信公众号好友数为 15042 人。"幸福'莲'线"微信公众号截至目前共加入辖区居民群 180 个，自建群聊 31 个。

另一方面，由于"莲莲子"这一 IP 的背后是基于《南方都市报》专业内容生产支撑的内容团队，"莲莲子"又非常高效精准地承担了辖区内信息双向反馈的职能。

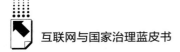
作为一个向街道辖区内所有社区开放的信息征集平台，截至 2021 年 7 月 1 日，"莲莲子"后台投稿被《南方都市报》采用报道的社区信息超 148 篇，而其社区社情民意反馈设计的"我为群众办实事"征集活动，自 2021 年 3 月开始，已搜集居民意见 293 份；日均回答居民问题 50 条，预计一年内回答居民咨询超 15000 条。此外，依托媒体的融媒产品生产力，《南方都市报》与街道共建的"莲莲子"团队还共计制作海报 800 余张，H5、交互与问卷活动 20 余个，有效承担了政府基层单元与辖区公众的互动常态化任务。

2. 借助社群运营链接打通辖区各基层职能部门单元

"莲莲子"的 IP 在成为社区众多居民认知度高的基层治理形象"代言人"的同时，在政府端，"莲莲子"快速链接辖区公众日常办理各项事务需要打交道的基层治理职能部门，并搭建起点对点的辖区内的微信社群。在一年多的运营期内，"莲莲子"与莲花街道总工会、计生科、综治办、司法所、文化站、团委、妇联联合搭建科室独属业务社群共计 7 个；与社会办、应急办、党建办、城建办、劳保所、企服部、执法队、大厅等联合开展多类线上宣传推广，包括线上活动、朋友圈宣传等。覆盖 12 个社区所有居民活动群与部分小区物业群。迄今为止策划与举办特色线上活动 140 余场，海报制作 1000 余张，已经回答居民疑问/引导咨询上千次。

其中具有代表性的包括，第一，与街道综治办联合打造出"心莲万家"心理服务品牌。搭建线上心理服务社群，3 位心理专家在群，每日为辖区居民解决情绪、压抑、职场、情感等多方面心理难题；用线上课程+小组学习方式缓解街道居民心理压力，打通心理服务"最后一公里"，广受居民好评。

第二，与街道司法所联合打造出法律直通车品牌。搭建线上法律社群，法律咨询线上开展，便利街道普法。前后已开展 3 次法律讲座，回答街道居民法律问题 600 余条，吸引 359 位居民入群听讲，互动性极强。在成熟的社群搭建环境下，法律直通车的品牌成绩被各级媒体看到，新年伊始，司法所前往广州与各省级媒体分享法律社群经验。

第三，与街道计生科联合打造育儿品牌、疫苗宣传。幸福"莲"线协助计生科打造"优生优育"育儿品牌，一年以来联合招募与举办活动近 100 场，共同搭建学龄前育儿群，举办线上育儿活动 6 场；"育儿树洞"内解决居民育儿难题 40 余个。在疫情防控方面，制作每日疫苗速报；帮助科室、社区撰写、投递并登上各类媒体平台宣传稿件 10 余篇；投稿的疫情相关视频在南都 App 上报道阅读量达"6 万+"，并以条漫形式登上"深圳大件事"公众号。

第四，与街道总工会联合打造出相亲品牌。帮助总工会搭建"莲花红娘"平台，搭建"相亲角"与"心动小屋"社群；联动线上"一周情侣"，举办各类线下相亲活动，吸引大量青年男女参与，累计报名与咨询人数超 4500 人。

第五，与街道文化站联合打造青少年儿童活动品牌。搭建"莲花街道青年群"，征集青年诉求、开展青年活动，开展"放学后武术班"爆款活动，吸引近 90 人报名；联动南都进行建党 100 周年 vlog 征集，打造青少年儿童活动品牌。

上述这些与街道基层职能部门联合打造的内容项目，主要基于"莲莲子"搭建的社区社群的线上运营。比如"莲莲子"现有莲花街道居民大群 4 个，主要用于发布街道惠民活动信息和政策宣传。各社区居民交流群 12 个，用于发布和动员各社区公益活动。运营二手闲置群 6 个，为居民提供二手闲置物品交换平台，让居民们的闲置物品在邻里间"游起来"。

除了基于公共服务性质的社群运营，包括莲花街道法律群、企业群等在内的专业工作社群，则邀请社区法律顾问在群，每日分享法律小常识，并且在线为居民答疑解惑。或者邀请中心商群内各主要企业入群，用于发布相关活动、街道通知。

除此之外，一些特色群的社群活跃度也非常高。比如莲花街道心动小屋，是主要针对街道单身男女青年社区居民的社群。社群里会不定期发布相亲活动或青年志愿者活动。群内每月有"莲花红娘之心动小屋"固定活动，用一周的时间为群内白领匹配恋人，促进两人相识。莲花街道育儿群则针对

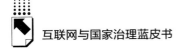
学龄前儿童和学龄期儿童的家长，由"莲莲子"发布育儿相关公益课堂、活动、通知，普及各个年龄段育儿信息。群内设有"育儿树洞"专栏，家长将自身育儿烦恼投稿，专家帮忙解答。

3. 特色落地活动实现媒体+社群的现实赋能

在上述诸多活跃度高、特色和主题鲜明的微信社群运营之外，具备了辖区内居民链接基础的"莲莲子"，依托线上的主题社群，通过线下活动，以媒体的专业策划和执行能力，让城市基层单元的公众对接，以一种更亲民更具有场景性的方式，吸引公众主动参与和融入，线上+线下实现城市治理在现实中的赋能。

比如街道法律社群未开通前，司法所的普法大多于线下开展，范围不够广、覆盖居民不够多。在一年的社群运营期间，单一堂线上法律课即可遍及近400位居民，并得到群内居民的良好反馈。2022年开通创新视频号直播后，一场直播观看量超2000人。

街道相亲群则借助心动小屋项目，在莲花山相亲角天然依托下搭建线上相亲平台，吸引年轻白领参与，举办9期"一周情侣"活动、1期"三天情侣"活动，拉新、咨询人数超过500人，仅最近一期"三天情侣"报名人数就高达122人，促成后续发展情侣8对。近期联动深圳市人力资源和社会保障局举办"5·20"活动，被"深圳人社""幸福福田"等官方大号转发，发布两天报名人数近3000人，在单身人群中形成了良好口碑。

为了吸引辖区内的年轻群体，"莲莲子"还设计推出时尚穿搭活动，参与报名人数超80人。街道居民自发担任莲花街道围棋社社长，举全家之力组织大家公益学习围棋，每次活动参与人数为20人左右，"莲莲子"协助社长向社工申请活动地点，十分火热。育儿群中则推动了街道内育儿树洞、武术班、育儿讲座的落地。借助社群发布组织的"莲花人物"专栏，号召居民用相机记录街道居民幸福模样，累计拍摄100余幅莲花街道居民生活群像并刊登上《深圳年鉴》。

整体上，在幸福"莲"线项目运营一年多的时间里，"莲莲子"组建的社群月均推出8项原创活动，累计举办线上活动140余项，充分联系动员了街道居民深度关注并参与到辖区的公共事务、活动和生活当中来，有效推动实现了政府基层治理单元与辖区公众联系的黏性和贴近性，受到辖区内居民的广泛好评。

（二）幸福"莲"线项目背后：《南方都市报》深度参与社会治理的底层逻辑

以幸福"莲"线为代表，《南方都市报》与深圳福田区多个街道试水了"社群运营服务"。在双方微信公众号和微博的"双微"代运营成熟的合作机制下，《南方都市报》先后联动莲花街道、福保街道、沙头街道，开启政务"社群运营"元年，于街道一级的社群服务，让政府用亲民的角色、可爱的吉祥物与良好的客服态度直接联系居民，街道政策、福利、活动发布更加直观，与群众的联系越来越紧密。

同时，在近年来最为重点的抗疫工作中实现居民诉求直达，抗疫成果显著。多篇反映一线抗疫工作的报道收获"100万+"阅读量，被人民网等累计39家媒体自主转发，3次登上微博热搜等。

这些颇受关注的社会事件、有社会影响力的新闻不是凭空产生的。疫情防控期间，莲花街道、福保街道分别通过社群力量，联动社区三人小组、心理医生、律师、群聊志愿者等搭建微信社群，24小时接受居民答疑，解决居民难题。封管控结束后，在福保街道，14天的隔离已经让社群里的居民和工作人员产生浓浓感情，纷纷要求日夜帮助他们的工作人员摘下口罩，几乎每个人都转发朋友圈表达对"大白"的致敬。一个《大白摘口罩》的视频传遍网络，单《南方都市报》的视频平台N视频上便收获"100万+"流量；在莲花街道，通过深入的交流，以及各个社区"莲莲子"与居民们的共同努力，街道、社区"莲莲子"客服形象深入人心，莲花街道"莲莲子"版核酸贴纸火上微博热搜，街道居民纷纷开始集"莲莲子"核酸贴纸；还有"深圳萌娃奶声奶气呼唤居民做核酸"的核酸检测口号也在同月登上微博热搜，为莲花街道防疫产品打出响亮特色。此外，还有沙头街道的"宠物方舱""大白搭建相亲群"等；除防疫外，还有各种"共建共治"故事，

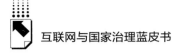

都在社群中发生，街道的防疫工作被全国人民关注与看到。

分析这种媒体深度参与城市基层治理的背后，我们认为有以下两点值得关注。

第一，基于传统媒体时代扎根城市社区的深度链接能力。媒体参与城市特别是城市基本单元的社会治理，具有现实可能性的一个必要条件，往往需要媒体本身具备扎根城市末梢的链接能力。这种能力的搭建，往往来自媒体对贴近公众实际的公共内容的持续性关注。

以《南方都市报》为例，该报自2012年下半年开始，在深圳推出以扎根社区为目标受众的社区报"鹏城通"。这一项目采用与区级政府协同推出的方式，关注具备烟火气息的社区公共内容。在不到一年的时间里，这种深耕社区的公共内容供给方式获得多方认可，从一份到七份，从一个区到覆盖深圳福田、龙岗、宝安、南山四个行政区以及当时的坪山、龙华和光明三个新区的社区新闻"南都模式"。

作为中国市场化都市类媒体中极具改革与突破力的先锋媒体，《南方都市报》在当时社区报这个"舶来"概念并未在国内具有成熟范式之时，首饮"头啖汤"，一时间备受各界关注，也部分承载了业界对这一模式落地效果究竟如何的期许。

选择在深圳做这样一种创新尝试，对于南都当时的决策者来说，是基于对深圳城市特质的出发与考虑。作为一座移民城市，深圳的城市人口中外来人多、年轻人多。而成熟的人际关系、社会关系较弱的年轻城市里，基于信息共享下的信息媒介推进的人际沟通需求旺盛，圈层社交、细分内容的信息需求强烈。而从当时的城市传播生态来看，并未有实现这些诉求的平台接口。

而以社区为报道单元，基于圈层，在贴近性中搭建邻里、社交化的信息，作为社区媒介拥有链接性的价值，《南方都市报》自十年前开始的以社区报为"深耕"视角积累区域联系动员能力，使得这种基于社群运营为手段的基层治理型运营成为可能。

第二，媒体融合转型过程中持续专业的融媒产品打造能力。媒体作为链接治理机构与治理单元之间信息通道作用的介质，本身就具备了参与社会治理的天然公共属性。深耕、扎根基层单元为介质的社区报、社区网站和各种新型社区平台，以及与当下以社交媒体为代表的网络社区媒体正深度参与到公众的日常生活当中。

当信息作为介质，促使媒体更多具备了参与到社区生活的角色后，从信息的传播到现实的参与，现代城市基层治理的新的实现方式中，媒体也就具备了对社区活动的参与和社群动员的能力，而这一能力往往由该媒体在内容刚性、融合传播专业能力、内容链接能力的策划和组织策动服务等多维度的能力所决定。

可以说，正是因为《南方都市报》在三年前就启动了关注城市治理和融媒体转型的内容与技术，才使得在新的城市治理末梢环节，以《南方都市报》为"链接枢纽"的媒体+基层职能部门的社群运营成为可能。

也就是说，一方面，媒体自身的转型发展，使得媒体能够及时、精准地关注并实现基层治理中有效信息的高效运转和良性互动；另一方面，这种新的媒体参与基层治理的尝试，又为媒体在城市治理中作为参与者的空间，打开了新的视野和可能。

对二者之间这种关系的理解和把握，将有助于为城市治理创新提供更多可供借鉴的探索。

五　讨论：互联网社群参与基层治理的可能性与有益之处

互联网社群作为自发或者有组织的互联网组织，若能将其线上功能与线下组织相结合，则能起到更灵活有效的沟通组织作用，甚至成为社会治理的主体之一。在本文的案例中，《南方都市报》作为主流媒体与政府基层组织共同搭建面向社区居民的互联网社群，在公共政策传达、居民反馈通道、为居民办实事以及组织社区活动等方面均取得了良好效果。这一创新媒体项目对于主流媒体与互联网社群参与基层治理的启示有如下几点。

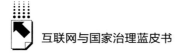

第一，主流媒体功能延伸，深入社区。社区报这一形式由来已久，盛行于国外。而在我国，纸质媒体则仍以主流媒体大报为主。《南方都市报》此前尝试以社区报形式覆盖深圳各行政区，然而由于行政区范围过大，这一形式的社区报仍存在其功能缺陷。随着互联网技术的发展，《南方都市报》利用互联网社群这一兼具虚拟性与现实性的形式，联合政府部门，深入城市治理的最小单位——街道与社区，真正实现了媒体深入社区、上传下达的功能，甚至在居民互动、反馈通道等方面拓展了其功能。

第二，政府利用新型科技手段，实现基层治理。政府在社区治理的"最后五十米"总是缺乏有效手段。立足于街道办、居委会、社区工作站等职能单位，与社区居民间并不能平等沟通。在居民眼中，这些职能部门更多的是作为"办事单位"存在。在莲花街道办的这个创新项目中，请到主流媒体《南方都市报》作为运营。利用互联网社群这一新型科技手段，串联起社区居民的信息流，并从线上延伸到线下，实实在在服务民生，在此过程中也实现了有效的基层治理。

第三，互联网社群成为社会治理多元主体的一元。互联网社群起初作为虚拟的网上社群，成员多是因为兴趣或情感聚集在一起，是松散的自发组织。随着移动互联网的发展，通过手机接入互联网的用户越来越多，基于此的社群则真正有可能成为社会治理中的一元。在本文的案例中，互联网社群不单作为松散的居民互通有无的组织，更是作为政府基层治理的通道和平台，参与居民的日常生活。因其灵活、即时等特点，这一功能只能由互联网社群承担。此前互联网社群参与社会治理的案例多见于重大公共事务中，而随着公共事件的结束，该互联网社群也随之解散。本文案例中的互联网社群则已经成为公民生活中的一部分，其长效机制必然使其在基层治理中起到更重要的作用。

B.18
电商直播中的消费心理失范
及其应对策略*

——以抖音 KOL 直播带货为例

张明羽 肖文敏**

摘　要： 伴随着新冠疫情的蔓延和互联网的深入普及，直播带货进入了飞速发展期。目前，我国网络直播用户规模已达 7.03 亿，直播经济呈现出主体规模扩大与发展形态多元的趋势。抖音作为直播带货的代表性平台之一，在创新直播带货模式的同时，也带来了多元的消费心理失范问题，例如盲目地追星、从众、围观、贪惠等。本文基于 AISAS 理论，以抖音 KOL 直播带货为例，旨在梳理电商直播中消费心理现状的基础上，剖析网络直播消费心理失范行为的成因并探索可能的社会共治策略：完善行业自律与政府监管，加强带货主播与消费者的主体自治，优化直播平台的业务规范和流量分配机制，加大新闻媒体的舆论监督力度。

关键词： 电商直播　意见领袖　消费心理　社会共治

新冠疫情肆虐至今已两年有余，伴随着以居家隔离为代表的相关防疫政策的陆续出台，全球线下实体经济均遭受不同程度的冲击。在我国，得益于

---

* 本文得到国家广电总局部级社科研究项目"广播电视立法中的涉外问题研究"（编号：GD2132）的支持。

** 张明羽，博士，广东财经大学人文与传播学院讲师；肖文敏，广东财经大学人文与传播学院研究生。

互联网的蓬勃发展，电商直播正成为疫情下传统实体企业谋出路、寻发展的新潮选择。CNNIC 的统计报告显示，我国 2021 年底网络直播用户规模达 7.03 亿，其中电商直播用户规模达 4.64 亿，在网民总数中占比接近一半。[①] 网络直播带货正在疫情驱动下，重塑着企业的营销方式和公众的消费习惯。

抖音自 2017 年 12 月正式推出直播功能以来，以独特的"短视频+直播"模式，快速挤占淘宝、京东等电商巨头盘踞的直播带货市场。蝉妈妈发布的《2021 抖音直播电商分析报告》显示，抖音平台直播销量整体趋势向上，且营销节点多次刷新销量高点，其中，2021 年 2 月至 3 月的销量涨幅高达 103%，充分体现了抖音平台直播的发展后劲，以及消费者基于抖音平台直播模式下强大的购买力。[②] 在抖音平台的带货主播中，具备专业带货水平的头部 KOL 是"第一个吃螃蟹的人"，随后素人、老板、明星等纷纷涌入，迅速丰富着直播带货达人的类型，并有效推动了"实时+沉浸"式网络直播购物的迅猛发展。与此同时，消费者在不同直播达人的带货过程中，呈现出不同的消费心理和行为。本文基于 AISAS 理论视角，以抖音平台为例，旨在梳理电商直播中消费心理现状的基础上，剖析网络直播消费心理失范现象的成因并探索可能的治理路径。

一　抖音直播带货中的消费心理现状与问题

为了更好地研究消费者的消费行为与心理，美国广告学家塞缪尔·罗兰·霍尔（Samuel Roland Hall）于 1920 年在埃利亚斯·刘易斯（E. St. Elmo Lewis）的 AIDA 法则基础上提出了 AIDMA 法则，该法则指出了消费者心理发展的五个阶段，即 Attention（引起注意）、Interest（发生兴趣）、Desire（产生欲望）、Memory（留下印象）、Action（进行行动），体现了传统媒体在营销过程中以媒体为核心、以卖方为主导的理念，消费者则处

---

① 中国互联网络信息中心：《第 49 次中国互联网络发展状况统计报告》，http://www.cnnic.cn/hlwfzyj/hlwxzbg/hlwtjbg/202202/P020220407403488048001.pdf。
② 蝉妈妈：《2021 抖音直播电商分析报告》，道客巴巴，http://www.doc88.com/p-80787877078748.html。

于被动接收信息的地位，营销的最终落脚点在于使消费者产生购物行为。①

随着互联网时代的到来，用户需求与体验得到重视，逐渐形成并强调以用户为中心、以消费者为主导的营销理念。与此同时，交互性与融合性的媒介层出不穷，悄然改写着过去消费者的消费习惯，并带来了消费心理的新变化。2005 年，日本电通公司基于 AIDMA 法则，创设 AISAS 法则，更新了消费者心理发展的五阶段，即 Attention（注意）、Interest（兴趣）、Search（搜索）、Action（行动）、Share（分享），增加了搜索与分享，强调新时期消费者的主动性和能动性（见图 1）。②

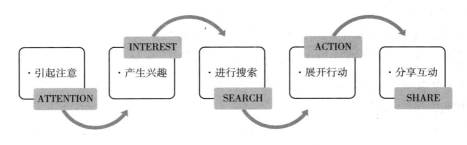

图 1　AISAS 模型

抖音直播带货，充分糅合了数据引流、用户画像、多重搜索、链接下单、实时分享等新技术手段，在现实中继续践行并丰富着 AISAS 法则。直播带货的本质是消费升级。当前人们的物质需求已得到较大满足，消费者之前单纯依据商品参数去决定是否购买的消费行为已经过时，直播带货通过透明化数据及主播引导，将个性与消费紧密结合，更好地满足了用户需求。在此过程中，消费心理是平台、商家、主播们竞相关注的重点之一，而其浓厚的逐利动机也催生出不少消费失范现象。

---

① 刘德寰、陈斯洛：《广告传播新法则：从 AIDMA、AISAS 到 ISMAS》，《广告大观》（综合版）2013 年第 4 期。

② 彭延喜、陶圣屏：《彩妆部落格资讯搜寻者生活型态与购买行为之研究》，《广告学研究》（第 32 集），2009 年 7 月。

（一）技术逻辑下的用户画像与注意力分配中的马太效应

怎样获取用户的初始注意力，是最终消费行为产生的起点。每位用户在注册抖音账号时，不仅会填写姓名、性别、生日、年龄、所在地、学校、个人简介等个人信息，而且还可以自由勾选兴趣标签，同时其使用的设备类别、所在的国家和地区、使用的语言等信息也会同步被系统所识别。基于这种基础性输入和非输入信息，平台可以依托数据库对该用户进行初步兴趣画像。随着使用的深入，平台可以根据用户关注的账号类型、使用的频率、互动的方式、发布的内容、设置的标签、参与的活动、观看的时长等信息对用户价值进行综合加权计算，进而将其注意力通过数据化的方式进行智能化和商业化分配。就直播主体而言，直播间的名称，主播的形象与人气、选品、参与的话题、投放的广告力度与方式等因素都会影响平台在注意力分配中对其的定位与判断。

抖音平台基于大数据与算法技术的不断优化，以"大数据+信息流"的方式提高直播间在用户端的触达率，使较多用户能够在抖音平台上注意并使用直播功能。理论上，大数据的精准推送既能够有效降低消费者获取直播间信息的搜索成本，又能够在使用体验上充分考虑消费者的碎片化与个性化需求。但在现实中，平台的技术逻辑往往需服从于商业逻辑，因此，其中不可避免地会出现各种问题和漏洞，例如，注意分配中的"马太效应"。2022年1月"食品饮料"品类下头部 KOL 月 GMV 的排名显示，榜首的@大狼狗郑建鹏＆言真夫妇与位列第二的@七阿姨之间形成了断层式的差距。[1] 抖音平台的腰部 KOL 更是呈现堆积状态，平台流量的分发机制既根据主播自有粉丝的基础进行大数据推送，也根据主播对 Dou+的购买水平差异改变直播间的推荐频率。头部中的高位 KOL 在前期积累了大量的粉丝，粉丝量与直播间销量明显呈现正相关，由于直播间销量的上涨会给主播带来更多的变现

---

[1] 大狼狗郑建鹏＆言真夫妇直播个人主页，蝉妈妈数据网，https://www.chanmama.com/authorDetail/71912868448。

机会，主播也能够购买更多 Dou+ 或者派送更多粉丝福利，进一步地提升直播间的曝光度，最后再次实现自有直播间销量的提高。

对于那些在前期未能充分吸收粉丝量的头部 KOL 而言，尽管身处"头部圈层"，实则处于末位。流量算法的天平在不知不觉间倾向于高位头部 KOL，留给末位头部 KOL 的机会将被大大压缩，二者之间存在的"粉丝鸿沟"也会进一步演变为"流量鸿沟"与"变现鸿沟"，最终可能使末位头部 KOL 在这种角逐中败下阵来，甚至被其他类型 KOL 追赶，危及其直播生存空间。而当高位头部 KOL 拥有绝大多数红利时，很可能造成新的垄断局面，这种垄断的程度或许将不亚于实体经济中某些行业带来的垄断，最终不利于多元主播在相互制衡下带来良性竞争，也不利于直播经济行业的持续健康发展。

如波兹曼所说："每一种技术既是恩赐也是包袱，不是非此即彼的结果，而是利弊同在的产物。"① 如今，网络直播不仅实现了低时延和高速率的全时呈现，而且拥有了大数据和算法提供的精准便利，但这也给失德违法式销售催生的消费心理失范提供了可能。直播带货主播们在技术的统治下其实也面临着不小的压力。例如，当消费者因某个主播翻车、内容无趣等原因退出直播间后，在该直播间停留时间过短，后台算法将自动刻画消费者对该主播"不感兴趣"的画像，故而在后续的信息流推送中，降低或直接取消了该主播的推送频率，消费者在海量的直播信息中也就容易忘却该主播，这就提高了主播引流、构建认可度、保持黏性等难度。此时，想要成功"突围"，过度迎合用户的消费心理甚至引导非理性消费，就成了不少主播选择的"捷径"。

（二）追星、盲从、围观与贪惠：消费心理的满足与过度依赖

让消费者注意到自己的直播内容，大部分时候还不足以触发其购买行为，让其对直播内容产生兴趣才是关键。该阶段，考验的是直播带货 KOL

---

① 〔美〕尼尔·波兹曼：《技术垄断：文化向技术投降》，何道宽译，中信出版社，2019，第3页。

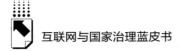
能否有效把握用户的消费心理，并引导其往健康方向发展，否则，即便产生了后续的"搜索""行动""分享"行为，也不会具有可持续性。

1. 明星KOL：粉丝心理下的共同狂欢与脆弱情感下的口碑消耗

明星 KOL 具有独特的人格魅力与强大的粉丝基础，在其加入直播带货行列后，大量的粉丝进行追随，这一方面为明星 KOL 直播事业的初步发展带来了可观的流量，另一方面也彰显了粉丝消费的强大力量。明星主播前期在自身所在圈层的曝光度高，个人吸引力强，当明星入驻直播间成为带货主播后，原有的大量粉丝仍会出于支持与追捧进行观看。

根据居伊·德波"景观社会"理论，网络时代所有商品的展示皆是影像化的景观，消费者前往直播间进行围观与消费，易于被明星个人魅力、直播间场景布置以及直播间评论区等影像与情境因素影响，进而产生近似于粉丝的狂热消费心理。[①] 以@戚薇为例，戚薇作为知名女演员，出演过多部影视作品，因其直爽的个性和精湛的演技斩获大量粉丝。戚薇开场直播以来，其粉丝在微博超话中对戚薇直播不断加以赞扬——@一斤橘子糖"戚哥直播没有浮夸的感觉，就安安静静地给大家介绍产品，好感度爆棚"、@俊俊俊俊俊俊俏"整场直播就是视觉盛宴，被我戚哥的美貌惊呆了"等，分别从戚薇的直播风格、形象魅力以及戚薇对相关产品的熟悉程度和业务能力加以肯定。蝉妈妈数据平台显示，2022 年 1 月 1 日至 1 月 31 日，戚薇的月GMV（不区分带货品类）为 5764.1 万元。[②]

粉丝心理具有天然的狂欢特质，粉丝作为明星直播的强大流量支撑，某种意义上也是明星们转向直播领域的底气。然而不可忽视的是，作为半路"出家"的明星，其直播业务能力比专业 KOL 弱，明星 KOL 由于没有接受过系统化的直播培训，在选品和售后等环节上操作生疏，不断地"翻车"往往使粉丝们难以持久地成为明星直播的后盾，当粉丝脆弱的情感消费无法抵抗众多消费者对该明星的声讨时，这种以情感为联结的维护模式将很可能

① 〔法〕居伊·德波：《景观社会》，王昭风译，南京大学出版社，2007，第 17~28 页。

② 戚薇直播个人主页，蝉妈妈数据网，https：//www.chanmama.com/authorDetail/3830331655328956。

解构，不利于明星主播在直播赛道上与头部 KOL、企业家 KOL，甚至是素人 KOL 比拼。在生活场景的消费者心理需求中，消费者往往更倾向于关注大众品牌、高性价比商品等，然而这些品类往往也成为明星直播翻车的重灾区。

以女明星李金铭为例，李金铭曾出演电视剧《爱情公寓》中陈美嘉一角，其用户好感度较高，在疫情冲击下，李金铭逐渐淡出演艺圈，选择以直播带货为自己的主业，起初也得到了部分网友的支持，不少网友表示"支持美嘉""一定捧场"。然而，李金铭在一次直播带货中由于售卖"假Burberry"包包，并与助播自导自演了一出"倒贴六百多万也要给粉丝送福利"的剧情，最终被消费者集体揭穿并展开大规模的声讨，不少网友纷纷在网络上发声"美嘉滤镜粉碎了"，该事件发生后的几个月内，李金铭的月GMV 有了近 100 万的跌幅。①

无独有偶，潘长江的"虚假宣传事件"、杨坤的"刷单事件"以及娄艺潇的"假货事件"都在不断地削减着粉丝以及消费者原先对他们的好感甚至喜爱，明星将直播带货打造为自身获取流量和维持人设的渠道，却在接二连三的口碑打击和粉丝情感崩塌后，迎来了愈发艰难的忠诚度培养和正面形象建立。

2. 头部 KOL："羊群效应"赢得流量支撑以及其中的流量鸿沟

头部 KOL 在早期的直播中更强调垂直领域的发展，随着直播带货机制的成熟与头部主播业务水平的提高，头部 KOL 开始探寻在垂直领域以外的带货品类，同时，由于早期专攻于自身所擅长的领域进行带货，头部主播在一定程度上也积累了某一品类的忠诚消费者，在后期拓宽品类的过程中，也在不断提升着消费者的黏性。由于头部 KOL 拥有所属 MCN，专业公司能够为头部 KOL 提供业务培训的保障，同时提供一定的资金支撑主播与粉丝之间的高效互动（如送福利等），以链条式完整地维护着"商—消"关系，使头部 KOL 具有相对稳定的消费者来源以及可观的流量变现。

---

① 李金铭直播个人主页，蝉妈妈数据网，https://www.chanmama.com/authorDetail/2897954945654360。

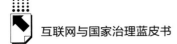

以@大狼狗郑建鹏＆言真夫妇为例，该 KOL 所属 MCN 为"无忧传媒"，抖音平台粉丝量 5142.6 万，早期的大狼狗郑建鹏＆言真夫妇通过发布大量家庭生活搞笑类视频积攒粉丝，中期通过在短视频中植入家居类美妆类软广增强粉丝的忠诚度与黏性，最后通过构建多品类渠道，结合不同粉丝的需求拓宽品类进行直播带货，实现了直播销量的巨大涨幅，并在平稳发展后，保持在 2022 年 1 月份头部 KOL 带货榜榜首。①

故而，对于头部 KOL 而言，现有消费者的信任意识、消费忠诚以及购买力能够为他们提供一定的销量基础，潜在消费者通过观看头部 KOL 个人首页的"粉丝量""点赞量"，以及透明化浏览相关产品的销量，容易产生"对销量高的产品趋之若鹜"的"羊群效应"消费心理，使头部主播直播间的销量节节高升，实现"头部 KOL 培养忠诚消费者—原有消费者带来的销量吸引潜在消费者—潜在消费者累加销量—可观的销量数据增强消费者对主播信任度"的良性循环。头部 KOL 作为 MCN 公司耗费大量人力财力培养的直播既得利益者，享受着源源不断的资源与流量，更有甚者运营着私域流量池，以此达到提高消费者黏性的目的。当然，"强者愈强，弱者愈弱"的"马太效应"所导致的流量鸿沟问题在抖音头部 KOL 身上也表现得非常显著，前文已作讨论，此处不再赘述。

3. 企业家 KOL：主体稀缺心理下的围观与情境式消费下的艰难立足

企业家 KOL 是指过去在某领域已经取得较大成就与社会知名度的人士，他们离开熟悉的旧领域而加入直播带货这一相对陌生的新领域，是一种稀缺 KOL。用户基于好奇心容易产生围观心理，以旁观者的视角渴求了解该企业家是何缘选择入驻抖音进行直播带货。以@罗永浩为例，罗永浩作为锤子科技的 CEO，在科技行业已是家喻户晓，然而罗永浩却加入了直播带货，以"交个朋友"为直播间名称展开了系统化的带货。自 2020 年 4 月 1 日罗永浩的首场直播开播以来，其合作的品牌超千家，粉丝量不断疯涨，成为现象级

① 大狼狗郑建鹏＆言真夫妇直播个人主页，蝉妈妈数据网，https：//www.chanmama.com/authorDetail/71912868448。

的"抖音一哥"①，对他而言，这一次身份转变与直播矩阵的建立，无疑带来了前所未有的曝光度。

消费者起初听闻罗永浩因"还债"开始直播，便产生了强烈的好奇心，这种与众不同的带货动机和少有的企业家 KOL 类型，促使更多的消费者基于"主体稀缺"的心理进一步产生围观；"食品饮料"作为更具日常化的直播品类，在罗永浩的直播间中不乏购买力，使其能够在直播带货浪潮中收获月 GMV50 万以上的战绩。②

抖音直播间给予消费者设立的往往是"只看不买"的橱窗式购物情境。对于企业家 KOL 而言，部分观众出于对企业家加入直播动机的好奇心而进行围观，如何通过有效的方式吸引观众点击橱窗并将其转化为实际的消费者，是一个不容易解决的难题。移动互联网时代的消费者正变得愈发自主，对于直播这种有效降低了线下卖场干扰程度的购物模式，消费者往往在选择企业家 KOL 直播间之前，便做好了心理建设——"看看就行，他卖的我未必也买得起"。当消费者出于围观心理进入企业家直播间后，可能会消耗消费者对企业家本身与其直播间内容的兴趣，毕竟在好奇心驱动下的消费行为在现实中不仅较少，而且不可持续。此外，由于消费者天然对企业家的身份有抵触心理，他们还加入了直播带货试图与普通主播瓜分红利，这也会加深消费者对于商人"无利不起早"的刻板印象，不利于企业家 KOL 在直播领域树立优质主播形象。

4. 素人 KOL：常态性的贪惠心理与购后冲突

素人 KOL 无疑是现阶段抖音直播带货的主力军，他们来自各行各业，没有华丽的背景和虚无的人设标签，用最接地气的语态展开直播带货。素人 KOL 大多以个人为单位展开直播，在业务能力壮大以后，要么选择以个人为主力成立工作室，要么选择以家庭成员组成团队建立"家庭直播作坊"，这两种模式都有别于 MCN 的系统化和专业化，更多的是来自素人 KOL 自身

---

① 罗永浩直播个人主页，蝉妈妈数据网，https：//www.chanmama.com/authorDetail/4195355415549012。
② 丁佩佩：《直播电商模式下的消费心理研究》，《上海商业》2021 年第 5 期。

所积累的直接经验，在消费者引导方面具有得天独厚的亲和优势。

以@陈三废gg为例，该账号以陈婷为主要运营者，同时包括其弟弟、弟媳、妹妹、丈夫等家庭成员，以轮播的方式进行多品类的直播带货，这种带货模式结合陈婷日更的家庭日常短视频，完整地构建了该素人KOL的运营生态模式。@陈三废gg这一账号的平台粉丝高达3353.5万，随意浏览某个视频中的评论区，会发现大量的"上次直播的××产品什么时候还有？""××产品下次能不能多上点？""你家××产品确实便宜"等目的明确的消费意愿，这意味着对于素人KOL而言，维护消费者忠诚度最有效的方法，即是迅速获取粉丝的消费需求并对症下药。@陈三废gg的直播带货品类划分明确，生活类、电器类、母婴类等标题有助于消费者提前关注直播动态，并精准提供相关产品信息，提高消费者购买效率，该主播在2020年1月份的GMV达89.05万，位居同类带货主播榜首。①

素人KOL的带货理念基于普通消费者对生活消耗品追求物美价廉的心态，这种充分考虑消费者需求的理念使素人KOL在选品和带货方面，易在贪惠型消费心理驱动下的购买群体中占有优势，但过度依赖消费者的求廉求惠心理，也会给其埋下隐患。素人KOL一般并不具有专业MCN进行系统化的培训和扶持，对于素人KOL而言，有效的直播经验可以转化为可观的流量和销量，以壮大直播规模和提升变现能力。然而，这种"摸着石头过河"的方式往往具有一定的弱点，即素人KOL难以在突发状况时进行危机公关的应对，自身不仅缺乏专业的选品和鉴定能力，同时也缺乏网络公众人物相对严格的自律意识，使素人主播容易发生直播事故。

同时，对于消费者而言，素人KOL既没有华丽的个人背景，也没有专业的团队，部分素人KOL在发生直播事故后，其消费者往往会毫不犹豫地放弃他。这部分流失的消费者很难会再回头对之前的素人主播投入过多的信任，以避免自身遭受劣质商品的荼毒。更何况网购后消费者相比于线下购后的消费者更容易陷入怀疑、后悔等购后冲突情绪，生怕买错东西、花错钱，

---

① @陈三废gg直播个人主页，蝉妈妈数据网，https://www.chanmama.com/authorDetail/83307044560。

如果产品或主播人设等再出现问题，引发其不满的可能性会大大增加。现实中，不论是售卖假燕窝的@辛巴，还是忘记关闭直播间而流出了有关直播数据作假的@雪梨，他们在直播翻车后，不但受到来自消费者的攻击，更有甚者直接被各大官媒点名批评。这种既关乎选品业务能力低下，更事关人品道德问题的直播事故，几乎将素人 KOL 前期积累的所有好评击溃，同时也让不少曾经的消费者"倒戈"并对他们进行舆论上的抨击。

（三）购买前的盲目从众与小心求证

当用户对特定的直播带货 KOL 产生兴趣后，他们会选择在直播间中"驻足"，采取"驻足后离去，迁移至搜索界面以了解更多"或"直接采取购买行为"的方式，这两种方式反映了直播间消费者可能会采取进一步的购买行动。

消费者对商品动态的观察，包括了对商品价格是否继续波动、商品评价好坏以及商品优惠何时结束等。"从众"是指消费者希望通过搜索阅览大量所谓的"测评"内容，以获得对某商品的心理认可，以"大家都说好"的"信任机制"说服自己采取购买行动，以跟随大众，或赶上潮流。而求证心理则体现了消费者在直播间购物时仍存理性，并非所有消费者在直播间购物都会受到直播间气氛的干扰而产生冲动消费，仍有消费者渴望物有所值，测评视频能够以关键意见领袖、专家和评论区购物体验的视角为直播购物加上一层保险，进而催化消费者购买行动。

（四）购买后差异化的消费分享动机

购买后的"主动分享"是消费者自主性的体现，而在分享行为背后的动机其实存在较大的差异性。出于追星心理的消费者，在某种程度上，他们对于产品好坏与否的"分享"关联动机相对弱化，更多的仍然是出于对偶像的拥戴与支持。明星 KOL 的直播间也存在部分路人粉，他们或许是出于娱乐消遣心理而进行直播间的围观，但在明星个人魅力或其他因素的影响下，也容易出现由路人粉转向"直播粉"的身份转变情况，此情况将会强

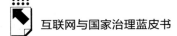

化路人粉的"分享"动机。出于盲从心理的消费者，他们在购买体验到具体的产品后，或出于惊喜而分享，或出于后悔和不满而分享。对于围观心理消费者来说，他们采取"分享"的动机更多元化——既可能发自内心分享该优质产品或认可某主播，也可能出于戏谑和调侃向亲朋好友"安利"这一新奇的主播类型，同时也可能由于时刻关注某主播，惊叹于该 KOL 的成长速度，出于炫耀心理进行奔走相告式的分享。

出于求廉求惠心理的消费者，他们分享的更多的是某个价格最便宜的直播间。这一类消费者在采取"购买"和"分享"之前，更倾向于花费时间去货比多家，并仔细斟酌；而对于建立了对某个素人 KOL 信任心理的消费者，他们会选择降低搜索成本，直接分享该素人 KOL 的主页。例如，@ 彩虹夫妇在进行抖音带货之前，已在保险行业积累了大量的人脉和业务基础，这对素人夫妇主播在开播之初以搞笑又不失真诚的表达，不断斩获粉丝，并保持着质优价廉的带货理念，其直播间的单次分享频率较高，充分体现了消费者对该主播的信任程度。

二 抖音 KOL 直播带货中消费心理问题的应对建议

伴随着疫情的蔓延和互联网对于经济的快速渗入，网络直播带货在短时间内已经发展成为主要营销手段之一。而针对以抖音 KOL 为代表的主体在电商直播带货中引出的消费心理问题，不论是带货主播、消费者，还是政府部门、抖音平台以及相关行业协会，均应给予充分重视。只有多管齐下、社会共治，才能建构起健康的直播经济环境。

（一）完善行业自律与政府监管

近年来，无论是行业协会还是政府部门，均认识到了依法规范电商直播行为、引导健康消费的重要性。中国广告协会分别于 2020 年 6 月、2021 年 3 月先后制定并发布了《网络直播行为规范》《网络直播营销选品规范》，对电商直播领域的各类主体行为以及商家的具体选品工作做了相关规定。中国消费者协会也于 2021 年 3 月在北京举办了"网络营销直播规范发展研讨会",得到了多家直播行业头部 MCN 公司和近百名主播的积极支持响应,会后还签署了《直播电商主播自律公约》。行业协会的规范文件和自律公约,虽然缺乏外部强制力,但是仍然可以对网络直播营销相关主体起到一种提醒和引导作用。同时,行业协会还可以通过与具有执法权的政府部门以及新闻媒体等机构展开合作,将自律与他律联动起来,增强自律的自觉性。

2021 年 5 月,国家网信办、公安部、商务部等七部门联合发布《网络直播营销管理办法(试行)》,对直播平台、直播间运营者以及主播的责任作了相对明确的规定。2022 年 2 月,国家网信办、全国"扫黄打非"办公室、国家广电总局等七部门印发《关于加强网络直播规范管理工作的指导意见》,对平台、主播和用户的主体责任做了指导性规定。2022 年 3 月,国家网信办又联合国家税务总局、国家市场监督管理总局印发了《关于进一步规范网络直播营利行为促进行业健康发展的意见》。几乎在同一时间,最高人民法院也制定发布了《关于审理网络消费纠纷案件适用法律若干问题的规定(一)》,针对网络直播营销的民事责任问题作了专项规定。此外,与网络直播带货相关的上位法其实也不少,例如 2018 年最新修订的《电子商务法》《广告法》等。

其实,我国政府监管网络直播带货的法律和行政手段均不少,在网络直播带货治理过程中不能说无法可依。但其中也还存在一些突出的问题,亟待进一步完善。从整体上看,我国目前专门针对网络直播带货的规范的法律位阶整体较低,主要以行政规章为主,法律效力有限,并且原则性、禁止性、责任性规定较多,权利以及实际具有可操作性、建设性、引导性的标准较少,使得相关部门在治理过程中缺乏具体的判断依据;相关处罚机制也不够完善和具体,亟待根据网络直播带货新情况就处罚力度、处罚方式机制问题展开重新设计。同时,目前以行政处罚为主的治理方式也可能会给网络直播带货行业带来较大的发展阻力。另外,政府部门在完善电商直播监管的同时,还需要重视相关法律法规的普及工作以及电商直播的教育培训工作,实现"在监管中发展,在发展中监管"。

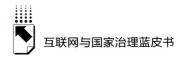

（二）加强带货主播与消费者的主体自治

直播平台上的卖方与买方是环环相扣的主体，在面对现存问题时，带货主播和消费者应分别采取行动并保持诚实的双向沟通。

带货主播作为直播的关键主体，在面对现存问题时应做到从自身出发"对症下药"，为引导与强化消费者的理性消费意识努力。首先，明星 KOL 不管之前在演艺领域是否风生水起，一旦加入直播带货行业，就应正视自身角色的转变，培养直播带货领域的专业能力，积极发挥团队作用，向具有相关经验的主播学习和借鉴。明星们需要珍惜自己的羽毛，不可妄图消费粉丝对自己的崇拜，应从长计议地为直播事业做好打算，积极呼吁粉丝进行理性消费，提升自我职业素养。其次，头部 KOL 内部的流量鸿沟问题存在已久，难以在短期内解决，处于腰部或者末位的头部主播，最重要的是深耕直播产品的品质，当流量无法取胜时，就要另辟蹊径，以口碑取胜，同时不放弃任何一个平台的扶持计划，有针对性地做出转型，比如抖音一年一度的"Dou 艺计划"，以此争取得到平台的流量倾斜。再次，企业家 KOL 实际上拥有强大的商业头脑，在对目标群体的选择上应重视每一位消费者的体验，对于用户的长尾需求应与时俱进加以把握，同时也要积极发挥企业家的身份优势，对直播商品进行严格的把关，加强与消费者之间的互动，树立良好的主播形象。最后，素人 KOL 应该充分发挥自己的亲和力，在直播带货以外，通过评论区粉丝互动、建立粉丝社群以及分享大量非带货类短视频的方式，来拉近与消费者的距离，同时也必须要学会自律，增强法律意识，强化个人道德观念，重视生活品类的质量和消费者需求，在金钱面前把好道德关与法律关。

对于消费者而言，他们应努力培育理性消费意识。追星心理驱动下的消费者应当以更客观的视角，基于产品本身的质量好坏决定是否购买，降低追捧程度。从众心理驱动下的消费者，应首先明确自身的真实消费需求和消费能力，并保持货比三家的消费习惯，利用更便捷的互联网搜索引擎多加比对，以获取更有效真实的相关产品信息。围观心理驱动下的消费者，实则应该以相互尊重原则看待带货主播，尊重不同行业面临的现状与困境，突破刻板印象去发现真正可信可靠的带货主播。贪惠心理驱动的消费者，首先，应更重视产品的实用性和真实价值，有时不是越便宜的产品就越好，质量往往与价格是成正比的；其次，在进行购物决策前应提高求证心理，从具备科学性与专业性的相关主播方获取产品质量信息，并充分了解其他消费者的使用体验，以尽可能降低产品质量风险。

（三）优化直播平台的业务规范和流量分配机制

首先，直播平台要依据相关行业自律规范和法律法规，优化自身的业务规范，尤其是关于直播带货 KOL 的准入资质、营销规则、风险防范、奖惩办法以及消费者的消费提醒与警示机制等内容。一方面，让带货主播不仅能找得到办法，也能拎得清边界；另一方面，让消费者能够在平台的引导和提示下形成理性消费习惯，就算是发生消费失范问题，也可以尽可能地在平台内部解决问题，尽可能地降低买卖双方在电商直播过程中的成本与代价。

其次，直播平台还要进一步优化流量分发机制，尤其是针对粉丝量基础较薄弱的优质或贫困地区的主播，平台应提高扶持计划的推出频率，并根据不同类型带货主播的直播情况进行动态调整，对于商业引流行为也要兼顾公平与公益，努力打破"马太效应"，营造良性的直播竞争环境。而关于平台基于大数据的流量分配机制，值得一提的是，技术的工具理性不应埋没了人类的价值理性，主播在能动性发挥上需要强化自我支配的意识，警惕算法带来的精准陷阱，带货主播除了抖音平台以外，可以通过构建媒介矩阵实现突破，通过跨平台直播来提高直播信息的到达率，避免落入单一平台的算法困境之中。

（四）提升新闻媒体的舆论监督力度

新闻媒体的舆论监督是互联网治理中不可或缺的重要一环，通过媒体的报道与评论，不仅可以有效揭露电商直播中的消费心理失范以及由此引发的消费乱象，而且可以向社会公众普及在线消费陷阱以及避坑法则，引导其形

成理性消费思维。以中央电视台为例，为了有效维护消费者权益，促进经济的良性发展，其已经连续 32 年举办"3·15"晚会，每年的晚会上都会把上一年度典型的消费乱象做详细的盘点和深刻的揭露。2022 年的"3·15"晚会揭露的一个重要问题就是网络直播带货乱象，特别是通过表演式、导演式等新方法诱骗消费者的直播带货行为。节目播出后，相关的直播平台、行业协会、政府部门纷纷表示要进一步采取措施整治直播乱象。但是"3·15"晚会一年才举办一次，而消费心理失范问题却是几乎每天都在发生，新闻媒体的监督力度和频率必须要进一步提升，才能跟得上电商直播发展的节奏。

三　结语

消费心理是不同因素综合作用下的产物，直播带货看似是买和卖两个环节，实则环环相扣。消费者在直播带货中表现出来的追星、从众、围观、贪惠等心理，其实也都是人之常情，带货主播们可以从营销和引流等维度研究、把握、迎合、满足消费者的这些消费心理，努力为消费者创造个性化的购物体验，进而提升直播带货效率。但在直播带货过程中，主播和消费者作为买卖双方，也均需正视不断出现的消费心理失范问题并做好主体自治。同时，政府部门、行业协会、新闻媒体等机构也要担负起应有的监管、自律、监督等职责，以共塑健康的电商直播环境。

B.19
从互联网游戏海外成功案例看
"数字+文化"的价值潜力

李志敏*

摘　要： 互联网游戏是文化创新传播的重要载体和重要形式。随着移动互联网的普及和国内互联网游戏产业的蓬勃发展，众多中国游戏公司踏上全球化路线，实现从"套壳"向自研的战略转变，将一批优秀国产游戏送出海外。通过文化、科技等多元赋能，互联网游戏正不断突破传统游戏框架，在国内拓宽社会公共价值，在海外实践中国本土文化与全球视野的有机融合。本文借助相关互联网游戏的国际传播案例，研究当下互联网游戏在数字文化、数字经济等方面所做出的努力，探讨"数字+文化"的社会治理价值潜力。

关键词： 互联网游戏　游戏全球化　社会价值　"数字+文化"　数字场景

一　引言

互联网游戏作为数字文化产业的一部分，是当代文化创新传播的重要形式之一。2021年11月，商务部、中央宣传部等17部门联合印发《关于支持国家文化出口基地高质量发展若干措施的通知》，推出一系列措施，激励

---

* 李志敏，暨南大学新闻与传播学院讲师、硕士生导师。

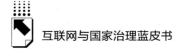

文化创意产品和游戏等数字文化产品拓展海外发展空间。在国家政策的协同引领下，我国互联网游戏开发者也正在努力向国际化市场的新阵地迈进。

相关统计数据显示，我国数字文化及相关产业营业收入突破 9.8 万亿元，成为我国重点培育的五个产值规模达 10 万亿元的新支柱产业之一。[①] 在产业互联网、大数据和人工智能的驱动下，我国数字文化产业即将迎来下一个高速发展阶段。2021 年我国自研游戏海外市场的销售收入达 180 亿美元，同比增长 16.59%。[②] 相比往年，中国游戏企业的自主研发力和国际竞争力已有了较大的提升。

新阵地需要新面貌，当下互联网游戏正向着打造"数字经济新业态"、"数字文化产品新表达"和"文化出海新载体"的方向迈进。互联网游戏逐渐突破传统的娱乐文化体验，在文化出海、社会公益、实体经济等维度创造出更多的价值与新的可能。

二　全球化路线：努力从"进入"迈向"融入"

随着国内各大游戏厂商将市场瞄准海外，"游戏出海"也成为近些年行业的热点和中国游戏厂商的必然选择，人才相对充裕、经验更丰富的海外市场，携手共绘 3A 级作品"同心圆"，让游戏人翘首企足。简而言之，出海是"火石"，除了能拓宽国产游戏向上道路，也将撩动创新渴望的熊熊大火。

（一）"出海"历程：从"追赶世界一流"到"跻身世界一流"

在互联网游戏"走出去"的初级发展阶段，中国企业在国际化布局的过程中遭遇到了很多的问题，如游戏 IP 储备不足、核心技术短板、发行渠道单一、版权保护挑战等，这些问题严重制约了中国互联网游戏在海外的

---

① 中研普华产业研究院：《2021~2025 年中国数字文化创意行业现状及发展趋势报告》，2021。
② 《2021 年中国游戏产业报告》，腾讯网，https://new.qq.com/omn/20211224/20211224A01E4Z00.html。

发展。

2000 年以前，中国游戏公司受自身技术实力限制，互联网游戏的制作多以小团队为主，当时国内互联网游戏走向海外尚无可能。进入 21 世纪，中国的一些游戏公司逐渐发展壮大，也即早期的"端游时代"，它们不少自研游戏开始尝试出海，不过这些产品输出的目标地多局限在了与中国文化相似度高的东南亚等地区。①

2010 年前后，"去中心化"强调造就了网页游戏的兴起和移动互联网的诞生。海外市场难以攻克的局面在网页游戏出现后得到了改善。网页游戏操作简单且无需较强的技术支撑，给中国游戏企业提供了错位竞争的机会。但这一阶段，也只是凭借网页游戏在东南亚地区站稳了脚跟，在欧美等地区开始有所起色。到了 2016 年，由于国内流量红利的消失和海外市场可能的机会，在中国游戏行业开始掀起开拓海外市场的热潮。不过与在网页游戏阶段不同的是，此时随着智能手机的兴起，在移动游戏时代，中国游戏厂商第一次与海外厂商站在了同一条起跑线上。②

受全球化思潮影响，各领域在国内发展壮大的同时，都在加强对外传播，以探索长远发展路线。总体来说，中国游戏出海可以划分为以下几个阶段：萌芽期（2012 年以前）、摸索期（2012~2015 年）、二次元出海潮（2015~2018 年）以及行业爆发期（2018 年至今）。③

近年来，中国游戏力量不断在海外市场取得突破，如腾讯旗下的光子工作室群联合开发的产品《PUBG MOBILE》、米哈游自研的《原神》先后畅销多国，广受全球市场用户欢迎。其中，由光子工作室群和重生工作室联合开发的射击游戏《Apex 手游》，2022 年 5 月 17 日上线以来便在全球超过 100 个游戏市场的"iOS 免费榜"登顶榜首。这同时也意味着，中国互动娱乐研发的技术水平实现了从"追赶世界一流"到"跻身世界一流"的转变。

---

① 招商证券：《游戏行业专题报告：游戏出海正当时，直挂云帆济沧海》，2022。
② 张树森、金永成：《国际化浪潮下互联网游戏"出海"现状与策略研究——以腾讯游戏为例》，《新媒体研究》2021 年第 16 期。
③ 招商证券：《游戏行业专题报告：游戏出海正当时，直挂云帆济沧海》，2022

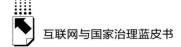

百舸争流，奋楫者先；千帆竞发，勇进者胜。游戏作为一种传播媒介兼具文化属性和商品属性，越来越多的中国国产互联网游戏冲出海外。要利用互联网游戏实现在社会价值上的升维，首先需要将游戏品牌打响。然而，中国自研的移动游戏在出海过程中仍存在着些许问题：不注重文化差异，运营鲜有成效；市场研究不完善，用户体验欠佳；社交关系链缺位，失去国内优势。[①]

（二）"出海"趋势：东方特色、技术护航、生态构建三箭齐发

想要顺应全球化浪潮，打响中国游戏在国际上的声誉，要有别具一格的匠心和文化承载力，要克服"水土不服"，也要将出海战略集中到原创作品上。为解决这些"痛点"，中国游戏也做了不少努力，呈现出以下三大趋势。

一是充分汲取东方美学的艺术感染力，优秀的传统文化可以帮助国产游戏打造具有民族气质的美学风格。如颇受海外玩家好评的《原神》游戏，其游戏剧情、场景和细节都蕴含了丰富的中国元素，不仅有中国传统戏曲，还有中国古典民乐乐器编排、中国标志性美景、中式建筑、中国风格的节庆活动等，可以说，此款游戏能创造出现象级的中国游戏出海战绩，其所包含的东方特色美学声画效果和极致细节功不可没，这些带给了全球玩家焕然一新的视觉听觉盛宴。[②]

二是敢于挑战技术"新天花板"，注重国产网络游戏研发核心力量的培养。《Apex 手游》的大热，则在于敢于"挑战战术竞技新天花板"，不仅仅停留在画质美术上，像是端游中拟真的音效表现、玩家频频称赞的简易交流系统都在移动端得到了完美还原，这些则取决于中国移动游戏技术的积累与突破。

三是勇于打造国际"生态圈"，关注国际人才培养，不仅做到了部分产品全球化运营，而且正在探索技术全球化、人才全球化、产业链全球化路径。

① 邹丽媛：《中国移动游戏出海发展现状及趋势研究》，《智库时代》2020 年第 7 期。
② 刘姝秀：《游戏环境下的中国文化输出探索——以〈原神〉为例》，《科技传播》2021 年第 8 期。

光子工作室群在美国、新加坡、加拿大、日本、韩国、新西兰等多个国家和地区研发布局，尤其在新加坡和北美有着比较明确的发展方向，提速构建全球化合研模式，通过团队深度本地化、灵活协同办公等模式，凝聚研发能力。

这三个趋势都助力中国游戏解决当下国产游戏在海外市场忽视文化差异、社交关系链缺位等的痛点。从过去的"进入"迈向"融入"，从"粗放式生长"到"精细化运作"，中国游戏力量海外竞技正努力带起进入全球化发展的 2.0 时代。

三　国际舞台同台竞技：文化、科技、IP 三方共进

互联网游戏作为全球数字文化的重要组成部分，在现今国际舞台上扮演着越来越重要的角色。因其较强的用户代入感和较广的受众面，游戏产业具有天然的文化输出优势，进入数字时代云计算、人工智能、实时渲染等新媒介技术的运用，极大地增强了游戏沉浸效果，使得不少游戏产品以更贴近青年群体的方式，打造了游戏空间的全新文化体验。"游戏出海"成为拓展文化传播的重要渠道，给中国文化的国际传播提供了新平台，带来了新机遇。

纵观我国游戏出海历史与趋势，要让游戏成为未来数字文化产品中的核心，在推动中国文化产业走向世界的过程中发挥关键作用，在弘扬中国游戏文化的同时为国家建设文化强国贡献力量，还需要在以下三大方面发力。

（一）文化铸魂：从传统文化汲取能量源泉

游戏也是一种软媒介，在文化出海的过程中，因其"互动体验性"特质，玩家往往会受到游戏携带的文化基因熏陶，因此游戏成为最易实现共通互融的文化传播媒介。正如约翰·菲斯克所讲，游戏生产也为游戏者成为作者留下了语义空间。[1] 很多游戏本身的开放性，留下了不少的"二次创作"的空间，这无疑有助于文化知识的再传播和认知盈余的深度挖掘。有学者研

---

[1]〔美〕约翰·菲斯克：《解读大众文化》，杨全强译，南京大学出版社，2001，第 95 页。

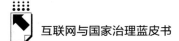

究发现，在虚拟游戏世界中，开放世界游戏具备的叙事性及其设计特征，能够引导玩家深度参与。即使在游戏离线后，这些游戏中蕴含的文化属性仍能够引发玩家游戏外的内容创作与分享。[①]

一个优秀的游戏，首先要建立在完整的世界观之上。西方一些游戏作品，都是在分解、重构西方历史的基础上设计而成的。作为中国数字文化产业的有机组成部分，中国游戏产业不断向着文化新兴产业的新高地迈进，这就为互联网游戏"内修外练"创造了很好的支点。例如，《和平精英》将舞龙醒狮跨界搬进游戏，在重庆铜梁舞龙和佛山黎家狮的大师专业指导下同步更新游戏场景，在充满中国年味的游戏场域下传播传统文化，形成一种社交"新民俗"。《阴阳师》的"溯古琢今"设计大赛、《原神》融入了中华传统乐器古筝和二胡等，都努力实现民族文化与游戏文化的碰撞与融合。

中华文化，不论从历史人物、传说故事到风土民俗等有着5000年历史文明的中国传统文化，还是反映中国当代社会发展进步、当代中国价值观念的中国当代文化，都有很多可供利用、转化的文化资源。网络游戏对于文化而言，它们是文化符号的载体，但更是容纳人们多维传播实践的场域。[②] 未来，在推进游戏国际化拓展的过程中，应加强文化的创新，争取通过互联网游戏，传递中华文化风貌与价值，展示国家文化影响力。以文化融合为"骨架"，中国游戏在全球化进程的文化传播中发挥着尤其重要的支撑作用。

（二）技术升级：打铁还需自身硬

游戏科技是一个高度综合交叉的领域，游戏也被称作集5G、人工智能、虚拟现实等高新技术的"数字实验室"。中国厂商努力与海外顶级厂商站在同一舞台上"竞技"，乃至在移动端研发实力上领先世界。在国产高品质游

① Riedl M., Bulitko V., "Interactive Narrative: An Intelligent Systems Approach," *AI Magazine*, 2013, 34 (1): 67~67.

② 曾培伦、邓又溪：《从"传播载体"到"创新主体"：论中国游戏"走出去"的范式创新》，《新闻大学》2022年第5期。

戏层出不穷，获得越来越多全球玩家的支持与喜爱的同时，对于更多国际厂商和开发者而言，中国游戏产业也逐渐成为他们的一个新的选择。

游戏引擎的研发所提供的可能性，这在未来的科技竞争中是必不可少的。要从根本上提高竞争力，提高游戏的开发效率，打破国外游戏公司的技术围剿，依然需要开发自研引擎，例如腾讯的自研引擎 Quicksilver X 就是一次积极的尝试。

对于游戏本身而言，正日益展现新的科技力量。例如光子工作室群通过大世界同步技术、超大场景加载管理技术、静态动态阴影、杜比全景声应用等，拉高了游戏产品的品质标准和玩家体验。此外，游戏技术也在其他领域的应用不断"升维"。利用 16K 高精度照扫模型制作技术，光子工作室群的技术专家们联合陕西省文物局为珍贵文物进行了摄影扫描与数字模型制作，助力文物数字化保护，这也是互联网游戏的社会价值被开发的一个写照。同时得益于科技赋能，传统文化与游戏文化的交融相得益彰，游戏公司得以更好地将中华文化搬进游戏、融进游戏。

（三）IP 打造：是"星辰大海"也是"必经之路"

无论是国际"强强联合"，还是钻研"自研引擎"，都可以看到这样一个本质：用文化与技术打造 IP，这套组合拳使中国游戏力量的开发能力与国际快速接轨，占据更主动的位置。

2022 年 5 月大热的"可达鸭"是任天堂"IP 长青"的一个缩影，通过周边、影视、活动反哺游戏等领域，形成良性循环，并且不断积蓄新的"爆点"。对于国内游戏 IP 培育而言，光子工作室群打造的《和平精英》，则熟练运用了 IP 跨界联动的"IP+技术"新路径，在游戏上线以来与大都会艺术博物馆等海内外 IP 进行了联名合作。

与此同时，无论是自研 IP，还是联名合作，中国游戏必须将文化与技术相融合，充分利用好 IP。然而 IP 的打造也并非易事，从元素到 IP 的资源开发，既要做到游戏角色与玩家的情感共融，从而实现角色向 IP 的升级，又要做到从游戏产业链本身拓展到跨界联动生产，提高 IP 知名度与影响力，健全高效孵化与形成健全的 IP 开发体系。[①]

以文化融合为"骨架"、以科技赋能为"命脉"、以 IP 打造为方向，兼顾文化与技术是把中国游戏产业、数字产业做大做强，乃至在国际舞台"同台竞技"的底气所在。

四 互联网游戏价值开发：文旅融合向"场景化"演进

从前述互联网游戏出海历程和发展路径中可以窥见，"数字+文化"兼具巨大的科技、经济和社会价值，已经在不同领域得以释放并大获成功。事实上，近年来各大互联网游戏制作公司都在积极探索和创新模式，挖掘"数字+文化"的深层价值和延伸价值。互联网游戏也正在成为一个"超级数字场景"，搭建人与人、人与社会、不同产业之间更广泛、更紧密的联结。

当数字技术链接了"虚拟"与"现实"两个次元世界之后，创造了许多不同维度的可能性，特别是为文化传播、科学普及创造了新的渠道，为文旅经济或扶贫创造了新的模式，为企业践行社会责任创造了新的平台。在中国互联网游戏出海过程中，对缺失部分的填补就是对社会价值的可持续创造。互联网游戏对可持续社会价值的创造，尤为体现在游戏企业在国家政策上的积极参与[②]，以及对文旅融合的创新。

文化和旅游具有天然的互补性，当前无论是借用文化元素简单游览参观式的低层级融合，还是发展沉浸式体验或打造特色旅游品牌高层级融合，都给相关企业带来了一定的效益。但未来新的趋势是移动互联网与旅游和文化的深度融合，这将能打造新的增长点。借助互联网游戏这一载体，通过与特色乡村产业建立联系，就能够逐渐形成当地的产业特色，既能够有效促进乡村振兴，又能够巧妙地实现文旅融合。

---

① 胡鹏、荣梦云：《从元素到资源：游戏角色 IP 的形成》，《人文论谭》第十辑。
② 零慧：《乡村振兴需要新思维、新视角》，《可持续发展经济导刊》2021 年第 Z2 期。

（一）虚实融合双向赋能

通过将游戏内容与线下 IP 场景相结合，互联网游戏逐渐成为传统文化和地域文化的传播载体。由过往的"娱乐化"慢慢向"场景化"演进的互联网游戏产业，通过与外部产业非常频繁地深度融合，会带来巨大的价值空间。这也是互联网游戏作为我国数字经济重要组成部分，对国民经济结构的转型升级发挥着越来越大作用的体现。在游戏参与线上线下文旅融合的过程中，也涌现出不少案例。例如《逆水寒》将现实场景搬入虚拟世界，以西江千户苗寨为原型，在《逆水寒》游戏中新上线地图"青天寨"，用数字化的方式将苗寨景色植入游戏，展示特有苗族风土人情。《原神》将虚拟元素融入现实生活，米哈游公司携手张家界、桂林等地，在线下景区中设置《原神》的标志性建筑等，网络游戏与旅游和文化的深度融合，共同打造了融通共赢的生态系统。

在"虚实共生"方面，光子工作室群 2020 年与重庆彭水苗族土家族自治县签署战略合作协议，在《和平精英》《欢乐斗地主》《欢乐麻将》等头部游戏产品内上线彭水文旅场景，推出苗族特色游戏服装和道具，帮助当地进行每天上亿次的体验式宣传，同时在线下落地 IP 场景"彭水苗乡欢乐茶馆"，吸引用户线上体验、线下打卡，助力乡村文旅振兴。2021 年《和平精英》"时代风潮"长线美学项目则选择彭水当地的非遗苗绣艺术展开二次合作，一方面将传统苗族刺绣通过数字化手段在《和平精英》内进行创新呈现；一方面《和平精英》与知名设计师劳伦斯·许进行合作，创作了以"大绣和平"为主题的苗绣高定时装，同时与清华美院、四川美院的学生合作打造了重庆地标鹅岭二厂"苗族纹样涂鸦墙"等作品，以更多元的形式帮助彭水非遗工艺和传统文化走出大山。

无论是现实进入虚拟，还是虚拟来到现实，还是"虚""实"相互辉映，都达成了同样的效果：让用户拥有了可信度极强的沉浸式体验。从某种角度上来看，现实和虚拟的融合实现了双向赋能。

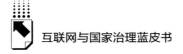
（二）特色品牌打造激活"场景"

如果说游戏中供用户沉浸式体验的虚拟场景，是游戏作为地域文化的载体，那么现实中的特色旅游品牌，就是地域反过来作为游戏 IP 的载体。事实上，国外大 IP 企业已经在打造特色旅游品牌方面得心应手，如迪士尼公司和康卡斯特分别在全球建立了多个迪士尼乐园与环球影城。国内互联网游戏的制作公司，似乎离自主打造特色旅游品牌还是遥不可及，但不乏形成特色旅游品牌的尝试。

光子工作室群在南京小西湖历时半年打造了一座特色"网红"茶馆，与数十家文创产品和老字号美食品牌进行跨界联动，成为长线商业化运营的游戏 IP 场景。此外，作为《和平精英》的一项地域文创长线计划，"山河追光"用数字和多元的方式对中国的地域名片与人文瑰宝进行呈现和演绎。通过落地线下 IP 场景的方式，光子工作室群将线上流量引导至线下，推动文化旅游产品 IP 化、流量化、价值化。

作为数字经济的一部分，互联网游戏产业积极融入数字经济发展新浪潮。国内互联网游戏既发展文旅融合沉浸式体验，又尝试形成特色旅游品牌，成为区域经济和实体经济发展的助推力，国内众多游戏企业都展示出游戏对于社会的创新"链接"作用。

五　结语

随着移动互联网的普及和国内互联网游戏产业的蓬勃发展，众多中国游戏公司踏上全球化路线，实现从"套壳"向自研的战略转变，将一批批优秀国产游戏送出海外。中国互联网游戏及交互娱乐企业以"文化内核"为内生动力践行社会责任，在全球化布局中努力打造新的生态系统，在社会价值开发中努力打通文化与现实的"任督二脉"，从而打造"可持续社会价值"，实现互联网游戏的价值升维。

扎根中国故事，驱动中国创新，传播中国影响，互联网游戏产业将数字产业与传统文化交融碰撞，在实现文化创新的同时赋能传统文化、助力脱贫攻坚，为互联网游戏打上中国烙印。

国内互联网游戏文化与线下旅游品牌的文旅融合发展刚刚起步①，互联网游戏做好社会公共价值升维需要关注社会价值的可持续创造。要继续坚持"打造好 IP，利用好 IP"，不断推陈出新，使"数字+文化"游戏产业获得更多的探索空间，从而进一步扩大国产游戏在海外的文化影响力。

前路漫漫，虽远必至。未来，国产游戏需要对 IP"软硬推广"双管齐下，继续为互联网游戏社会价值升维，反哺乡村振兴，助推文旅融合，助力国际游戏产业链连接。相信国产游戏也能在打造 IP 的道路上愈走愈顺，在国内不断拓宽社会公共价值边界，在海外不断实现中国本土血缘与全球视野的有机融合，展现互联网游戏在"数字+文化"上的价值潜能。

---

① 龚宜菲、张欣、刘小宁：《文旅融合背景下冰雪旅游与网游 IP 融合发展探析》，《边疆经济与文化》2021 年第 12 期。

海 外 借 鉴

Oversea for Reference

B.20
摆脱"数字技术落后国"困境：
日本智能化社会建设举措*

王 冰**

摘 要： 根据2020年版《世界数字竞争力排行》，日本的数字化转型排名靠后，劣势明显。自新冠疫情暴露出日本数字建设的种种问题，日本政府已经意识到数字转型的紧迫性。本文关注日本数字化转型中重要举措之一的"超智能社会"建设，由日本内阁府这一中央级别机构提出，体现了中央政府对整体社会智能化建设的构想；同时日本还在地方政府层面积极推进"智慧地方政府"建设举措，其中首都东京的"智慧城市"建设在抗击疫情中起到了积极作用。另外，岸田内阁的"数字田园都市国家构想"作为其招牌政策，侧重于地方乡村的数字化推进从而减小城乡差距。

* 本文是日本学术振兴会科研项目2021~2024年度《数字时代中国政务新媒体的建设战略与其作用》（デジタル時代における中国の「政務メディア」の開設戦略とその役割）的阶段性成果。

** 王冰，日本北海道大学国际广报媒体观光学院助理教授。

关键词： 超智能社会　智慧地方政府　"数字田园都市国家"构想　智慧东京

一　日本数字化转型的整体情况

根据 2020 年版《世界数字竞争力排行》，日本排名第 27 位。同属亚洲地区的中国排名第 16 位，新加坡排名第 2 位，中国香港排名第 5 位，韩国排名第 8 位。① 日本的数字技术转型已经明显处于落后状态。

日本数字化转型落后的主要原因有以下几点。首先，不管是政府还是民间，数据公开共享设计和制度建设整体落后。在日本政府部门内部，各个机构之间以及中央政府和地方政府之间数据共享推进缓慢。而且对民间个人和企业法人的数据没有有效收集和管理，官民数据共享落后。2020 年新冠疫情中政府补贴发放滞后、疫苗接种缓慢等所暴露出的种种问题，都是由于在全国缺乏一个统一的数据信息标准，政府部门之间以及政府和民间的官民数据不能及时共享。

其次，IT 人才严重不足。根据日本经济产业省的"IT 人才需求调查"，到 2030 年 IT 人才欠缺达到 45 万人以上。② 2021 年新成立的以推进数字化转型为目的的"数字厅"，成立之初就向民间积极招募 IT 人才。这些人才承担政府信息系统设计和数字化信息系统基础建设的任务。

最后，日本企业对数字化理解不足，导致数字经济时代投资意识和观念整体呈保守趋势。数字经济时代不断衍生新的经济和经营模式，离不开企业对数字技术的投资和运用。但日本企业普遍对数字经济呈保守态度，缺乏对数字化转型的挑战。经济产业省称，"如果日本企业继续不能积极挑战数字

① 「27 位に落ちた"デジタル後進国"日本.「デジタル庁」創設でどう変わる?」，https：//www.nomura.co.jp/el_borde/view/0051/? msclkid=948789edbd4f11eca3c9f180d34debe6。
② 「27 位に落ちた"デジタル後進国"日本.「デジタル庁」創設でどう変わる?」，https：//www.nomura.co.jp/el_borde/view/0051/? msclkid=948789edbd4f11eca3c9f180d34debe6。

化转型，从 2025 年开始日本将可能每年会造成 12 兆日元的经济损失"，政府称之为"2025 年的悬崖"。①

日本政府从新冠疫情所暴露出的种种问题中，已经意识到数字化转型的紧迫性。2021 年 9 月日本成立了新的机构"数字厅"，以加速日本数字化转型，其面临的首要任务是在全国建立一个统一和标准化的数据信息系统，达到政府部门之间以及政府和民间的数据开放共享。但是自成立以后其表现遭受诸多批评，本应发挥数字化转型的"司令塔"作用却令人大失所望。比如，有一些针对其施政表现的批评，批评其只是延续了旧有的政策方针，缺乏日本数字化转型的整体前景、蓝图和具体建设路线图的设计。另外，"数字厅"的一个重要任务就是打破日本行政机构旧有的条条块块分割传统，建立一个横跨各个机构部门之间的统一数据共享系统，这一举措也进行缓慢。自成立以来，"数字厅"只向国会提出了"违反交通罚款的电子支付"一条法案来推进日本电子支付和无现金化，而且这条法案还是其成立之前就定下来的。②

二 日本智能化建设举措："超智能社会（Society 5.0）"构想和"智慧地方政府"举措

（一）日本社会整体的"超智能社会（Society 5.0）"建设构想

近年日本政府为了努力摆脱数字化转型的落后困境，积极推进智能化社会的建设。2016 年 1 月日本内阁府公布第五期《科学技术基本计划》，首次提出"Society 5.0"概念即"超智能社会"，以建立高度融合虚拟空间和物

---

① 「27 位に落ちた"デジタル後進国"日本.「デジタル庁」創設でどう変わる?」，https://www. nomura. co. jp/el_ borde/view/0051/? msclkid=948789edbd4f11eca3c9f180d34debe6。

② 「期待から失望のデジタル庁　役所になかった人員配置も「完全に裏目」」，日本朝日新聞，https://www. asahi. com/articles/ASQ415R5JQ3TUTFK022. html? msclkid = 9165ca38bd4e11ec8944029b2f5d3b48。

理空间的智能型社会为目标。① 同年 5 月提出的《科学技术创新综合战略 2016》中进一步明确了"超智能社会"内涵，认为是继狩猎社会、农耕社会、工业社会、信息社会之后又一新型经济社会形态，构建虚拟空间和现实空间高度融合的系统，实现经济发展和解决社会问题的以人为本的社会。要实现"超智能社会"，以人工智能、大数据处理和网络安全等基础技术为支撑，建设地理信息、卫星观测、能源供给、医疗、地球环境等资源的数据库，在此基础上开发建设能源价值链最优化平台、地球环境信息平台、统一材料开发平台及公路交通系统等 11 个社会服务系统平台，为民众提供优质高效的信息化服务。② 2018 年日本出台的《未来投资战略 2018》中将健康医疗、金融科技、移动服务等设为"超智能社会"建设的重点领域，③ 具体举措如下。

1. 健康、医疗服务

积极利用大数据和人工智能等技术，实现提供以患者为中心的个性化医疗和健康服务，建立新型的健康、医疗和看护系统，构建下一代医疗保健系统，延长人的寿命。首先，建立一个"全国保健医疗信息网络"，将患者个人的体检、看病、开药等信息实现共享。其次，将 ICT 技术积极运用到看护领域，提高现场的生产力，为促进患者的健康和预防疾病提供优质服务。最后，促进远程在线医疗发展，提供有效、安全和方便的医疗服务。

2. 自动驾驶和无人交通的智能化建设

提出在 2020 年实现无人驾驶的移动服务，到 2022 年实现高速公路上无人驾驶卡车的列队行驶。另外，为了保证东京奥运会和残奥会的交通顺利，对东京的首都圈交通信息数据公开，可以通过智能手机应用程序轻松得到这些数据。

3. 脱碳技术和促进能源转换的创新

到 2050 年实现以数字技术促进能源控制、存储和氢能利用等能源转换

---

① 内阁府科学技术政策，「Society 5.0とは」，https：//www8. cao. go. jp/cstp/society5＿0/index. html。

② 内阁府科学技术政策，『科学技术イノベーション総合战略 2016』，https：//www8. cao. go. jp/cstp/sogosenryaku/2016/honbun2016. pdf。

③ 内阁决议，「未来投资战略 2018－「Society 5.0」「データ駆動型社会」への変革－」，https：//www. kantei. go. jp/jp/singi/keizaisaisei/pdf/miraitousi2018＿zentai. pdf。

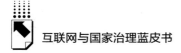
和脱碳技术的发展。推进普及电动汽车、燃料电池汽车等下一代汽车，并向国际推广本国的脱碳技术和产品，推动整个世界的能源转换。

4. 推进无现金社会

设立产业界、官方和学界三方联合的"无现金社会推进协议会"，推进企业和消费者都容易接受的激励措施，建立一个简单且高度安全的支付系统，为实现无现金社会努力。

5. 推进行政的数字治理改革

向国会提交"数字优先法案（暂定名称）"，改变一直以来的审查盖章、面对面办公等身份验证方法，实现手续费的在线支付。建立在智能手机上使用公共个人身份验证的在线程序。

6. 在地方振兴、社区和中小企业领域实现智能化

在农业和水产业领域，通过分析传感器数据和大数据来优化种植管理，通过人工智能实现专业技能的传承、机器人和无人机实现无人化和省力化来扩大生产规模和提高生产力；推进城镇建设与公共交通的合作，加快推进利用下一代出行服务、ICT、公私数据等新技术的使用，开展模范城市建设。利用无人驾驶技术的高效移动服务、购物支持和照看服务解决少子化老龄化社会中社区发展问题；大力推动中小企业引进 IT 和机器人技术，同时减免固定资产税负，加强信息技术引进补贴等信息技术支持体系。

（二）地方层面的"智慧地方政府"建设举措

在基层地方层面，2019 年日本为实现"超智能社会（Society 5.0）"提出了建设"智慧地方政府"举措，其推进背后是有一个被称为"2040 年问题"的存在。[①]

到 2040 年，日本 65 岁以上老年人口将达到顶峰，达到 4000 万左右。随着老年人口的增加，每 1.5 个劳动年龄人口将供养 1 名老年人。劳动力短

---

① CLOUDIL，「スマート自治体とは？実現に向けた自治体の取り組みについて」，https：//www.cloudil.jp/column/smart-municipality#toc-1。

缺导致生产力下降，社会保障成本负担增加情况会越来越严重。此外，城乡人口数量差距越来越大。由于农村人口外流，预计日本 1/4 的地方政府人口将减少一半。另据估计，2010 年至 2040 年，20 岁至 39 岁的女性人数将减少到目前的一半。由于老龄化和人口外流，预计农村地区的劳动人口将显著减少。因此，"智慧地方政府"建设的目的是让各地方政府能够提供持续可能的行政服务，维持地方居民的福利水平。

"智慧地方政府"是指充分利用 AI（人工智能）、RPA（机器人流程自动化）等软件机器人等技术，实现地方政府日常行政工作自动化和业务标准化，高效地提供行政服务。随着人工智能和物联网（IoT）的普及，"智能"的概念已经普及，这个想法已经开始应用于地方政府的业务和行政服务本身。总务省召开的"地方政府业务流程、系统标准化和 AI、机器人应用研究会"规定，"智慧地方政府"建设的理想状态如下。

第一，即使人口下降情况严重，地方政府也以可持续的方式提供行政服务，维持居民的福利水平。

第二，将行政人员从事务性工作中解放出来，专注于只有行政人员才能做的更有价值的工作。

第三，用 AI 技术积累和替代熟练人员的经验，无论组织的规模和能力以及行政人员的经验多少，都可以准确无误地处理事务工作。

要实现"智慧地方政府"，具体推进的方案如下。

第一，实现行政业务流程和系统的标准化。从 2019 年开始，地方政府、供应商和相关主管部门等相关方联合合作，开始着手制定各个行政领域的系统标准规范。优先制订居民档案系统的标准化，还有就是地方税收、居民福利等领域的标准化。这些都需要地方政府和总务省、内阁官方 IT 综合战略室合作。

第二，促进和普及 AI、RPA 等 ICT 技术的使用。对于提高地方居民和企业的便利性，在数字预测和需求预测方面可以积极利用人工智能技术；对于地方政府行政来说，通过行政系统的标准化、数字化和无纸化，创造一个可以低成本共享和使用 ICT 技术的环境。

第三，行政业务的电子化、无纸化和数据形式的标准化。根据 2019

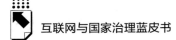

年公布的《数字手续法》，数字优先社会的基础设施建设稳步推进。数字化和无纸化办公室成为其中的一项成果。比如，居民个人身份证的普及等。

第四，信息安全系统和 AI 服务使用。地方政府使用云服务时，需要遵守总务省制定的信息安全方针，与此同时，也要遵循《个人信息保护条例》。

第五，人才方面的支援。推进人力资源开发，通过任命专业化的外部人力资源作为 CIO 和 CIO 助手来提高整体 ICT 素养，并为包括主管在内的管理层提供学习以持续使用 ICT 为前提的管理策略机会。

三 岸田内阁的"数字田园都市国家构想"：用数字技术减小城乡差距

2021 年新上台的岸田文雄首相提出了"数字田园都市国家构想"口号，作为其内阁的招牌政策。此构想就是"通过数字化建设解决地方政府面临的问题，实现人人都能享受通过数字技术带来的舒适而丰富的生活"①。岸田内阁提出此构想有以下两个原因背景。

第一，日本目前面临城乡和地区发展之间差距和不平等，要利用数字技术来减少这一差距和不平等。日本的许多乡村地方存在着严重的产业空洞化、交通和物流基础设施衰退、受教育机会减少以及严重的人口老龄化和人口减少问题，这些都导致与大城市之间的经济和社会差距越来越大。为了弥补这一差距，这一构想重点放在乡村和基层地方实施数字化建设。

第二，旨在解决乡村地方面临的就业机会不足、产业革新等问题以及充实教育机会和医疗福利等方面，在交通、农业、医疗、教育、防灾等各个领域，利用数字技术有效解决地方的问题。

---

① DocuSign，「デジタル田園都市国家構想」とは何か？岸田内閣「5.7 兆円」施策の全体像」，https：//www.sbbit.jp/article/cont1/78567。

要实现"数字田园都市国家构想"，政府提出了以下四个方面的具体措施。

第一，发展数字基础设施建设：推动 5G、大数据中心等数字基础设施发展。在国家主导下，将在全国范围内实施身份证通用平台、数据联动平台、政务云服务等。

第二，培养数字化专业人才：逐步建立一个地方乡村的数字人才推进体制，到 2022 年每年培养 25 万人，到 2024 年底每年培养 45 万人，直到 2026 年为止能够确保达到 230 万人。

第三，推进解决地方乡村问题的数字化建设，将在全国 100 个地区培养经营管理人才，作为推动地方发展的重要环节。具体而言，设立"数字田园都市国家推进补助金"，以支持利用数字技术的社会系统建设和地方政府数字办公的日常运营。"数字田园都市国家推进补助金"分为两类：一是支持使用数字技术解决地方乡村课题和提高地方吸引力的"数字实施型"，二是以地方创新为主的数字办公设施发展的"地区振兴远程办公型"。2021 年补助金预算达到 200 亿日元。①

第四，实现人人都能享用的数字化建设，不分年龄、性别、地域限制等制约，建设一个任何人都能够享受到数字技术带来的好处的"以人为本的数字化社会"。

在"数字田园都市国家构想"中，在全国各地有三个比较受关注的地方案例。一是福岛县会津若松市利用数字技术积极推进远程办公和云上办公，建立了一个"AiCT"系统，推进"智慧城市会津若松"的建设。二是冲绳县与那国町积极推进远程线上直播授课，利用电视会议等设备，让当地私塾学生和东京的大学生积极交流，以确保与东京有同样水准的学习环境。三是长野县伊那市，利用数字化的车辆调度系统积极推进移动诊疗，以及通过电视电话等数字技术推进远程诊疗。

---

① DocuSign，「わかりやすく解説！デジタル田園都市国家構想とは」，https://www.docusign.jp/blog/what-is-digital-denentoshi。

四 首都东京"智慧城市"建设：
防疫措施中的数字技术使用

东京作为日本首都，是国际化大都市，近年来在积极推进城市数字化建设。2016 年东京都提出的《城市发展宏伟计划》中首次提出了建设"智慧城市"的任务。该计划设定了 2040 年东京的城市发展规划和前景，并提出"新东京"的三个前景："安全城市"、"多元化城市"和"智慧城市"。紧接着 2019 年东京都公布了"未来东京战略愿景"，提出基于数字技术的"智慧东京"概念。2020 年 2 月 7 日提出的《智慧东京实施战略》正式开始东京都的数字化转型建设，因此，2020 年被称为"智慧东京元年"。

《智慧东京实施战略》也被称为"东京版 Society 5.0"，主要确定了以下三个方面行动方针。[①]

一是打造"互联网连接的东京"，强调数字技术和数据的重要性。主要是推进 5G 技术、改善 WIFI 环境以及加强信息基础设施建设，保证东京奥运会期间每个人都能在会场和移动中顺畅上网。

二是推进"城市数字化"，强调数据开放和共享，实现数字技术在城市的教育、医疗、产业、交通和基础公共设施以及市民公共服务中的全面应用。首先提出了"安全城市"口号，推进 5G、无人机和人工智能技术在城市防灾应急领域、城市安全驾驶环境建设中的应用，运用大数据实时信息加强对城市水利、泥石流、道路等多方面的灾害预警和应急管理；"多元化城市"口号则推进 5G 技术在远程医疗和救急医疗现场、智慧校园工程以及酒店服务业等领域的应用；"智慧城市"选定了 5 个各具特色的先行示范区域，率先推行 5G 等新一代通信技术在政府服务、大学教育、商业办公、文化娱乐以及自然资源等不同服务领域的应用。

---

① 东京都政府，「スマート東京実施戦略　令和 2 年版」，https：//www. metro. tokyo. lg. jp/tosei/hodohappyo/press/2020/02/07/documents/12_ 01a. pdf。

三是推进"东京都厅数字转型"，推动都政府的行政业务数字化建设。通过改革工作方式、推进远程居家办公、打造未来办公空间以及推动一站式在线手续办理等措施，来推动行政服务数字化转型。

2021年的《智慧东京实施战略》中加强了对新冠疫情的应对措施。①比如，在东京都内设置了专门的技术团队，利用先端技术来防止疫情的扩散并以此推进行政手续的电子化。另外，东京都政府和民间IT企业合作推进数字技术和数据共享等，其中以下几项数字化建设举措得到了官方应用。

第一，当在公共设施中发生集体感染时，及时提供到访者以及到访经历等疫情感染信息。并且和餐饮业等民间店铺、电子支付技术商等合作，利用电子支付应用给用户提供感染信息。2021年3月底，东京都内提供这一信息服务的店铺达到25万处，用户达到27万人。

第二，鼓励民间店铺积极推进防止感染的措施，并利用公共大数据将积极防疫的店铺名称和地址公开给市民。2021年2月底，通过公共数据提供给市民的店铺信息达到11万家。

第三，针对超市、药店、车站等拥挤的公共设施，及时提供给市民拥堵信息以防止人群过于密集。

第四，都政府设立了"针对新型冠状病毒感染症对策"网站，汇总最新感染动向并对收容和防治的医疗提供系统进行分析和监测。

第五，都政府设立"针对新型冠状病毒感染症的帮助信息导航"网站，对受疫情影响的个人以及民间企业提供各种帮助信息。这一网站累计访问者达到119万人。

第六，积极使用大数据技术，在东京都政府主页和防疫网页上为市民及时提供东京常住人口增减信息和铁路使用人数变化信息。

第七，在酒店和疗养公共设施积极使用机器人等最先端技术，比如专门负责除菌的清扫机器人、体温测量的机器人等。

---

① 东京都政府，「スマート東京実施戦略　令和3年版」，https：//www.digitalservice. metro. tokyo. lg. jp/smarttokyo/pdf/smarttokyo_ 01. pdf。

五 总结

近年日本的数字转型建设落后，被冠以"数字技术落后国"称号。日本政府已经意识到这一问题，正在努力推进智能化社会的建设。本文考察了日本中央政府提出的社会整体"超智能社会"建设构想和"智慧地方政府"建设举措。其中日本政府近年在地方政府和地方自治体层面大力推进智能化转型改革。2021年新上任的岸田政府推出了"数字田园都市国家构想"计划，此计划的目的是缩小城市与乡村的差距，建立"以人为本的数字社会"，让人们无论身在何处，都能通过数字技术实行与大城市相同的工作方式，过上高质量的生活。比如，在健康医疗领域，政府提出"数字田园健康特区"举措在不同城市里推进，政府对这类特区实行较少的政策限制，并希望通过特区改革经验向全国推进。但是就像本文前面分析的一样，日本社会整体对数字技术的理解呈现保守趋势，日本的数字技术落后局面究竟能否在短时间内摆脱困境，还值得持续观察。

Abstract

Focusing on the outstanding problems in the platforms and content governance, this annual report uses qualitative research and empirical analysis and other methods to comprehensively review the practice, institutional construction and theoretical development of Internet governance under the framework of national governance for exploring the stage characteristics and deep logic of network governance. Using a large amount of firsthand data and cases, this book interdisciplinary analyzes the development and the latest trends of internet governance in China, to provide readers a picture of theoretical internet governance. It not only makes an annual analysis of China's Internet platforms governance, but also provides research support for the construction of a comprehensive cyber governance system and the strategy of Internet power.

The Annual Report on Internet and National Governance (2022) consists of 20 articles in five parts: the general report, sub-report, special reports, case study and international governance. Based on the background of China's continuous development of digital economy, the general report outlines the basic features of China's Internet governance over the past year from the perspectives of user structure changes, Internet usage dependence, intelligent algorithm governance and protection of minors. The sub-report makes an interdisciplinary theoretical analysis of the practice of cyberspace governance from the perspectives of network platform governance, algorithmic recommendation regulation, network broadcast management and digital government governance, which is conducive to the continuous promotion of China's cyber power strategy.

Keywords: Internet; Platform Governance; Content Regulation; Internet Regulation; National Governance

Contents

I General Report

Abstract: The year 2021 was the first year of the 14th Five-Year Plan. China's digital economy and digital society have continued to advance, and its internet governance system and governance capacity also have made huge improvement. This report first summarizes the basic characteristics of China's Internet development and the basic background of Internet national governance in 2021 from the prominent changes in Internet users, the strengthening of Internet dependence and the development of online video industry. Secondly, the important progress of China's Internet governance in 2021 is elaborated from five aspects: digital government construction, improvement of laws and regulations, Internet governance law enforcement, Internet protection of minors and algorithm-based governance. Finally, this paper also puts forward five directions for China's Internet governance in the future: improving the regularized and well-targeted steps platform supervision system, implementing the network protection of teenagers, especially of the rural teenagers, exploring the mechanism and path of regulation of algorithm, and promoting the implementation of the digital rights of the elderly.

Keywords: Internet Governance; Online Platform Regulation; Data Governance; Internet Protection for Teenagers; Aging Society

II Sub-reports

B . 2 Practical Challenges and Solutions of Internet Platforms

Governance in China *Lu Jiayin , Wang Qizhen* / 021

Abstract: With the continuous upgrading of Internet governance, although China's comprehensive Internet governance system has been initially established, there are still a series of prominent problems in the development of Internet platforms: The disorderly development of small, medium and micro platforms, especially user-generated content media, impacts the order of cyberspace, the flood of false information and vulgar content erodes the ecosystem of online content, and the data storage and cross-border flow of online platforms threaten national security. These problems are not only the direct impact of the development of modern communication technology on platform operation, but also the consequences of the rapid expansion of capital and the over-marketization trend of network communication. In order to cope with such practical challenges, it is imperative to conduct in-depth governance of micro, medium and small online platforms, implement platform principal responsibilities and strengthen cross-border data supervision in the future.

Keywords: Platform Governance; Capital Intervention; Subject Responsibility; Internet Ecology

B . 3 Internet Documentary and Public Opinion Construction

in China (2021) *Xiong Xun, Zhang Ji and Quan Meidi* / 031

Abstract: Documentary films or videos are special and potential visual media apparently. With the indexability and archival nature brought by physical recording methods, as well as its abundant social functions in public education, social mobilization, national integration, and identity construction, documentary films have been called "national albums" all the time. This paper analyzes the content and context features of online documentary films from different production units, with different text types and in different circulation of networks, and their essential functions in the construction of public opinion through an overall review of internet documentaries in 2021. The study finds that the internet documentaries strengthen the construction of mainstream public opinion, emphasizing technological innovation and the experimentation of visual narrative methods. Also in terms of content, the documentary films or videos respond to the positive narratives of social changes and China dreams, promote the emotional tension of audiences and construct the national identity in online communication.

Keywords: Documentary Film; Direction of Public Opinion; Communication Network; Internet

III Special Reports

B . 4 A Preliminary Study on Algorithmic Governance and

Platform Responsibility *Lei Lili, Qiao Siyu / 048*

Abstract: This paper introduces the governance trends of algorithms in China, EU, and the US, and analyzes the algorithmic responsibilities of the platform, as well as the characteristics and existing problems of current algorithmic governance. In combination with the "Regulations on the Administration of Internet Information Service Algorithms Recommendation" and other algorithm-related legislation. This paper believes that the current algorithmic governance mechanism has fully considered the impact and risks that the public nature of the platform may bring to the society, but it lacks consideration of the platform's identity as a market subject. The problem-oriented scenario-based governance of algorithms is only an expedient measure in response to the development of algorithms, and cannot cope with the continuous emergence of new applications and new formats brought about by the rapid development of the Internet.

Legislation on algorithms in the future should go beyond the governance model based only on scenarios, and a normative and systematic governance mechanism based on the adjustment of legal relations is needed, and the development of algorithms as well as security should be taken into account.

Keywords: Algorithmic Governance; Platform Responsibility; Algorithmic Transparency; Algorithmic Security; Algorithmic Fairness

B.5　Automated Decision-making Regulation Under the

　　　　Collaborative Governance Framework

Zeng Junsen, Xie Lin / 064

Abstract: Current regulations about algorithm governance in China reflect the concept of collaborative governance. Collaborative governance of automated decision-making helps to balance interests of multiple subjects, and solves the human subjectivity concern and functional problems of algorithm. Under the framework of collaborative governance, the individual rights on automated decision-making in China's Personal Information Protection Law aim to provide individuals with ways to participate in automated decision-making governance, establish due process for automates decision-making, and relieve the concern of human subjectivity. However, individual empowerment cannot effectively solve the functional problems of algorithm. Thus, the content of individual rights should not be too broad. To solve the functional problems of algorithm, it is necessary to attach importance to the personal information protection impact assessment system that embodies collaborative governance and obligatory rules. The personal information protection impact assessment system needs to focus on integrating the resources and capabilities of multiple subjects, and form a dynamic assessment system that covers the entire process of automated decision-making.

Keywords: Automated Decision-making; Collaborative Governance; Individual Empowerment; Personal Information Protection Impact Assessment

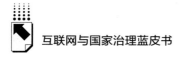

B.6　Research on the Legal Interest Infringement of Minors

　　on Live Webcast and Short Video Platforms

Li Bing, *Jiang Chengke* / 080

Abstract：The number of minors, known as "Internet natives", is increasing, and minors have become important publishers or providers of content on live webcast and short video platforms. Based on the specific age stage, the psychology, intelligence and behavior of minors have special development process and many potential characteristics, so their Internet rights are vulnerable to infringement. From the perspective of minors as the main body of communication, this study discusses the legal interest infringement of minors on live webcast and short video platforms, including on-camera live broadcasting of minors, profiting from "Internet celebrity children" and infringement of minors' privacy and personal information. From the four aspects of law and regulation, judicial practice, procuratorial supervision and administrative duty, industry self-discipline and platform autonomy, the study also analyzes the current situation of the network protection of minors in our country, and then discusses the plight of the current law in the process of implementation. By referring to the feasible contents of other countries' laws and regulations, putting forward practical and effective constructive suggestions to improve Chinese laws.

Keywords：Protection of Minors; Legal Interest Infringement; On-camera Live Broadcasting; Internet Celebrity Children; Privacy and Personal Information

B.7　The Impact of the Personal Information Protection Law

　　on Integrity of Apps' Privacy Policy

　　—A Research Based on the BERT Model

Zhu Hou, *Wu Zishuai* / 103

Abstract：The Personal Information Protection Law (the PIPL) which was enacted in 2021 defines rules of collection, provision, and storage of users' personal information clearly. After the implementation of the PIPL, most of the app platforms quickly updated their privacy policies. This study aims to explore the impact of the PIPL on integrity of Apps' privacy policies by comparing Apps' privacy policies before and after the promulgation of the PIPL. By collecting the privacy policy of more than 80 well-known Apps in different fields before and after the promulgation of the PIPL and using Bert model to build a privacy policy text classification model, the study successfully predicts the attributes of the applications' privacy texts. Combined with the entropy weight method (EWM), the integrity-performance evaluation index system is constructed and used to quantitatively analyze the changes in integrity of the Apps' privacy policy. Except for the e-commerce field, the integrity level of Apps privacy policies have been significantly improved. [Significance] On the one hand, this study proves that the PILP have a strong constraining force on the Internet platform. And on the other hand, the study promotes the development of privacy policy evaluation research in the direction of automation and intelligence by building an automatic text-classification and integrity evaluation system for privacy policy texts.

Keywords: Personal Information Protection Law; Privacy Policy; Privacy Protection; Internet Platform

B. 8 Research on Users' Cognition of Micro-blog Communication Ethics Issues and Their Willingness to Continue Use

Niu Jing, Zhong Qinyue / 123

Abstract: This paper uses the questionnaire survey method to study the users' cognition of micro-blog ethics anomie and ethics norms and their willingness to continue use. It was found that the users believed that there are ethical phenomena such as language violence, gender antagonism, and irrational fans support in micro-blog platform . Users' cognition of micro-blog platform ethics norms needs to be improved, and their satisfaction with platform governance is high, which will affect users' willingness to continue to use it. To build a healthy and orderly micro-blog information environment, improve users' willingness to continue use, and promote the sustainable development of the platform, we should increase the publicity of ethics norms, establish a pluralistic and coordinated governance system, and improve the effectiveness of platform governance.

Keywords: Ethics Anomie; Normative Cognition; Platform Governance; Micro-blog

B.9 Analysis on the Spread and Governance of Internet Rumors

He Qiuhong, Liu Xiaoqi / 143

Abstract: Internet rumors refer to information about a specific event that is based on the Internet and has not been verified by authoritative authorities. Internet rumors have the following characteristics: Most of the contents are closely related to public life, with a certain timeliness, most of the presentation forms are pictures or videos, and most of the disseminators are we-media users. At present, the flood of Internet rumors is mainly due to the lack of media literacy and rational thinking ability of Internet users, the lack of media credibility and the absence of "gatekeeper", and the immaturity of Internet rumor warning and monitoring technology. Based on these problems, this paper puts forward the strategies of Internet rumor management, such as improving the public's Internet media literacy, guiding the direction of Internet public opinion actively, and empowering technology to establish rumor refuting mechanism.

Keywords: Internet Rumors; Internet Governance; Internet

Abstract: Through a questionnaire survey of 1350 junior high school students, this paper found that online games (platforms) and schools are the main channels for minors to contact anti-addiction regulations, but minors will have different communication channels due to different genders and geographical preferences; different communication channels of anti-addiction regulations will affect the awareness and recognition of teenagers; different degrees of investment in online games by adolescents will affect the dissemination effect of anti-addiction regulations; and adolescents' self-management can play a better binding effect than anti-addiction regulations. This article suggests that online game enterprises and parents should play a leading role on preventing online game addiction, that is to say, online game enterprises should work together to make a difference; parents/ guardians should take the initiative to learn network knowledge, improve their own network literacy, regulate their own use of the Internet/online game, and strengthen the education, demonstration, guidance and supervision of minors' use of the Internet.

Keywords: Online Game; Anti-addiction Regulations; Communication Effect; Corporate Responsibility; Parental Network Literacy

Abstract: With the development of the Internet, the spread of child pornography in China is rampant. However, from the perspective of international comparison, the criminal basis and theoretical research on child pornography in China are seriously insufficient. To better protect minors, the United States began to attach importance to the criminal regulation of child pornography in the 1970s, gradually distinguishing "child pornography" from "obscenity," prohibiting the possession of child pornography materials and banning virtual child pornography. To follow the international trend and protect minors, China can draw lessons from regulating child pornography in the U. S. , combined with the current network environment and China´s national conditions. Such as from the perspective of criminal law specifically defined child pornography to distinguish between child pornography and obscenity, child pornography－related behavior into sin, ban virtual child pornography on the Internet and increase criminal penalties for child pornography.

Keywords: Child Pornography; Minors; Internet; the United States

B.12 Analysis of the Dissemination Effect of New Government
   Media During the COVID－19 Epidemic:
   Taking the Government WeChat in Guangdong
   Province As the Object

Lin Gongcheng, Huang Qianxun / 195

Abstract: As a part of e-government system, government WeChat undertakes important tasks such as disseminating information, responding to social concerns, and meeting public information needs. The epidemic highlights the role of new government media in precision control and precision services. During the COVID－19 epidemic, government WeChat released various kinds of information, set up the epidemic agenda, and built the backbone of the epidemic information dissemination system. In this regard, this paper mainly focuses on the investigation of WeChat, analyzing their responses, issues and positioning in the epidemic events, and tries to explore the communication principles and problems of the new government media in major public health emergencies.

Keywords: Government Wechat; New Government Media; COVID-19

B.13 Pattern Iteration of Computational Propaganda:
from 2016 US Presidential Election to 2022
Russia-Ukraine Conflict *Liu Yang* / 209

Abstract: Substantial signs of computational propaganda were discovered in the 2016 US presidential election and the 2022 Russia-Ukraine conflict. Multiple stake-holders have implemented intensive information interference and emotional manipulation in a series of ways, including big data micro-targeting, dissemination of misinformation, automated communication by social robots, virtual reality and so on. This study compared the specific strategies and means of computational propaganda in the above two events, and summarized the basic principle and the iteration pattern of computational propaganda in the era of intelligent communication. In the 2016 US presidential election, the primary strategies of computational propaganda emerged based on the combination of user analysis with big data and information distribution with automated algorithm. Substantive empirical evidence confirmed the effects of these strategies. In the 2022 Russia-Ukraine conflict, data-driven intelligent communication signified a new paradigm of public opinion warfare, and thus the necessity as well as the impact of computational propaganda were underscored therefore. The pattern of computational propaganda turned to systematic, weaponized, and automated ways. With the implication of underlying mechanism and empirical evidence, the iteration of pattern of computational propaganda responded to the transformation tendency of communication technologies and paradigms.

Keywords: Computational Propaganda; Social Media Robots; Algorithm; Russia-Ukraine Conflict; US Presidential Election

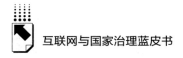

B . 14　From Network Policies to Network Politics:

　　Review of Cyberspace Governance in the New Era

Zhong Haifan / 225

Abstract: This paper reviews the history of Internet content governance, and holds that the Party and the state have fully realized the importance of government response to public opinion since the early stage of the development of Internet platform, and have taken the initiative to carry out online political inquiry in synchronization with the news spokesman system. After more than 10 years of efforts, preliminary results have been achieved. With the progress of science and technology, Chinese governments at all levels have turned from the initial online political inquiry to a more comprehensive online political management. Online governance embodies the transformation of the country's governance system and governance capacity modernization, promotes the media integration of grassroots party committees and governments, highlights the ability to solve practical problems, correct the tendency of formalism, promotes community construction and sharing, and contributes to rural revitalization. The paper also puts forward some suggestions on the improvement of network governance.

Keywords: Internet Content Governance; Network Politics; Internet Political Governance; Public Opinion

B . 15　Research on the Logic and Path of Internet Companies'

　　Participation in Community-level Social Governance

　　from the Perspective of Volunteer Service　　*Song Yu* / 240

Abstract: A large number of Internet companies are getting into "community group purchase", but many problems came out after the COVID-19 epidemic. The issue of involving Internet companies in community-level social governance has been increasingly concerned by the public. From the perspective of

Internet companies participating in volunteer service, this paper analyzes the related research results and current situation, including platform construction, technology empowerment and service supply. On this basis, it puts forward three logics for enterprises to participate in community-level governance: social responsibility, team building and market innovation, and puts forward specific suggestions for the current outstanding problems.

Keywords: Volunteer Service; Internet Companies; Community-level Social Governance

IV Case Reports

Abstract: The infringement liability of the online live broadcast service platform mainly comes from the infringing interpretation of the works by the platform anchors in the performing arts activities. In practice, when the court determines the platform's responsibility for the live broadcast of the host's unauthorised songs, the court distinguishes between the platform's service method and the host's contracting method. Under the platform service mode, the platform, as a network service provider, has no direct control and decision power over the live broadcast behavior of the anchor, so the general duty of care should be applied. In the case of the anchor contract method, the online live broadcast platform and the anchor constitute a labor relationship, and they should bear legal responsibility for the infringement that occurs during the live broadcast of the network anchor. By analyzing the different legal relationships between the host and the platform, and distinguishing the different forms of tort liability that the platform should bear, it can better promote the healthy and orderly development of the

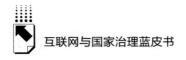

Internet live broadcast platform.

Keywords: Network Live Broadcast; Platform Liability; Network Anchor; Infringement Duty

B.17 Media Involvement in Basic Level Governance Using

Internet Community

—*The Case of "Lianlianzi" of Southern Metropolis Daily*

Wu Yi, Wang Ying / 270

Abstract: Based on the development of mobile internet and social media, internet community has become the most common organizational form on the internet. Internet community has the features of flexibility and immediacy. Internet community which is well organized can become one of the social governance subjects. Using the case of "Lianlianzi", which is a collaboration of Southern Metropolis Daily and Lianhua community in Shenzhen, we studied basic level governance in the city involving mainstream media and government. Furthermore, we discussed the possibility and merit of using modern technology in governance.

Keywords: Internet Community; Basic Governance; Mainstream Media

B.18 Discussion on Consumer Psychology Anomie and the

Countermeasures in E-commerce Live Broadcast from

the Perspective of AISAS

—*Take Douyin KOL Live Marketing As An Example*

Zhang Mingyu, Xiao Wenmin / 283

Abstract: With the spread of the COVID-19 and the in-depth popularization of the Internet, live streaming has entered a period of rapid development. Today, the number of online live broadcast users in China has reached 703 million, and the live broadcast economy has shown a trend of expanding the scale of the main body and developing multiple forms. As one of the representative platforms for live streaming, Douyin innovates the mode of live streaming, but also brings a variety of consumer psychology anomies, such as blindly chasing stars, following the crowd, watching, and greed for cheap and so on. Based on AISAS theory and taking Douyin KOL live streaming as an example, this article aims to sort out the current state of consumer psychology in e-commerce live streaming, analyze the causes of online live streaming consumer psychology anomie and explore possible social co-governance strategies: Improve industry self-discipline Coordinate with government supervision, strengthen the subject autonomy of anchors and consumers, optimize the business specifications and traffic distribution mechanism of live broadcast platforms, and enhance the supervision of news media by public opinion.

Keywords: E-commerce Live Broadcast; Douyin KOL; Consumer Psychology Anomie; Social Co-governance

B. 19　Looking at the Value Potential of "Digital + Culture" from the Overseas Successful Cases of Internet Games

Li Zhimin / 299

Abstract: Internet games are a significant carrier as well as an important form of innovative culture communication. Through culture, technology and other diverse empowerment, Internet games are constantly breaking through the traditional game framework, expanding social public value at home, and practicing the organic integration of Chinese local culture and global perspective. This paper, making use of relevant international communication instances of Internet games, studies the efforts made by Internet games in digital culture and digital economy. Moreover, the paper discusses the value potential of "digital+culture" in social governance.

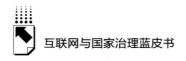

Keywords: Internet Games; Game Globalization; Social Value; Digital + Culture; Digital Scene

V   Oversea for Reference

B.20   Getting Rid of "Digital Technology Backward Country":
Japan's Smart Society Construction Measures

Wang Bing / 310

Abstract: According to the "World Digital Competitiveness Ranking" in recent years, Japan's digital transformation ranks low, with obvious disadvantages. Since the COVID－19 pandemic exposed various problems in Japan's digital construction, the Japanese government has realized the urgency of digital transformation. This article focuses on the construction of a "super-smart society", one of the important measures in Japan's digital transformation. It was proposed by the Japanese Cabinet Office, a central-level agency, and reflects the central government's conception of the overall smart society construction. At the same time, Japan is also at the local government level. Actively promote the construction of "smart local government", among which the construction of "smart city" in the capital Tokyo has played a positive role in the 2021 Tokyo Olympics and in the fight against the pandemic. In addition, the Kishida Cabinet's "Digital Garden City State" as its signature policy focuses on the digitalization of rural areas to reduce the gap between urban and rural areas.

Keywords: Japan's "Super Smart Society"; Smart Local Government; "Digital Garden City State" Initiative; Smart Tokyo

中山大学互联网与治理研究中心简介

中山大学互联网与治理研究中心（Center for Internet and Governance Research of Sun Yat-sen University）成立于 2014 年 10 月，是广东省首批五大社会科学研究基地之一。作为中山大学国家治理研究院下设的学术机构，由中山大学传播与设计学院、中山大学政治与公共事务管理学院联合发起，依托中山大学传播与设计学院大数据传播实验室开展研究。

中心旨在从事互联网与国家治理相关的决策研究，包括互联网与公共政策、互联网与社会治理、互联网与政治参与、互联网舆论场变迁、互联网立法等。中心邀请了国内外一批知名学者担任智库专家，主要工作包括定期出版《互联网与国家治理发展报告》，举办"互联网与国家治理智库论坛"及其他形式的学术活动，编辑提交互联网与国家治理相关的研究报告或决策参考。

目前，中心已针对互联网与国家治理的重大、迫切的现实问题，向国家及省市有关部门提交数十份研究成果，有 80 多份报告被中央网络安全和信息化委员会办公室、国家互联网信息办公室、中共中央宣传部舆情局等重要政府部门采纳，多份报告被中央委员或部级领导批示，已逐步建成具有跨学科视野、决策服务能力和广泛社会影响力的高校智库。

皮 书

智库成果出版与传播平台

❖ 皮书定义 ❖

皮书是对中国与世界发展状况和热点问题进行年度监测，以专业的角度、专家的视野和实证研究方法，针对某一领域或区域现状与发展态势展开分析和预测，具备前沿性、原创性、实证性、连续性、时效性等特点的公开出版物，由一系列权威研究报告组成。

❖ 皮书作者 ❖

皮书系列报告作者以国内外一流研究机构、知名高校等重点智库的研究人员为主，多为相关领域一流专家学者，他们的观点代表了当下学界对中国与世界的现实和未来最高水平的解读与分析。截至 2021 年底，皮书研创机构逾千家，报告作者累计超过 10 万人。

❖ 皮书荣誉 ❖

皮书作为中国社会科学院基础理论研究与应用对策研究融合发展的代表性成果，不仅是哲学社会科学工作者服务中国特色社会主义现代化建设的重要成果，更是助力中国特色新型智库建设、构建中国特色哲学社会科学"三大体系"的重要平台。皮书系列先后被列入"十二五""十三五""十四五"时期国家重点出版物出版专项规划项目；2013~2022 年，重点皮书列入中国社会科学院国家哲学社会科学创新工程项目。

皮书网

（网址：www.pishu.cn）

发布皮书研创资讯，传播皮书精彩内容
引领皮书出版潮流，打造皮书服务平台

栏目设置

◆ 关于皮书

何谓皮书、皮书分类、皮书大事记、
皮书荣誉、皮书出版第一人、皮书编辑部

◆ 最新资讯

通知公告、新闻动态、媒体聚焦、
网站专题、视频直播、下载专区

◆ 皮书研创

皮书规范、皮书选题、皮书出版、
皮书研究、研创团队

◆ 皮书评奖评价

指标体系、皮书评价、皮书评奖

◆ 皮书研究院理事会

理事会章程、理事单位、个人理事、高级
研究员、理事会秘书处、入会指南

所获荣誉

◆ 2008 年、2011 年、2014 年，皮书网均
在全国新闻出版业网站荣誉评选中获得
"最具商业价值网站"称号；
◆ 2012 年，获得"出版业网站百强"称号。

网库合一

2014年，皮书网与皮书数据库端口合
一，实现资源共享，搭建智库成果融合创
新平台。

皮书网　　　"皮书说"　　　皮书微博
　　　　　微信公众号

权威报告·连续出版·独家资源

皮书数据库
ANNUAL REPORT(YEARBOOK)
DATABASE

分析解读当下中国发展变迁的高端智库平台

所获荣誉

- 2020年，入选全国新闻出版深度融合发展创新案例
- 2019年，入选国家新闻出版署数字出版精品遴选推荐计划
- 2016年，入选"十三五"国家重点电子出版物出版规划骨干工程
- 2013年，荣获"中国出版政府奖·网络出版物奖"提名奖
- 连续多年荣获中国数字出版博览会"数字出版·优秀品牌"奖

皮书数据库

"社科数托邦"
微信公众号

成为会员

　　登录网址www.pishu.com.cn访问皮书数据库网站或下载皮书数据库APP，通过手机号码验证或邮箱验证即可成为皮书数据库会员。

会员福利

- 已注册用户购书后可免费获赠100元皮书数据库充值卡。刮开充值卡涂层获取充值密码，登录并进入"会员中心"—"在线充值"—"充值卡充值"，充值成功即可购买和查看数据库内容。
- 会员福利最终解释权归社会科学文献出版社所有。

社会科学文献出版社 皮书系列
SOCIAL SCIENCES ACADEMIC PRESS (CHINA)

卡号：597612952545
密码：

数据库服务热线：400-008-6695
数据库服务QQ：2475522410
数据库服务邮箱：database@ssap.cn
图书销售热线：010-59367070/7028
图书服务QQ：1265056568
图书服务邮箱：duzhe@ssap.cn

中国社会发展数据库（下设 12 个专题子库）

紧扣人口、政治、外交、法律、教育、医疗卫生、资源环境等 12 个社会发展领域的前沿和热点，全面整合专业著作、智库报告、学术资讯、调研数据等类型资源，帮助用户追踪中国社会发展动态、研究社会发展战略与政策、了解社会热点问题、分析社会发展趋势。

中国经济发展数据库（下设 12 专题子库）

内容涵盖宏观经济、产业经济、工业经济、农业经济、财政金融、房地产经济、城市经济、商业贸易等 12 个重点经济领域，为把握经济运行态势、洞察经济发展规律、研判经济发展趋势、进行经济调控决策提供参考和依据。

中国行业发展数据库（下设 17 个专题子库）

以中国国民经济行业分类为依据，覆盖金融业、旅游业、交通运输业、能源矿产业、制造业等 100 多个行业，跟踪分析国民经济相关行业市场运行状况和政策导向，汇集行业发展前沿资讯，为投资、从业及各种经济决策提供理论支撑和实践指导。

中国区域发展数据库（下设 4 个专题子库）

对中国特定区域内的经济、社会、文化等领域现状与发展情况进行深度分析和预测，涉及省级行政区、城市群、城市、农村等不同维度，研究层级至县及县以下行政区，为学者研究地方经济社会宏观态势、经验模式、发展案例提供支撑，为地方政府决策提供参考。

中国文化传媒数据库（下设 18 个专题子库）

内容覆盖文化产业、新闻传播、电影娱乐、文学艺术、群众文化、图书情报等 18 个重点研究领域，聚焦文化传媒领域发展前沿、热点话题、行业实践，服务用户的教学科研、文化投资、企业规划等需要。

世界经济与国际关系数据库（下设 6 个专题子库）

整合世界经济、国际政治、世界文化与科技、全球性问题、国际组织与国际法、区域研究 6 大领域研究成果，对世界经济形势、国际形势进行连续性深度分析，对年度热点问题进行专题解读，为研判全球发展趋势提供事实和数据支持。

法律声明

"皮书系列"（含蓝皮书、绿皮书、黄皮书）之品牌由社会科学文献出版社最早使用并持续至今，现已被中国图书行业所熟知。"皮书系列"的相关商标已在国家商标管理部门商标局注册，包括但不限于 LOGO（）、皮书、Pishu、经济蓝皮书、社会蓝皮书等。"皮书系列"图书的注册商标专用权及封面设计、版式设计的著作权均为社会科学文献出版社所有。未经社会科学文献出版社书面授权许可，任何使用与"皮书系列"图书注册商标、封面设计、版式设计相同或者近似的文字、图形或其组合的行为均系侵权行为。

经作者授权，本书的专有出版权及信息网络传播权等为社会科学文献出版社享有。未经社会科学文献出版社书面授权许可，任何就本书内容的复制、发行或以数字形式进行网络传播的行为均系侵权行为。

社会科学文献出版社将通过法律途径追究上述侵权行为的法律责任，维护自身合法权益。

欢迎社会各界人士对侵犯社会科学文献出版社上述权利的侵权行为进行举报。电话：010-59367121，电子邮箱：fawubu@ssap.cn。

社会科学文献出版社